सफलता, प्रसन्नता व संतुष्टि के लिए 7 मानसिकताएँ

स्वामी मुकुंदानंद आईआईटी और आईआईएम के भूतपूर्व छात्र हैं और विश्वविख्यात आध्यात्मिक शिक्षक के रूप में जाने जाते हैं। उन्होंने अपना जीवन संसार भर में लाखों लोगों के लिए समर्पित कर दिया है, ताकि वे प्रसन्नता और संतुष्टि के पथ पर चल सकें। आत्म-सुधार के लिए उनकी अनूठी पहल में वैज्ञानिक सिद्धांतों व सटीक तर्कों सहित उनकी दशकों लंबी वैदिक ग्रंथों से जुड़ी विद्वता भी शामिल है। मन के प्रबंधन तथा यौगिक विज्ञान के विशेषज्ञ के रूप में, वे जीवन में रूपांतरण के लिए अनेक शक्तिशाली, किंतु सरल तकनीकें प्रस्तुत करते हैं। वे सप्ताह में सातों दिन व्याख्यान देते हैं, संसार भर में सेमिनार, वर्कशॉप और रिट्रीट आयोजित करते हैं, जिनमें फ़ॉर्चून 500 कॉर्पोरेशंस तथा आईवी लीग विश्वविद्यालय भी शामिल हैं।

सफलता, प्रसन्नता व संतुष्टि के लिए 7 मानसिकताएँ

अपनी सोच बदलें और भीतर छिपी असीम संभावना को उजागर करें

स्वामी मुकुंदानंद

अनुवाद : रचना भोला 'यामिनी'

मंजुल पब्लिशिंग हाउस

मंजुल पब्लिशिंग हाउस

कॉरपोरेट एवं संपादकीय कार्यालय

• द्वितीय तल, उषा प्रीत कॉम्प्लेक्स, 42 मालवीय नगर, भोपाल-462 003

विक्रय एवं विपणन कार्यालय

• सी-16, सेक्टर 3, नोएडा, उत्तर प्रदेश, 201301

वेबसाइट : www.manjulindia.com

वितरण केन्द्र

अहमदाबाद, बेंगलुरू, भोपाल, कोलकाता, चेन्नई,
हैदराबाद, मुम्बई, नई दिल्ली, पुणे

स्वामी मुकुंदानंद द्वारा लिखित मूल अंग्रेजी पुस्तक *7 माइंडसेट्स फ़ॉर सक्सेस, हैप्पीनेस एंड फ़ुलफ़िलमेंट* का हिन्दी अनुवाद

7 Mindsets for Success, Happiness and Fulfilment
by *Swami Mukundananda* - Hindi Edition

यह संस्करण 2021 में पहली बार प्रकाशित

ISBN 978-93-90085-67-5

कवर डिज़ाइन © सौरभ गर्ग
अनुवाद : रचना भोला 'यामिनी'

समर्पण

यह पुस्तक जगद्गुरु श्री कृपालुजी महाराज को समर्पित है,
जिन्होंने उदारतापूर्वक मुझे शाश्वत वैदिक ज्ञान की शिक्षा प्रदान की,
और मुझे प्रेरित किया कि मैं दैवीय प्रज्ञा के विस्तार के लिए
अपना जीवन अर्पित कर दूँ,
ताकि मानव जाति का कल्याण हो सके।

विषय सूची

परिचय

मानसिकताओं का महत्त्व

एक सफल जीवन के लिए अनिवार्य सामग्री क्या है? ऐसी एक चीज़ क्या है, जो हमें पेशेवर दक्षता, अच्छी सेहत, पारिवारिक सुख और आंतरिक आनंद दे सकती है?

वह एक चीज़ धन नहीं है, क्योंकि हमने ऐसे धनी व्यक्ति देखे हैं, जो अनुत्पादक, अस्वस्थ और दुखी हैं। यह शक्तिशाली संपर्कों की भी बात नहीं, क्योंकि कई बार अच्छे संपर्क रखने वाले माता-पिता के बच्चे भी ग़ैर-ज़िम्मेदार, आवारा या भटके हुए लोगों की तरह सामने आते हैं। इसका संबंध अच्छे आईक्यू से भी नहीं है, क्योंकि अनेक बुद्धिजीवी भावात्मक रूप से कमज़ोर और सामाजिक रूप से कुंठित होते हैं। ये सभी सपंत्तियाँ और योग्यताएँ निःसंदेह सफलता के लिए सहायक हो सकती हैं, परंतु उस एक अनिवार्य सामग्री के अभाव में, इसका आश्वासन नहीं दिया जा सकता।

उपलब्धियों, प्रसन्नता व संतुष्टि पाने की सबसे बड़ी कुंजी यही है कि हमें अपने भावों को साधना होगा। जैसा कि कहा गया है, 'रवैया ही प्रतिष्ठा की ओर ले जाता है।' अपने भावों को साधने में विशेषज्ञ ही अपने क्षेत्र में आने वाली सारी कठिनाइयों का सामना करते हुए सफलता हासिल करते हैं। उनके भीतर अपने विचारों के चुनाव की योग्यता होती है, वे स्वयं को प्रेरणा और श्रद्धा से भरपूर करते हुए, सभी कार्य आनंदपूर्वक कर सकते हैं। वे विशाल चुनौतियों के सामने आने पर भी पूरी तरह से लोचयुक्त और दृढ़ संकल्पयुक्त होते हैं। इस तरह वे अपनी विस्मित कर देने वाली उपलधियों और हृदय व मस्तिष्क की नायकोचित विशेषताओं के साथ, अपने सभी साथियों के बीच सबसे आगे दिखाई देते हैं। कुछ लोग कह सकते हैं कि भाग्य उनका साथ देता है, परंतु वास्तव में यह उनका सर्वोत्तम नज़रिया ही है, जो उन्हें भीड़ में सबसे अलग दिखाता है।

इसके विपरीत, ऐसे भी लोग होते हैं, जो अपने ही विचारों के जाल में उलझ कर रह जाते हैं। वे अपना अनमोल समय व ऊर्जा व्याकुलता, उदासी और व्यग्रता

के बीच नष्ट कर देते हैं। ऐसी नकारात्मक भावनाएँ उनकी सेहत ख़राब कर देती हैं, वे अपने मित्रों के बीच अलोकप्रिय और कार्य करने के लिए अक्षम हो जाते हैं। नतीजतन, उनके अपने ही मन उनके शत्रु हो जाते हैं। उन्हें प्रायः यह अनुभव नहीं होता कि उनकी उदासी से भरी सोच ही उनकी कुंठा का मूल कारण है। जब उन्हें अपनी इस सोच का पता चलता है, तो उन्हें यह पता नहीं होता कि अपने मन में उपज रही निराशा से कैसे छुटकारा पाना है? वे दावा कर सकते हैं कि भाग्य कभी उनका साथ नहीं देता, परंतु वास्तव में वे अपने भावों का उचित प्रबंधन नहीं कर पाने के कारण ही जीवन की यात्रा में पीछे छूट रहे होते हैं।

अपनी प्रवृत्ति में सुधार के लिए, हमें निम्नलिखित की आवश्यकता होगी :

1. उन संवेदनाओं, भावों तथा भावनाओं का ज्ञान, जो हमें सहायता कर सकती हैं या हानि पहुँचा सकती हैं।
2. जीवन में परिस्थितियों, अपने काम करने वाले व्यक्तियों तथा अपने काम के लिए सकारात्मक रूप से प्रतिक्रिया देने की योग्यता।
3. वांछित रवैयों को अपना स्वभाव बनाना, ताकि वे बिना किसी प्रयत्न के, अवचेतन रूप से पैदा होते रहें।

एक मानसिकता कैसे विकसित करें

हम जिन रवैयों को आदतन अपने भीतर बसा लेते हैं, वे ही हमारी मानसिकता या सोच बन जाते हैं। ये हमारे सोचने के विशेष तरीक़े हैं, जो हमारे व्यक्तित्व का अभिन्न अंग हो गए हैं। इनकी तुलना उन भौतिक आदतों से की जा सकती है, जिन्हें हम अपने भौतिक व्यवहार के दोहराव के साथ तब तक दोहराते चले जाते हैं, जब तक वे स्वचालित रूप से स्वयं नहीं घटने लगते। ठीक इसी तरह मानसिकता; वे मानसिक आदतें है, जिन्हें हम आंतरिक रूप से स्थापित करते हैं और कुछ विशिष्ट रवैयों को तब तक दोहराते हैं, जब तक वे हमारे सहज स्वभाव का अंग नहीं हो जाते। ये मानसिकता, हमारी चेतना को सकारात्मकता से भरपूर कर, हमारे पक्ष में हो सकती है या फिर हमारे मन को नकारात्मकता की ओर धकेल सकती है।

सौभाग्यवश हमारे लिए अच्छी बात यह है कि हानिकारक मानसिकता को बदल कर उसके स्थान पर उत्पादक मानसिकता पाई जा सकती है, जिसके लिए किसी भी तरह के बाहरी हालात या संसाधनों की आवश्यकता नहीं होगी। केवल हमें अपनी सोच और भावनाओं में बदलाव लाना होगा। मानसिकता की शक्ति की सुंदरता यही है कि यह हमारा एक आंतरिक संसाधन है। अगर हम अपने मन और बुद्धि को प्रशिक्षित कर सकें, तो असीम संभावना सामने आएगी। फिर अपनी

लाभदायक मानसिकता के कारण, हम सहज भाव से प्रत्येक परिस्थिति में उत्पादक रूप से ही सोचेंगे।

जब हमने सफल व्यक्तित्वों के जीवन का अध्ययन किया, तो हमें उनकी उल्लेखनीय मानसिकता में एक चीज़ सामान्य तौर पर दिखी। इसके लिए, थॉमस एडिसन की प्रेरक कथा पर ध्यान दें :

जब थॉमस एडिसन पाँच वर्ष के थे, तो उनकी टीचर ने माँ को बुला कर कहा, 'अपने टॉमी को वापस ले जाएँ। इसका दिमाग़ पढ़ाई करने लायक़ नहीं है।' माँ ने उत्तर दिया, 'मेरा टॉमी मूर्ख नहीं है। मैं इसे पढ़ाऊँगी।' इसके बाद, थॉमस को स्कूल नहीं जाना पड़ा और घर में ही, माँ ने स्कूली पढ़ाई कराई। बाद में, निर्धन परिवार से होने के कारण, उन्हें रेलगाड़ियों में कैंडी बेच कर आजीविका कमानी पड़ी। बचपन में स्कारलेट फ़ीवर के कारण उनकी सुनने की शक्ति घटने लगी थी। जब गाड़ी में एक कंडक्टर ने गाल पर तमाचा मारा तो हालत और ख़राब हो गई। वे आंशिक तौर पर बहरे हो गए।

एडिसन ने एक बार तीन वर्षीय बच्चे की जान बचाई थी, उसके पिता इस काम के लिए इतने आभारी थे कि उन्होंने एडिसन को एक टेलीग्राफ़ ऑपरेटर बनने में मदद की। वह एडिसन के जीवन का अहम मोड़ था। वहीं से एक अन्वेषक के तौर पर उनके करियर का आरंभ हुआ। वे अमेरिकी इतिहास में महान खोजकर्ता बने। उन्होंने अपने जीवनकाल में 1093 यूएस पेटेंट अपने नाम करवाए। मानवजाति के जीवन की गुणवत्ता में सुधार के लिए उनकी खोजों का जो प्रभाव रहा, वह उनके पेटेंट की गिनती से भी कहीं अधिक उल्लेखनीय था।

कहा जाता है कि जब वे इलैक्ट्रिक बल्ब का आविष्कार कर रहे थे, तो अपने अभियान में सफल होने से पहले वे लगातार असफल होते रहे। उन्हें चार हज़ारवीं बार में जा कर अपने आविष्कार में सफलता मिली। जब वे 3999वीं बार असफल हुए तो एक पत्रकार ने उनसे पूछा, 'श्रीमान एडिसन, आपको इस बात का अफ़सोस नहीं है कि आप लगातार अपने प्रयासों में असफल हो रहे हैं?'

उन्होंने दृढ़ शब्दों में उत्तर दिया, 'नौजवान, मैं तुम्हें एक ऐसा पाठ पढ़ाना चाहता हूँ, जो आजीवन तुम्हारे काम आएगा। मैं 3999 बार असफल नहीं हुआ, मैंने केवल उन 3999 तरीक़ों को मिटाया, जिनसे बिजली का बल्ब नहीं बन सकता।'

थॉमस एडिसन की सकारात्मकता, आशावादिता और आशा की मानसिकता ने उनका साथ दिया और वे अपने अगले प्रयत्न में बिजली का बल्ब बनाने में सफल रहे, जिसके बिना आज के जीवन की कल्पना भी नहीं की जा सकती थी।

इस तरह उचित मानसिकता सफल लोगों की कुंजी होती है। वे अपने भावों के स्वामी होते हैं और वे जानते हैं कि किसी भी हालात में अपनी मनोदशा को कैसे सुधारना है। सफल लोगों की सकारात्मक मानसिकता के किस्से सबके लिए प्रेरणास्रोत के रूप में उपस्थित हैं। वे दूसरों को अपने भीतर उचित रवैया पैदा करने में सहायक हो सकते हैं, परंतु फिर भी बहुत कम लोग ही अपनी विशाल संभावना का प्रयोग कर पाते हैं। ऐसा क्या है, जो उनके लिए बाधा बन जाता है?

ख़राब रवैया किसी विपत्ति से कम नहीं

सफल व्यक्तियों के विपरीत वे लोग पाए जाते हैं, जिनके जीवन जर्जर होते हैं। वे भी जीवन में प्रभावशाली बनना चाहते हैं, परंतु उनके अपने ही भाव बाधा बन कर, बार-बार रोड़ा अटकाते रहते हैं। उन्हें अपनी सोच में सुधार के महत्त्व का अहसास नहीं होता या वे मन की नकारात्मकता की इतनी गहरी चपेट में आ जाते हैं कि सकारात्मक विचार उन्हें छलने लगते हैं। अमेरिका के विख्यात प्रेजीडेंट, फ्रेंकलिन रुज़वेल्ट ने इस दयनीय अवस्था को स्पष्ट करते हुए कहा, 'मनुष्य भाग्य के क़ैदी नहीं, वे अपने ही मन के बंदी हैं।'

ठीक इसी प्रकार, एक प्रसिद्ध ब्रिटिश लेखक, सैम्युअल जॉनसन ने अनियंत्रित मन को असफलता का मूल कारण माना है। 'यदि मन नियंत्रित नहीं होगा, तो व्यायाम, आहार या सेहत भी किसी काम नहीं आ सकते।'

ख़राब रवैए के कुछ उदाहरण निम्नलिखित हैं :

- **'मैं' या 'मेरा' के भाव में सोचने का रोग :** इस रोग से ग्रस्त लोग अक्सर अपने-आप में इतने मग्न होते हैं कि उन्हें अहसास ही नहीं होता कि वे दूसरों के प्रति अप्रिय हो सकते हैं।
- **जलन की भावना :** इस भाव में रहने वाले दूसरों की सफलता से जलते हैं। वे मानते हैं कि सबको एक समान सफलता मिलनी चाहिए; चाहे उनकी योग्यता, उत्पादकता या अंतःपरस्पर कौशल जो भी हो।
- **क्षमा करने में असफल :** कुछ लोग सदा दूसरे लोगों के प्रति मन में बैर का भाव रखते हैं, जिन्होंने उनका कोई नुक़सान किया हो। उन्हें यह अहसास नहीं होता कि यह बैर किसी भी दूसरे की तुलना में स्वयं उन्हें ही सबसे अधिक हानि पहुँचा रहा है।
- **दूसरों में दोष देखने का स्वभाव :** जो लोग ऐसा रवैया रखते हैं कि वे अच्छे से अच्छी चीज़ में भी दोष निकाल देते हैं। उनके पास शिकायतों की एक लंबी सूची होती है और वे हमेशा असंतोष से घिरे रहते हैं, भले ही उनके प्रयास कितने भी नेक क्यों नहीं हों।

ख़राब रवैए से जुड़े इन उदाहरणों से समझा जा सकता है कि लोग किस तरह इन्हें अपने मन में स्थान दे देते हैं। दुर्भाग्य से, ऐसे रवैए भावात्मक बाधा के रूप में किसी भी तरह की उपलब्धि या आध्यात्मिक उन्नति को प्राप्त नहीं करने देते। हम इन्हें एक उदाहरण की सहायता से समझने की कोशिश करेंगे।

एक ख़ूबसूरत सुबह थी, एक व्यक्ति बिस्तर से उठा, तो उसे लगा कि उसने कुछ ज़्यादा ही नींद ले ली थी। उसे तो आज ऑफ़िस में बहुत ज़रूरी मीटिंग में जाना था। उसने झट से दिनचर्या निपटाई, हड़बड़ाहट में नाश्ता निगला और कार में जा बैठा।

उसने झट से इंजन चालू किया, एक्सीलिरेटर दबाया और आगे बढ़ना चाहा पर उसकी कार तो रेंग रही थी। उसने खीझ कर पैडल पर दबाव दिया पर कोई फ़ायदा नहीं हुआ। तभी उसे रबड़ के जलने और बोनट से धुएँ की गंध आती महसूस हुई। वह कार से बाहर आया, तो पता चला कि रबड़ का ब्रेक पिघल रहा था। अब उसे अपनी भूल समझ आई - वह पार्किंग ब्रेक हटाना ही भूल गया था!

जीवन का अनुभव भी ठीक ऐसा ही है। हम अपने लक्ष्यों की ओर जाने के लिए पूरा ज़ोर लगाते हैं; जब प्रगति नहीं दिखती, तो और अधिक बल लगाते हैं और हमें अहसास नहीं होता कि हमारे भावात्मक ब्रेक लगे हुए हैं। ये ब्रेक लोभ, असंतोष, भय, व्यग्रता, तनाव और बैर हैं। इन मानसिक ब्रेक या बाधाओं के साथ ज़्यादा ज़ोर लगाने पर भी कोई सहायता नहीं मिलती। दरअसल, हो सकता है कि हमें इनके कारण शारीरिक या मानसिक क्षति उठानी पड़े। इसका रहस्य ही है कि **अपनी ओर से अधिक ज़ोर लगाने के बजाए, होशियारी से काम लें, अपने भीतर बसे हानिकारक रवैयों के भावात्मक ब्रेक हटा दें।**

यह ध्यान देना उचित होगा कि हम सभी ऐसी अस्पष्ट मानसिकता के साथ जन्म नहीं लेते - ये चेतन या अवचेतन रूप से गढ़े जाते हैं, जिन्हें हम अपने भावों के दोहराव से पैदा करते हैं। इन्हें अच्छी भावनाओं और गूढ़ विचारों के दोहराव से बदला जा सकता है। ठीक इस तरह, जैसे असफलता का रवैया पैदा होता है, उसी तरह आसानी से सफलता का रवैया भी पैदा किया जा सकता है, परंतु इसका प्रतिदान पूरी तरह से अलग होगा।

अब तक हमने उचित मानसिकता के भौतिक लाभों की चर्चा की। आइए, अब इनके आध्यात्मिक पुरस्कारों की बात करें।

उचित मानसिकता, आध्यात्मिक ख़ज़ानों के द्वार खोलती है

उचित मानसिकता ना केवल हमें भौतिक लाभ देती है, बल्कि दिव्य ज्ञान, दिव्य आनंद तथा दिव्य प्रेम के रूप में आध्यात्मिक पुरस्कार भी देती है। प्रबुद्ध होने की यात्रा में भावों को साधे बिना प्रगति नहीं की जा सकती। इसका नियम बहुत ही साधारण है - **हम बेहतर विचारों को उत्पन्न करना सीख कर बेहतर इंसान बनना सीखते हैं।**

अक्सर हमारे धार्मिक रिवाजों में यह स्पष्ट तथ्य नहीं पाया जाता। लोग मन में भक्ति-भाव के बिना ही पूजा आदि अनुष्ठान करते हैं। वे भौतिक रूप से तीर्थों की यात्रा पर जाते हैं, परंतु उनके भीतर सांसारिकता बनी रहती है। वे अपने इष्ट को सजा-धजा कर अपने हाथों से उनका पूजन करते हैं, परंतु अपने भावों को सजाना भूल जाते हैं। वे अपनी देह को पवित्र नदियों के जल में स्नान करवाते हैं, परंतु अपने भीतर छिपे अपवित्र विचारों की शुद्धि की उपेक्षा कर देते हैं। वे यज्ञ की अग्नि में घृत की आहुति देते हैं, परंतु ईश्वर के आगे अपने अहं का तर्पण नहीं करते।

सभी वैदिक ग्रंथ हमें सिखाते हैं कि आध्यात्मिकता हमारी आंतरिक यात्रा है। यह हमारे भीतर सुप्त दिव्यता को जाग्रत करती है, जिसके लिए मन का शुद्ध होना अनिवार्य है। बाहरी अनुष्ठान तब तक ही सफल होते हैं, जब तक वे हमारे विचारों को गूढ़ बनाते हैं, परंतु सुंदर और कल्याणकारी भावों के अभाव में केवल अनुष्ठान या कर्म कांड कोई उद्देश्य पूरा नहीं करते। *पंचदशी* में लिखा है :

मन एव मनुष्याणां कारणं बंध मोक्षयोः

'बंधन और मोक्ष, दोनों ही मन की अवस्था पर निर्भर करते हैं।' श्रीमद् भागवत में लिखा है :

चेतः खल्वस्य बंधाय मुक्तये चात्मनो मतम्।
गुणेषु सक्तम् बंधाय रतं वा पुंसि मुक्तये।। (3.25.15)

'बंधन और मुक्ति मन के द्वारा ही नियत होते हैं। तीन गुणों के लोक में मन का मोह ही बंधन उत्पन्न करता है, जबकि भौतिक वस्तुओं से विरक्ति होने से माया (प्रभु की भौतिक ऊर्जा) से मुक्ति होती है।' जगद्गुरु कृपालुजी महाराज, जगत के पाँचवें मूल जगद्गुरु कहते हैं :

बंधन और मोक्ष का कारण मनहिं बखान
याते कौनिउ भक्ति करु, करु मन ते हरि ध्यान

(*भक्ति शतक,* श्लोक 19)

'यह मन ही माया के बंधन और उससे मुक्ति के लिए उत्तरदायी है। इस प्रकार, आप भक्ति का जो भी रूप अपनाते हो, उसके साथ प्रभु का स्मरण करना ना भूलें।'

हमने देखा कि किस तरह अपनी सोच में दैवीय मानसिकता को शामिल करते हुए, जीवन में अपने लिए यह कल्याणकारी व लाभदायक कार्य किया जा सकता है। इससे हमें परिपूर्णता, प्रसन्नता और संतोष की प्राप्ति होती है। इस पुस्तक के अगले अध्यायों में हम इन बातों पर विस्तार से चर्चा करेंगे। परंतु इस दिशा में आगे जाने से पूर्व, हमें यह समझना होगा कि ऐसा क्या है, जो हमें अपनी मानसिकताओं के चुनाव की योग्यता देता है?

वस्तुनिष्ठ बनाम व्यक्तिनिष्ठ यथार्थ

हम सभी, अपने आसपास के संसार को अनूठे तरीक़ों से देखते व समझते हैं। कुछ लोगों को यह स्थान आपदाओं से भरा हुआ लगता है, तो कुछ इसे स्नेह से भरपूर मानते हैं। कुछ लोगों को संसार दुष्टता का केंद्र लगता है। कुछ लोगों को सभी वस्तुओं व व्यक्तियों में ईश्वर दिखाई देता है। ऐसा क्यों है कि एक ही सृष्टि को सभी अलग-अलग नज़रिए से देखते हैं?

इसका कारण यह है कि यथार्थ दो प्रकार का होता है। **हमारे आसपास का बाहरी संसार वस्तुनिष्ठ यथार्थ है।** यह सबके लिए एक सा है - ईश्वर ने इसे जैसा रचा है। हालाँकि इस बाहरी संसार के लिए हमारा बोध, हमारा अपना चुनाव है। यही हमारे व्यक्तिनिष्ठ यथार्थ को स्थापित करता है - हम संसार को किस तरह देखते हैं। चूँकि सभी संसार को अलग तरह से देखते हैं; इसलिए हमारे निजी यथार्थ भी भिन्न हैं।

मिसाल के लिए, अगर हमें एक साथ तीन वकीलों से धोखा मिले, तो हम यही निष्कर्ष निकाल लेंगे कि सारे वकील धोखेबाज़ होते हैं। हमें यह अहसास नहीं होगा कि यह हमारा नज़रिया है, कोई वस्तुनिष्ठ सत्य नहीं है।

इसी तरह, कुछ लोग जीवन के प्रति दुख व उदासी से भरा नज़रिया रखते हैं। वे अपने जीवन की परिस्थितियों को जिस रूप में देखते हैं, हो सकता है कि वे वैसी नहीं हों। **समस्या यह है कि जब लोग किसी भी परिस्थिति में नकारात्मकता पालने लगते हैं, तो वे भूल जाते हैं कि यह उनका व्यक्तिपरक बोध मात्र है।** हो सकता है कि दूसरे लोग इन्हीं हालात में भी प्रसन्न और सकारात्मक रहने का चुनाव करें।

निम्नलिखित उदाहरण से आप दो व्यक्तियों की मानसिकता के अंतर को जान सकते हैं। वे एक ही कमरे में रहते थे और उनके वस्तुनिष्ठ यथार्थ एक से थे। हालाँकि उनके रवैए आपस में इतने अलग थे कि उनके व्यक्तिपरक यथार्थ पूरी तरह से अलग थे।

चंचल और संतोष नामक दो गंभीर रोगी अस्पताल के एक कमरे में पास-पास वाले पलंगों पर थे। उन दोनों के बीच आपस में बचपन, स्कूली दिनों, काम-धंधे, पत्नी, बच्चों, सपनों, सफलताओं और असफलताओं के किस्से बाँटने के कारण एक आत्मीयता सी हो गई थी।

दोनों ही पलंग पर पड़े थे, पर एक नर्स हर रोज़ एक घंटे तक, संतोष को बिठा कर उसके फेफड़ों से द्रव्य बाहर निकालती। उसका पलंग खिड़की के पास पड़ता था; इसलिए वह उस एक घंटे के दौरान चंचल को वह सब बताता, जो उसे उस जगह से दिखाई देता था।

बाहर बहुत सुंदर बाग था, जिसमें वृक्षों की सुंदर पंक्तियों के साथ ही कुछ बेंचें रखी गई थीं। उन बेंचों पर कई तरह के रोचक लोग बैठे दिखाई देते। बाग के बीच एक बड़े से ताल में फ़व्वारा लगा था। उसके ठंडे पानी से आकर्षित हो कर बहुत से प्रवासी पक्षियों ने स्नान के लिए उस जगह पर डेरा डाला हुआ था। वहीं सुंदर गुलाब, ट्यूलिप, डेज़ी और डैफ़ोडिल से सजी क्यारियाँ भी थीं।

संतोष के मुँह से इतने सुंदर बाग के बारे में सुन कर चंचल की दुनिया में भी जैसे बहार आ जाती।

अस्पताल में टिंक्चर और दवाओं की गंध से गंधाते सुनसान वार्ड की तुलना में बाहर की दुनिया किसी दैवीय संसार से कम नहीं थी। चंचल उस एक घंटे की प्रतीक्षा में रहने लगा, जब संतोष को बिठाया जाता, क्योंकि वह बाग की प्राकृतिक सुंदरता के बारे में जानना चाहता था।

एक दिन चंचल के मन में दुष्टता से भरा विचार आया। 'मैं पलंग पर पड़ा सड़ता रहता हूँ। मेरे दोस्त को ही बाहर की ऐसी सुंदरता देखने का अवसर क्यों मिल रहा है? भगवान उस पर इतने दयालु क्यों हैं?' चंचल को ऐसा नहीं सोचना चाहिए था, पर उसने ऐसा किया। उसने नकारात्मक सोच को अपने मन में जगह बनाने दी और इससे पहले कि वह जान पाता, उसमें उससे और अधिक नकारात्मकता पैदा हो गई। उसका मन भावात्मक ठेस और द्वेष का कचरे का डब्बा बन कर रह गया। उसने सोचा, 'मुझे उससे नफ़रत है, उसे ही सारा आनंद मिलता है। यह तो नाइंसाफ़ी है!'

चंचल की मानसिक दशा इतनी बुरी हो गई कि उसे अपने साथी का साथ तक बुरा लगने लगा। एक रात, संतोष को खाँसी होने लगी। हालाँकि वह पहले भी खाँसता था, पर इस बार खाँसी बहुत ज़्यादा हो रही थी। उसे साँस लेने में कठिनाई हो रही थी। ऐसा लग रहा था, जैसे उसका दम घुट रहा हो। उसने असहाय हो कर अपना तकिया और चादर पकड़ लिए पर खाँसी से आराम नहीं आ रहा था। ऐसी हालत में संतोष को आपातकाल वाला बटन दबाना चाहिए था पर अपनी बेचैनी के बीच उसे ऐसा करना याद ही नहीं रहा।

इसके बाद यह होना चाहिए था कि चंचल उसके लिए आपातकालीन बटन दबाता ताकि झट से कोई नर्स उसकी देख-रेख के लिए आ जाए। पर चंचल के मन में तो कड़वाहट भरी थी। उसने सोचा, 'यह कष्ट भोग रहा है। अच्छी बात है। यह इसी लायक़ है। मुझे इससे नफ़रत है।'

संतोष कुछ देर तक उसी तरह खाँसता रहा और फिर उसकी दर्द से भरी आवाज़ सुनाई देनी बंद हो गई। कमरे में रात का गहरा सन्नाटा छा गया था। अगली सुबह, अस्पताल के कर्मचारियों ने उसके शव को देखा और चुपचाप उसे कमरे से निकलवा दिया।

चंचल ने कुछ दिन तक इंतज़ार किया ताकि किसी को उस पर संदेह नहीं हो। फिर उसने नर्स से आग्रह किया, 'क्या आप मुझे खिड़की की ओर वाला पलंग दे सकती हैं?'

'क्यों नहीं?' कर्मचारियों ने उसे चंचल वाले पलंग पर लिटा दिया।

अगली सुबह उसने नर्स से एक और आग्रह किया। 'तबीयत बेहतर लग रही है। क्या थोड़ी देर बैठ सकता हूँ।'

ड्यूटी पर आई नर्स को इसमें कोई हर्ज़ नहीं लगा और उसने चंचल को सहारा दे कर बिठा दिया।

चंचल बहुत उत्साहित था। आख़िरकार, आज वह स्वयं उस अद्भुत बाग को देखने जा रहा था। जिसके बारे में संतोष बताया करता था। हालाँकि जब उसने बाहर झाँका तो वह भौंचक्का रह गया। उसे तो पड़ोस वाली इमारत की एक दीवार के सिवा कुछ नहीं दिख रहा था। वह धीरे से बुदबुदाया, 'यह क्या है?'

नर्स ने जवाब दिया, 'अस्पताल के साथ ही एक बड़ा सा गोदाम है। वह इतना पास है कि खिड़की से बाहर कुछ दिखाई ही नहीं देता।'

चंचल ने विस्मित भाव से पूछा, 'फिर मेरा साथी कौन से बाग की सुंदरता बताया करता था?'

नर्स ने जवाब दिया, 'वह तो उसके मन की सुंदरता थी।'

संतोष ने जो देखने के लिए चुना, वह अस्पताल की खिड़की के बाहर की असली दुनिया नहीं, बल्कि उसके आंतरिक मन का सौंदर्य था। उसका आंतरिक मन इतना सुंदर था कि उसने आसपास के भयावह वातावरण से आशंकित होने से इंकार कर दिया। उसने उसके बजाए सुंदरता, प्रशांति, सुसंगति और प्रेम को चुना। जैसा कि कहा भी जाता है :

दो आदमी क़ैद की सलाखों से बाहर देखते हैं,
एक को कीचड़ दिखता है; और दूसरा सितारे देखता है।

ध्यान देने योग्य बात यह है कि हम सबके पास अपनी मर्ज़ी से अपने परिवेश, संबंधियों और काम को देखने की स्वतंत्रता है, परंतु हम जिस तरह से इस चुनाव का प्रयोग करते हैं, उसके अपने ही परिणाम होते हैं। जब हम बार-बार अपने मन के आगे एक जैसी भावनाओं को दोहराते हैं, तो वे एक रवैए में बदल जाती हैं। वही रवैया जब जड़ हो जाता है, तो वह हमारे व्यक्तित्व के साथ स्वाभाविक हो कर हमारी मानसिकता में बदल जाता है।

समस्या संसार के साथ नहीं, हमारी मानसिकता के साथ है

जब भी हम परेशान या व्याकुल होते हैं, तो अपने हालात के लिए आसपास की परिस्थितियों को दोषी ठहराना स्वाभाविक ही है। हालाँकि यह दिखने में कितना भी आश्चर्यजनक क्यों नहीं लगे, ऐसा कोई दोष संसार में नहीं है, जो हमारे आसपास नहीं हो। इसे ईश्वर ने रचा है, जो संपूर्ण, सर्व ज्ञानी और अनंत रूप से कृपालु हैं। इस प्रकार, उन्होंने जिस संसार की रचना की है, वह पूरी तरह से हमारी आत्मा के उत्थान के लिए ही रचा गया है। उपनिषदों में लिखा है :

पुरुष एवेदं सर्वं यद्भूतं यच्च भव्यम्।

(*श्वेताश्वतरोपनिषद* 3.15)

'जो कुछ भी अतीत में था, जो कुछ भी वर्तमान में उपस्थित है, और जो भी भविष्य में होगा; वह ईश्वर का ही यथार्थ रूप है।'

वासुदेवः सर्वमिति (भगवद् गीता 7.19)

'महाप्रभु श्रीकृष्ण इस जगत में चारों ओर व्याप्त हैं।'

इसके अनुसार ही पवित्र प्रवृत्ति और शुद्ध संवेदना रखने वाले, सृष्टि के प्रत्येक कण में ईश्वर को अनुभव कर पाते हैं। भगवान कृष्ण की सर्वोत्कृष्ट भक्त मानी जाने वाली वृंदावन की गोपियाँ गाती थीं :

वाटन में, घाटन में, वीथिन में, बागन में
बेलिन में, वाटिका में, फूलन में, वन में
दरन में, दिवारन में, देहरी दरीचन में
हीरन में, हारन में, भूषण में तन में
कानन में, कुंजन में, गोपन में, गायन में
गोकुल में, गोधन में, दामिनी में, घन में
ज्हं-जहं देखूं तहं श्याम ही दिखाई देत
मेरो श्याम छाय रह्यो नैनन में मन में

'मैं जिस ओर देखती हूँ, मुझे अपने प्रिय भगवान श्रीकृष्ण का मनोहारी रूप ही दिखता है। मैं उन्हें सभी मार्गों, पहाड़ियों, गलियों और बागों में देखती हूँ। वे लताओं, बगीचों, फूलों और वनों में हैं। डालों, दीवारों, सामान और खिड़कियों में उनकी उपस्थिति का आभास होता है। वे मेरी देह के हार, माला और गहनों में बसते हैं। मैं श्रीकृष्ण के दिव्य स्वरूप को वन में, पेड़ों के झुरमुट में, गोप ग्वालों के बीच और गौओं में देखती हूँ। गोकुल की पावन भूमि में उनका आभास होता है। वे गौओं में, बिजली की गर्जन और मेघों में बसे हैं। मैं जिस ओर देखती हूँ, मुझे श्यामसुंदर दिखते हैं। मेरे प्रभु मेरी अँखियों और मेरे मन में बसते हैं।'

इस प्रकार पवित्र प्रवृत्ति रखने वाले संत पूरी सृष्टि में ही ईश्वर को देखते हैं। ऐसी दिव्य दृष्टि उनकी कल्पना का अंश नहीं है। वास्तव में ईश्वर सर्वव्यापी है। सर्वज्ञ प्रभु केवल उन्हीं संतों को दर्शन देते हैं, जिन्होंने अपने मन की शुद्धि कर ली है।

हम भी संतों की तरह इसी जगत में रहते हैं। तब ऐसा क्यों है, हम स्वयं को ख़राब मनोदशा और अप्रिय भावों से घिरा हुआ पाते हैं? हो सकता है कि हम इसके लिए लोगों और हालात को दोषी ठहरा दें, असली समस्या तो हमारे ही ख़राब या अनुचित रवैए की है। इस अंधकार का नाश करने के लिए, हमें बुरे विचारों के स्थान पर अच्छे विचारों को मन में स्थान देना होगा। निम्नलिखित प्रसंग से यही पता चलता है :

एक व्यक्ति बहुत ही निराश अवस्था में मेरे पास आया। उसे देख कर लगता था, मानो उसका संसार ही बिखर गया हो। वह भारत में ओड़िशा के कटक में पिछले छह वर्षों से हमारे सत्संग का सदस्य था, मुझे उसकी चिंता हो रही थी। मैंने उससे पूछा, 'तुम्हें क्या हुआ?'

'स्वामीजी, आपको कोई अनुमान नहीं है कि मेरे साथ कितना बुरा हुआ है। मेरे ससुराल वाले पिछले दो वर्ष से मेरे घर ही रहने आ गए हैं, और मेरा जीवन नारकीय हो गया है। मैं उन्हें जाने को भी नहीं कह सकता, क्योंकि मेरी पत्नी नाराज़ हो जाएगी। मैं उससे बहुत प्रेम करता हूँ, पर अपने ससुराल वालों के साथ मेरी नहीं निभ सकती। घर में उनकी अवांछित उपस्थिति ने मुझे इतना दुखी कर दिया है कि डर है, मैं अवसादग्रस्त ना हो जाऊँ।'

वह व्यक्ति मुझसे अपनी समस्या का हल चाहता था।

मैंने उससे पूछा, 'क्या तुम्हारे घर में कुत्ता है?'

'नहीं,' उसने उत्तर दिया।

मैंने कहा, 'फिर तो हल आसान है, अपने घर कुछ पिल्ले ले आओ।'

उस व्यक्ति ने ऐसा ही किया। वह झट से बाज़ार गया और चार पिल्ले ख़रीद लाया। पाँच दिन बाद वह फिर से मेरे पास आया।

मैंने पूछा, 'अब मन की क्या दशा है? क्या पिल्लों के आने से मन की दशा में सुधार हुआ?'

'बदक़िस्मती से, मेरी हालत और ख़राब हो गई है। पिल्ले हर ओर भागते रहते हैं। जिससे बहुत अफरा-तफरी मच गई है, और सारा घर बिखर जाता है।'

मैंने कहा, 'कोई बात नहीं। क्या तुम्हारे घर में बिल्ली है?'

उसने उत्तर दिया, 'नहीं।'

'तब तो तुम्हारे लिए बढ़िया उपाय होगा कि दो बिल्लियाँ ले आओ - एक काली और एक सफ़ेद बिल्ली। उन्हें अपने घर के पिछले आँगन में ला कर रखो।'

भक्त ने फिर से मेरी सलाह के अनुसार ही किया। हालाँकि वह तीन दिन बाद ही वापस आ गया। मैंने पूछा, 'तुम्हारी समस्या हल हुई?'

'स्वामी जी, वह तो और भी विकराल हो गई। पिल्ले बिल्लियों को सहन नहीं कर पाते और उन्हें आँगन में दौड़ाने का कोई मौक़ा नहीं छोड़ते। मुझे हमेशा उन पर निगरानी रखनी पड़ती है कि वे घर के अंदर ही रहें।'

'चिंता मत करो। क्या तुम्हारे पास गौएँ हैं?'

उसने उत्तर दिया, 'नहीं।'

तब मैंने उससे कहा, 'यही तो समस्या है; अब मुझे समझ आया। एक गाय और बछड़ा घर ले आओ। उनका पूरा ध्यान रखो और गाय का दूध अपने पालतू जानवरों और परिवार वालों को पिलाओ।'

वह आदमी इस हल के लिए थोड़ा आशंकित दिखा पर फिर भी उसने घर जा कर वही किया, जैसा मैंने कहा था। कुछ ही दिन बाद, वह मेरे पास वापस आया और कहा–

'स्वामीजी, आप भी कमाल हैं। मैं आपके पास अपनी परेशानी ले कर आया था कि मेरे घर में मेरे ससुराल वाले रहने आ गए हैं, और आपने तो पूरा घर ही जानवरों का बाड़ा बनवा दिया।'

मैंने कहा, 'कोई बात नहीं। बस तुम अपने हल से एक क़दम की दूरी पर हो। अब सारे जानवरों से छुटकारा पा लो।'

उस आदमी ने जानवरों को दूसरे लोगों को देने या बेचने में देर नहीं की। फिर वह चार दिन बाद मेरे पास वापस आया।

मैंने पूछा, 'अब तो खुश हो?'

'जी स्वामीजी, अब तो मेरे घर में ही शांति हो गई है।'

उस आदमी के ससुराल वाले अब भी वहीं थे - ये वही हालात थे, जिनसे वह पहले बहुत परेशान था। पर अब वह पहले से कहीं ज़्यादा आरामदेह और शांत महसूस कर रहा था। बस उसके रवैए में बदलाव लाने भर की देर थी।

इस कहानी की शिक्षा यही है कि अक्सर बाहरी परिस्थितियों पर हमारा नियंत्रण नहीं होता। अवांछित घटनाएँ घटती हैं और अवांछित व्यक्ति व परिस्थितियाँ हमारे जीवन में आती हैं। हमारे पास चुनाव यही है कि जिन बातों को बदला नहीं जा सकता, उनके लिए बिसूरते रहें या उनके साथ समायोजन कर लें, जो हमारा रवैया है।

कहते हैं कि हमारे साथ जो घटता है, जीवन उसका दस प्रतिशत है, और बाक़ी नब्बे प्रतिशत इससे तय होता है कि हम उसके लिए कैसी प्रतिक्रिया देते हैं। इस प्रकार यदि हम निर्णय कर लें, तो किसी भी हाल में प्रसन्न रह सकते हैं। दूसरे शब्दों में, हमें प्रसन्न होने के लिए अवकाश पर जाने या करोड़ों रुपये पाने की आवश्यकता नहीं है। दरअसल, अगर हमारा मन पूरी तरह से नियंत्रण में है, तो हमें प्रसन्नता के लिए किसी और साधन की आवश्यकता ही नहीं है।

जब मैं पहली बार अमेरिका गया, तो मैंने देखा कई शहरों में एक रेस्तराँ का नाम था, 'टीजीआईएफ़।' मैं हैरान था कि यह किस तरह का नाम हुआ। जब मैंने किसी से पूछा, तो पता चला, 'स्वामीजी, इसका अर्थ है, 'थैंक गॉड इट्स फ़्राइडे'

(भगवान का शुक्र है कि आज शुक्रवार है)। लोग सोमवार से शुक्रवार तक दुखी रहते हैं, क्योंकि उन्हें काम करना पड़ता है। इसलिए वे शुक्रवार की शाम को आने वाले सप्ताहांत का जश्न मना कर प्रसन्न होते हैं।'

परंतु इस तरह की सोच की भी अपनी हानि है। अगर हम केवल सप्ताह के अंत में ही प्रसन्न हो सकते हैं, तो इसका अर्थ होगा कि हम सप्ताह के अन्य दिनों में अप्रसन्न रहेंगे। इस तरह हमारे साढ़े चार दिन कष्ट और आने वाले ढाई दिन की प्रसन्नता की प्रत्याशा में बीतेंगे। हालाँकि, उचित मानसिकता के साथ, हमें प्रसन्न रहने के लिए शुक्रवार की प्रतीक्षा करने की आवश्यकता नहीं है। हम पूरे सप्ताह प्रसन्नता से भरे विचारों का चुनाव कर सकते हैं और कह सकते हैं, 'भगवान का शुक्र है कि आज सोमवार है या भगवान का शुक्र है कि आज वीरवार है।' इस तरह, हमें सप्ताह का कोई भी दिन हो या दिन का कोई भी समय हो, हमें प्रसन्न रहने की कला सीखनी चाहिए।

हमें अप्रसन्नता पैदा करने की कला को भी भुलाना होगा। मैं अपनी बात समझाने के लिए एक प्रसंग साझा करना चाहता हूँ, तब आप समझ सकेंगे कि दुख पैदा करने से मेरा क्या तात्पर्य है :

एक बार की बात है, दुबई से दिल्ली की उड़ान के दौरान, मैं एक भारतीय जोड़े के साथ बैठा था। वह व्यक्ति प्रसन्नचित्त और ख़ुशहाल दिख रहा था, जबकि उसकी पत्नी हर चीज़ की शिकायत किए जा रही थी। उसके लिए चाय बहुत ठंडी थी, पेय पदार्थ पूरी तरह से ठंडा नहीं था, बैठने की सीट गंदी थी। उस व्यक्ति से बातचीत के दौरान पता चला कि उक्त व्यक्ति की आईटी कंपनी थी, जिसके कार्यालय अमेरिका और भारत में थे। उसने कहा, 'मेरी पत्नी निर्माण व्यवसाय में है।'

यह सुन कर अजीब लगा, वह तो दिखने में एक आम घरेलू औरत जैसी थी।

मैंने कौतूहल से पूछा, 'वे क्या निर्माण करती हैं?'

पति ने उत्तर दिया, 'वह अप्रसन्नता का निर्माण करती है। जहाँ भी जाती है, नाराज़गी पैदा करती है।'

उस व्यक्ति ने बड़ी अच्छी तरह अपनी बात कही। हमें भी उदासी या दुख पैदा करने के धंधे से बाहर आना होगा। अगर वह हमारा पेशा होता, तो हम उसे बढ़ावा देते हुए, खुद को खुशहाल इंसान बना लेते। अप्रसन्नता पैदा करने के बारे में एक चुटकुला सुना कर आपके मन को गुदगुदाना चाहूँगा :

प्रसिद्ध हिंदी हास्य कवि काका हाथरसी रो रहे थे।

एक व्यक्ति ने पूछा, 'काका, आप रो क्यों रहे हैं?'

'मेरे काका मर गए और मेरे लिए एक करोड़ रुपये छोड़ गए हैं।' काका ने कहा।

उस व्यक्ति ने कहा, 'सचमुच! पर इसमें रोने की क्या बात है?'

'मेरे दूसरे काका मर गए और मेरे लिए दो करोड़ रुपये छोड़ गए हैं।' काका ने कहा।

'मुझे तो यह समझ नहीं आ रहा कि इसमें रोने की क्या बात है?' उस व्यक्ति ने कहा

'मेरे तीसरे काका मरे और वसीयत में मेरे लिए चार करोड़ रुपये छोड़ गए हैं।' काका ने कहा।

उस व्यक्ति ने कहा, 'सचमुच! परंतु इसमें रोने की क्या बात है? आपको तो प्रसन्न होना चाहिए।'

काका बोले, 'नहीं, मैं बहुत दुखी हूँ। मेरे और काका नहीं हैं। अगर वे होते तो वे भी मर कर मेरे लिए धन छोड़ कर जाते।'

यह वास्तव में अपने लिए दुख पैदा करने का ही मामला है। काका हाथरसी की परिस्थिति में ऐसा कुछ नहीं था कि उन्हें दुखी होना पड़ता। उनका दुख केवल उस मनोभाव के कारण था, जिसे उन्होंने अपने लिए चुना।

उनके मस्तिष्क ने ही उनके लिए दुख पैदा किया, जिसका वे अनुभव कर रहे थे।

हमें अपने विचारों को यह अनुमति नहीं देनी चाहिए कि वे हमारी शांति और आनंद छीन सकें, जिन्हें हम मानसिकताओं के कौशल के बल पर साधने का दावा कर सकते हैं। हमें इस पुस्तक के माध्यम से अपने भावों के प्रबंधन की कला सीखनी होगी, तब हम अपने लिए प्रसन्न रहने के लाखों कारण खोज सकेंगे।

यह संसार ऐसे व्यक्तियों से भरा है, जो निरंतर अपने कष्टों का रोना रोते रहते हैं। उन्हें लगता है कि अपनी बाहरी परिस्थिति में परिवर्तन लाना ही उनकी सबसे पहली और ज़रूरी प्राथमिकता है। यदि वे इन प्रयत्नों का एक अंश भी अपने भावों का सुधार करने में लगा सकें, तो प्रसन्नता उनका द्वार खटखटा सकती है। जैसा कि कहा भी जाता है, 'पीड़ा अनिवार्य है; परंतु कष्ट एक विकल्प है।' यदि हम प्रसन्न रहने का चुनाव कर लें, तो कोई भी हमें दुखी रहने के लिए विवश नहीं कर सकता।'

इस पुस्तक में, आपको सफलता, प्रसन्नता और आंतरिक वृद्धि पाने के लिए सात महत्त्वपूर्ण मानसिक रवैए मिलेंगे। इससे पहले कि हम उन पर अपनी चर्चा आरंभ करें, मैं आपके उस प्रश्न का उत्तर देना चाहूँगा, जो संभवतः इस समय आपके मन में हो सकता है : 'सात मानसिकताएँ ही क्यों? कम या अधिक क्यों नहीं?'

सात मानसिकताओं का कारण

1956 में, जॉर्ज मिलर, प्रिंसटन विश्वविद्यालय के व्यवहार संबंधी मनोविज्ञानी ने मनोविज्ञान पर एक विख्यात पत्र लिखा, जिसका शीर्षक था, *'द मैजिकल नंबर सेवन, प्लस और माइनस टू : सम लिमिट्स ऑन अवर कैपिसिटी फ़ॉर प्रोसेसिंग इन्फ़ॉरमेशन* (जादुई अंक सात, जमा और घटा दो : हमारी सूचना संसाधन की क्षमता की कुछ सीमाएँ), यह *साइकोलॉजिकल रिव्यू* नामक पत्रिका में प्रकाशित हुआ।

मिलर ने पाया कि जब लोगों को सूचनाओं के अंश दिए जाते हैं, तो प्रत्येक अंश में दो या तीन तथ्यों के अंश होने से, मस्तिष्क उन्हें बहुत अच्छी तरह से संसाधित करता है, यह सीमा सात अंशों तक सीमित है। इसके बाद, जानकारी को समझने और संसाधित करने में मस्तिष्क के प्रदर्शन की क्षमता घटने लगती है।

उनके शोध के परिणामस्वरूप, मिलर ने यह भी पाया कि जब लोगों को नाम, वर्ण और शब्द देने के बाद दोहराने के लिए कहा जाता है, तो वे ऐसा सात बार कर सकते हैं। जब यह सूची सात बार से अधिक हो जाती है, तो वे इसे भूलने लगते हैं। इस तरह एक किशोर की औसत अल्पकालिक स्मृति सात गुना होती है। इसमें एक या दो चीज़ों के कम या ज़्यादा होने के साथ थोड़ा सा अंतर हो सकता है, परंतु औसत सात ही है। यही वजह है कि अमेरिका में फ़ोन नंबर सात अंकों में ही तय किए गए हैं।

स्मृति की यह अवधि सारी श्रेणियों के बावजूद एक ही रहती है, हालाँकि सूची में लिखी वस्तुओं की प्रकृति अलग हो सकती है। इस तरह मिलर ने निष्कर्ष निकाला कि स्मृति की अवधि केवल सूचना के अंशों तक ही सीमित नहीं है। यह टुकड़ों में भी देखी जा सकती है। मस्तिष्क सूचनाओं के बड़े टुकड़े प्रयुक्त करते हुए, सूचना को आसानी से दोहराने की कोशिश करता है।

मिलर के इस शोध को अब *'मिलर्स लॉ'* के नाम से जाना जाता है, जो कहता है कि एक औसत व्यक्ति की अल्पकालिक कार्यकारी स्मरण शक्ति सात वस्तुओं तक सीमित है।

इसके अनुसार, मैंने सात मानसिकताओं को चुना है, ताकि आप आसानी से इन्हें याद रखते हुए, अपने जीवन में लागू कर सकें। संयोगवश, इन सातों मानसिकताओं में उन सभी चरणों का क्रम शामिल है, जो जीवन में सफलता, प्रसन्नता व संतोष पाने के लिए अनिवार्य है। आइए, अब देखें कि वे क्या हैं और इन्हें कैसे विकसित कर सकते हैं?

1

सकारात्मक सोच की मानसिकता

सकारात्मक चिंतन प्रसन्नतादायक विचारों और आशावादी रवैए को बनाए रखने का मानसिक स्वभाव है। सकारात्मक चिंतक हमेशा से ही आनंदी और जीवन के लिए आत्मविश्वास से भरपूर होते हैं। वे उस गिलास को आधा भरा हुआ देखना पसंद करते हैं, जिसे निराशावादी लोग आधा ख़ाली मानते हैं। समस्याओं पर सिर धुनने के बजाए, वे अपने मनचाहे नतीजों और उन्हें पाने के लिए केंद्रित रहते हैं। इस तरह वे अपने काम में हुनरमंद बनते हैं, और उनके संबंध आनंदमयी हो जाते हैं।

सकारात्मक सोच रखने वाले प्रसन्न रवैए को बनाए रखने के लिए कोई पूर्व शर्तें नहीं रखते। वे इस बात का इंतज़ार नहीं करते कि उनके जीवन में जब सब कुछ अच्छा होगा, तब वे आशावादी और प्रसन्न होंगे। जब जीवन उन्हें चुनौतियाँ देते हुए, दुखी महसूस करवाने के लिए पर्याप्त कारण पैदा करता है, वे तब भी प्रसन्न रहने की कला में माहिर होते हैं। वे जानते हैं कि संसार द्वैत से भरा है, और हम इसमें से नकारात्मकताओं को मिटा नहीं सकते। रामचरित मानस में लिखा है :

जड़ चेतन गुन दोषमय, बिस्व कीन्ह करतार।
संत हंस गुन गहहिं पय, परहरि बारि बिकार।

'सर्जक ने संसार को विपरीत में बाँट रखा है। हम इस जगह सजीव और निर्जीव दोनों को देखते हैं, और दोनों ही गुणों व दोषों से भरे हैं। केवल पवित्र आत्माओं को पता है कि किस तरह शुभ को ग्रहण करते हुए, अशुभ का त्याग करना है। वे उन हंसों के समान हैं, जो दूध और पानी का मिश्रण दिए जाने पर, दूध पी लेते हैं और जल को छोड़ देते हैं।'

इस प्रकार, सकारात्मक चिंतन एक दैवीय गुण है। निम्नलिखित प्रसंग से इसकी शक्ति का परिचय मिलता है :

डॉ. प्रसाद वृद्ध थे, जिनकी पत्नी का कुछ समय पूर्व ही देहांत हुआ था। उनके बच्चे विदेश में बसे थे, और अपने-अपने जीवन में मग्न थे। वे अपने बच्चों पर बोझ नहीं बनना चाहते थे; इसलिए डॉ. प्रसाद ने अपना शेष जीवन एक वृद्धाश्रम में बिताने का निर्णय लिया। उन्होंने आश्रम के प्रबंधक के साथ अनुबंध पर हस्ताक्षर किए, उन्होंने एक नर्स के साथ डॉ. प्रसाद को उनका कमरा देखने भेज दिया।

जब वे कमरे की ओर जा रहे थे, तो नर्स कमरे की प्रशंसा करने लगी। उसने कहा, 'कमरे में आलीशान कालीन है।'

'मुझे पसंद है।' डॉ. साहब ने उत्तर दिया।

'बड़ी सुंदर लाल ईंटों से आतिशदान बना हुआ है।' नर्स ने आगे कहा।

'अरे, बहुत अच्छे।' वे बोले।

'कमरे की दीवारों पर बहुत सुंदर पेंटिंग सजी हुई हैं।' नर्स ने कहा।

'मुझे वे भी बहुत पसंद हैं।' डॉ. साहब बोले।

'पर आपने तो अपना कमरा देखा तक नहीं है।' नर्स ने हैरानी से कहा। 'आप उसे देखे बिना ही पसंद कैसे कर सकते हैं?'

डॉ. प्रसाद ने उत्तर दिया, 'मुझे उसे देखने की ज़रूरत नहीं है। मैं उसे पसंद करता हूँ या नहीं, यह कमरे की अवस्था पर नहीं, मुझ पर निर्भर करता है।'

इस प्रसंग में, डॉ. प्रसाद ने कमरे की वास्तविक दशा के बजाए अपने लिए खुशहाल रवैया चुना। यह सकारात्मक चिंतन का उदाहरण है। जब हम आदतन ऐसे सकारात्मक भावों का अभ्यास करते हैं, तो वे हमारे स्वभाव का अभिन्न अंग हो जाते हैं। एक सकारात्मक रवैया हमारे लिए कम से कम तीन तरह से सहायक होता है :

1. यह हमें खुशहाल इंसान बनाता है।
2. यह कार्यस्थल पर हमारे प्रदर्शन में सुधार करता है।
3. यह हमारे शारीरिक स्वास्थ्य को निखारता है।

आइए, इन पर विस्तार से चर्चा करें।

सकारात्मकता हमें खुशहाल बनाती है

अंततः हम सभी प्रसन्न होना चाहते हैं, और केवल इसी उद्देश्य को पाने के लिए हम जीवन में सब कुछ करते हैं। जीवन में कोई भी दुख को अपना लक्ष्य नहीं

चुनता। अगर कुछ लोग प्रसन्नता के बजाए अपने लिए कष्ट चुनते हैं, तो वे छिपे हुए विशेषज्ञ होंगे, क्योंकि अब ऐसे व्यक्ति कहीं नहीं दिखाई देते।

कई बार, ऐसा लग सकता है कि कुछ लोग जान-बूझ कर दुख के साथ हैं। परंतु ऐसा इसलिए है, क्योंकि उनका मानना है कि अस्थायी दुख को सहन करने के बाद, वे दीर्घ-कालीन प्रसन्नता पाने के अधिकारी हो सकेंगे। उदाहरण के लिए, एक महिला को व्यायाम करना पसंद नहीं है, परंतु फिर भी वह प्रतिदिन कड़ा व्यायाम करती है, क्योंकि उसे विश्वास है कि ऐसा करने से उसकी सेहत में सुधार होगा। इस तरह उसे प्रसन्नता मिलेगी। कह सकते हैं कि कुछ लोग अनुचित विवरण के साथ दुखी होना चाहते हैं। मनुष्य जाति की सार्वभौमिक इच्छा यही है कि वह प्रसन्न, संतुष्ट व आनंदित हो।

हमारे अनुभव के आनंद से मानसिकता का क्या लेना-देना है? हम अक्सर मान लेते हैं कि प्रसन्नता हमारी भौतिक संपत्ति से जुड़ी है। हमें लगता है कि अगर हमारे पास एक आलीशान बंगला या पाँच शयनकक्षों वाला घर होता? या हम किसी बहुराष्ट्रीय कंपनी के सीईओ होते? तो बेशक़ हम प्रसन्न हो सकते थे। हमें लगता है कि बाहरी हालात और वस्तुओं से हमें आनंद मिल सकता है। परंतु अगर हम अपनी आँखें खोल कर आसपास देखें, तो हमें इसके ठीक विपरीत ही दिखेगा। बदक़िस्मती से, हम उन लोगों के विचार नहीं पढ़ सकते, जो भौतिक संपदा के मालिक हैं; इसलिए हमें लगता है कि वे जीवन का भरपूर आनंद ले रहे हैं। परंतु अगर हम उनके मन में झाँक पाते, तो शायद यही कहते, 'हे भगवान, कितना दुख, कितनी पीड़ा! मैं तो इनसे कहीं ज़्यादा प्रसन्न हूँ।'

आधुनिक इतिहास में सर्वाधिक धनी अमेरिकी, जॉन डी. रॉकफ़ैलर मृत्यु शैय्या पर थे। वैसी दशा में उनका साक्ष्य, उनकी दयनीय अवस्था को प्रकट करता है। उन्होंने स्वीकारा, 'मैंने बहुत धन कमाया, परंतु उससे कोई प्रसन्नता नहीं मिली।' सच तो यही है कि अगर आप अपने थोड़े में ही संतुष्ट नहीं हैं, तो आप बहुत सारा पा कर भी प्रसन्न नहीं हो सकते। अगर आप कम होने पर भी नहीं बाँटते, तो तब भी नहीं बाँट सकेंगे; जब आपके पास बहुत कुछ हो जाएगा। आपने भी बचपन में, 'राजा मिडास और उसके सुनहरे स्पर्श' की कहानी सुनी होगी।

राजा मिडास के पास सोने की कमी नहीं थी, पर उसके लालच का कहीं अंत नहीं था। एक परी ने उसके सामने आ कर कहा, 'जो वरदान चाहते हो, माँग लो।'

मिडास ने कहा, 'मैं जिस भी चीज़ को भी हाथ लगाऊँ, वह सोने की हो जाए।'

परी ने उसे सुनहरे स्पर्श का वरदान दे दिया। पर जल्दी ही मिडास को अफ़सोस होने लगा, क्योंकि जब उसने खाना चाहा तो उसकी तश्तरी सोने की हो गई। जब उसने पीना चाहा, तो प्याला और उसमें रखा पानी सोने का बन गया।

उसकी बेटी उसके पास कोई शिकायत ले कर आई, ज्यों ही उसने उसे दिलासा देने के लिए छुआ, उसकी बेटी सोने की मूर्ति बन गई। मिडास ने दुखी हो कर परी को वापस बुलाया और उससे विनती की कि वह उससे सुनहरे स्पर्श का वरदान वापस ले ले।

परी ने पूछा, 'क्या तुम्हें अब भी लगता है कि सोना ही संसार की सबसे बड़ी चीज़ है?'

राजा मिडास बोला, 'नहीं! नहीं! मैंने अपना सबक़ सीख लिया है। अब मैं सोना नहीं चाहता। मैं शांति और प्रसन्नता पाना चाहता हूँ।'

बच्चों की यह पुरानी कहानी सदियों से गूँजती आई है। मनोचिकित्सकों के परामर्श कक्ष प्रायः धनी व जाने-माने अतिव्यस्त ग्राहकों से भरे रहते हैं, जिन्हें ज़ल्द ही यह कटु सच्चाई पता चल जाती है कि एक सुंदर जीवन साथी, महँगी कारें और सामाजिक पुरस्कार शांति और प्रसन्नता के लिए काफ़ी नहीं हैं। हालाँकि दूसरे लोग बिना सोचे इनके पीछे लगातार भागते रहते हैं। वे नहीं सोचते, 'जो लोग दौड़ में मुझसे आगे हैं, वे प्रसन्न क्यों नहीं दिख रहे?'

मैंने कुछ समय पहले वर्जिनिया ब्रेसर की एक कविता पढ़ी थी, जिसका शीर्षक था, 'टाइम ऑफ़ मैड एटम,' यह पहली बार 1949 में प्रकाशित हुई थी। यह कविता आधुनिक युग में भौतिक वस्तुओं को पाने की हड़बड़ाहट को बहुत अच्छी तरह प्रकट करती है :

दिस इज़ द एज ऑफ़ द हाफ़-रेड पेज।
द क्विक हैश ऐंड द मैड डैश।
द ब्राइट नाइट विद द नर्व्स टाइट।
द प्लेन हॉप विद द ब्रीफ़ स्टॉप।
द लैंप टैन इन अ शॉर्ट स्पैन।
द बिग शॉट इन अ गुड स्पॉट।
ऐंड द ब्रेन स्ट्रेन ऐंड द हार्ट पेन।
ऐंड द कैट नेप्स टिल द स्प्रिंग स्नैप्स-
ऐंड द फन इज़ डन!

भावानुवाद : यह युग आधे पढ़े हुए पृष्ठों का है। चारों ओर मची अफरा-तफरी के बीच शारीरिक और मानसिक व्याधियों का अंबार है। जीवन में जो कुछ भी महसूस करने योग्य है, वह बीत रहा है, और एक दिन सारा आनंद यूँ ही समाप्त हो जाता है।

दुर्भाग्य से आप किसी पाँच सितारा होटल से प्रसन्नता नहीं ख़रीद सकते, और ना ही कोई डाकिया आपको यह उपहार ला कर दे सकता है। एक बार कवि रुडयार्ड किपलिंग ने कहा था,

> नाम, सत्ता या धन पर इतना ध्यान मत दो। एक दिन आपकी भेंट किसी ऐसे इंसान से होगी, जिसे इनमें से किसी की भी परवाह नहीं है और तब आप जान लेंगे कि आप कितने निर्धन हैं।

प्रसन्नता की रहस्यमयी कुंजी कहीं बाहर नहीं, हमारे भीतर छिपी है। आप इसे एक उचित रवैए के साथ पा सकते हैं। आइए, इस सूक्ति को निम्नलिखित प्रसंग के माध्यम से समझें :

मध्ययुगीन काल में, एक छोटे से देश का एक राजा था। एक शाम, वह अपने महल की छत पर टहल रहा था। उसे किले से लगती दीवार के पास से हँसने-खिलखिलाने के स्वर सुनाई दिए। उस जगह एक निर्धन परिवार रहता था। अपनी ग़रीबी के बावजूद वे एक-दूसरे के साथ का आनंद उठाते हुए, हँस रहे थे, जश्न मना रहे थे।

राजा बहुत हैरान हो गया। वह सोचने लगा, 'यह निर्धन परिवार इतना खुशहाल कैसे हो सकता है, जबकि मैं इस धरती का राजा होने के बावजूद इतना अप्रसन्न हूँ?'

राजा ने अपने एक बुद्धिमान मंत्री को बुलवा कर पूछा, 'क्या तुम मुझे कृपया, इस निर्धन परिवार की प्रसन्नता का रहस्य बता सकते हो?'

मंत्री ने उत्तर दिया, 'हे राजा, आपने मुझसे एक दुर्लभ और अनमोल प्रश्न किया है। मैं आपको यह रहस्य बता दूँगा, परंतु मुझे इसके लिए सोने के निन्यानवे सिक्कों की आवश्यकता होगी।'

राजा ने सोचा कि प्रसन्नता की कला सीखने के लिए तो यह क़ीमत बहुत छोटी है। उसने अपने सेवक से कहा कि वह मंत्री को सिक्कों की थैली ला कर दे दे। मंत्री ने वे सिक्के एक पोटली में बाँधे और उन्हें निर्धन परिवार की झोपड़ी में फेंक दिया।

सुबह के समय, जब वह परिवार उठा, तो उन्हें अपने दरवाज़े पर वह पोटली मिली। पहले तो वे भयभीत हुए कि उस पोटली में क्या हो सकता था। हालाँकि उन्होंने किसी तरह साहस करके उसे खोला, तो उसमें सिक्के दिखाई दिए।

वे मारे खुशी के झूम उठे, 'सोने के सिक्कों से भरी पोटली! ईश्वर कितना दयालु है। हमने सोना, तो पहले भी देखा है, पर हमेशा स्वर्णकारों की दुकानों पर ही रखा देखते थे। हमने तो कभी सपने में भी नहीं सोचा था कि हम उस सोने के

मालिक बन सकते हैं। देने वाला जब भी देता, देता छप्पर फाड़ के। देखें कि ईश्वर ने हमें कितने सिक्के दिए हैं।'

वे उन सिक्कों को गिनने लगे और उन्हें पता चला कि वे निन्यानवे सिक्के थे। अब वे असंतुष्ट हो गए। 'अगर ईश्वर को हमें सिक्के देने ही थे, तो उसे हमें पूरे सौ सिक्के देने चाहिए थे। केवल निन्यानवे सिक्के देने की क्या तुक बनी?'

उन्होंने तय किया कि वे सौवाँ सिक्का स्वयं ख़रीदेंगे और इसके लिए सब मिल कर बचत करेंगे। हर रोज़ एक निश्चित धनराशि की बचत करने के लिए, उन्होंने अपनी आय को बढ़ाने की योजना बनाई और तय किया कि वे अपने व्यय घटा देंगे। परंतु जब ऐसा नहीं हो सका, तो उनके घर में लड़ाई होने लगी।

पत्नी ने पति से कहा, 'तुमने कड़ी मेहनत नहीं की होगी।'

पति ने कहा, 'यह मेरी ग़लती नहीं है। तुम्हें घी में खाना पकाने को किसने कहा था?'

पत्नी ने पलटवार किया, 'तुम्हें भी सँभल कर ख़र्च करना सीखना होगा। तुम्हें नया कुरता लेने की क्या ज़रूरत थी?'

धीरे-धीरे घर की शांति ख़त्म होने लगी। एक महीने बाद, राजा फिर से अपने महल की छत पर टहल रहा था। उसे झोपड़ी से लड़ने की आवाज़ें सुनाई दीं। वह इतने भारी बदलाव को देख आश्चर्यचकित हो गया। राजा ने मंत्री को बुलवा कर पूछा, 'इस परिवार को क्या हुआ? एक महीना पहले तो ये लोग इतना प्रसन्न थे। आज ये सब इतने दुखी क्यों हैं?'

मंत्री ने उत्तर दिया, 'महाराज! इसे निन्यानवे का फेर कहते हैं। पूरा परिवार इसी फेर में पड़ गया है। पहले उनकी खुशहाली का राज़ यही था कि उनके पास जो भी था, वे उसमें ही प्रसन्न रहते थे। पर अब, वे असंतुष्ट रहने लगे हैं, क्योंकि उन्हें लगता है कि उनके पास केवल निन्यानवे सिक्के हैं, जो उनकी प्रसन्नता के लिए अपर्याप्त हैं। अब उन्हें प्रसन्न रहने के लिए सौ सिक्कों की आवश्यकता है।'

हमें इस प्रसंग से मिलने वाले संदेश पर विचार करना चाहिए। हमें पता चलेगा कि यही हम पर भी लागू होता है। हममें से अधिकतर पाठकों के पास खाने का भोजन और पहनने को वस्त्र हैं - ऐसा नहीं कि हम घोर निर्धनता का सामना कर रहे हैं या भूख से मर रहे हैं - परंतु हमारा विश्वास हमें कहता है, 'मैं अभी प्रसन्न नहीं हो सकता, क्योंकि मेरे पास अभी निन्यानवे ही हैं। मुझे प्रसन्न होने के लिए सौ सिक्कों की ज़रूरत होगी। बस एक और चाहिए...'

इस तरह अपनी प्रसन्नता को हम अपने किसी लक्ष्य से जोड़ देते हैं, उन वस्तुओं से जोड़ देते हैं, जिन्हें हम पाना चाहते हैं या उस पद से जोड़ देते हैं, जिसे

पाने के लिए हम दिन-रात कोशिश कर रहे हैं। परंतु ये सभी लक्ष्य तो भविष्य के हैं। इस दौरान, जीवन चलता रहेगा और हम प्रसन्न रहने के लिए भविष्य के प्रति व्याकुल रहेंगे। अगर हमने अपना लक्ष्य पा भी लिया, तो इस बात का आश्वासन नहीं दिया जा सकता कि उससे हमें संतोष मिल ही जाएगा। विख्यात आइरिश कवि और नाटककार ऑस्कर वाइल्ड ने लिखा है :

> जीवन में केवल दो ही त्रासदी हैं : अपना मनचाहा नहीं मिल पाना
> और दूसरा, उसे पा लेना।

इस तरह, प्रसन्नतापूर्ण जीवन जीने की कला, भविष्य में आने वाली प्रसन्नता की प्रतीक्षा नहीं है। हमें इसे यहीं और अभी पाने के लिए अपने रवैए में बदलाव लाना होगा। एक सकारात्मक मानसिकता विकसित करते हुए, हम बाहरी कारणों के बावजूद प्रसन्न हो सकते हैं।

हमने देखा है कि किस तरह उचित रवैया ही प्रसन्नता की कुंजी है। आइए, देखें कि यह हमारे व्यावसायिक जीवन में किस तरह सहायक होता है।

कार्य में श्रेष्ठता

कार्य के दौरान हमारा प्रदर्शन हमारे तयशुदा कौशल पर इतना निर्भर नहीं करता, जितना इस पर हमारी सोच या मानसिकता का प्रभाव होता है। अक्सर, शीर्षस्थ एमबीए कार्यक्रमों से आए टॉपर्स, अपने ग़लत रवैयों और प्रबंधकीय तकनीकों की अधूरी सैद्धांतिक जानकारी के चलते, कार्पोरेट जीवन में अक्षम साबित हो जाते हैं। वहीं दूसरी ओर, कक्षा में सबसे कम अंक पाने वाले छात्र, अपने भावों के कलात्मक नियंत्रण के बल पर, कार्पोरट सीढ़ियाँ चढ़ते हुए, सीईओ के पद तक आ जाते हैं। यही वजह है, *कंपनीज़ रिपोर्ट ऑन अमेरिकन बिज़नेस,* 1983 के अनुसार, फ़ार्चून कंपनियों के 94 प्रतिशत अधिकारी, किसी भी अन्य व्यक्तित्व गुण की तुलना में, अपने रवैए को ही सफलता का श्रेय देते हैं।

जहाँ उचित रवैया हमें पेशेवर करियर में आगे बढ़ने में मदद करता है, वहीं इसका विपरीत भी सच है। अक्सर एक बुरी मानसिकता भी व्यक्ति के करियर को डुबोने में अहम भूमिका निभाती है। सैन फ़्रांसिस्को की एक कंपनी रॉबर्ट हाफ़ इंटरनेशनल ने अमेरिका की सौ विशालतम फ़र्मों का सर्वेक्षण किया। उन्होंने उन कंपनियों के तीन प्रमुख अधिकारियों से कहा कि उन्होंने अपने पिछले तीन कर्मचारियों को काम से निकाला, उसके पीछे सबसे महत्त्वपूर्ण वजह क्या थी। प्रश्नोत्तर सत्र के नतीजों से पता चला कि केवल 17 प्रतिशत लोगों को काम में कमी की वजह से निकाला गया, जबकि 83 प्रतिशत रवैए से जुड़ी समस्याओं के कारण निकाले गए,

जैसे बेईमानी, प्रेरणा की कमी और आज्ञा का पालन नहीं करना। आइए, कुछ और अध्ययन देखें और इस तथ्य से जुड़े शोधों को जानें।

टीचर्स के रवैए और छात्रों के प्रदर्शन के बीच संबंध के अध्ययन के लिए एकडबल ब्लाइंड टेस्ट किया गया। यह शोध सैन फ्रांसिस्को में, साठ के दशक के अंत में हार्वर्ड विश्वविद्यालय के डॉ. रॉबर्ट रोसनथल ने किया, उन्होंने आगे चल कर अपनी पुस्तक *'पिगमेलियन इन द क्लासरूम : टीचर एक्सपेक्टेशन ऐंड प्यूपिल्स इंटलेक्चुअल डेवलपमेंट'* में भी इसे शामिल किया।

स्कूल का सत्र आरंभ होते समय, सभी अध्यापकों में से तीन आम अध्यापकों को चुना गया और उन्हें प्रिंसीपल के ऑफ़िस में बुलवाया गया। प्रिंसीपल ने उनसे कहा, 'हम आपके अध्यापन कौशल का निरीक्षण करते आए हैं, और हमने पाया कि आप ऐसे विशिष्ट अध्यापक हैं, जिन्होंने एक गुप्त प्रदर्शन स्तर पर कमाल दिखाया। आपके अध्यापन की श्रेष्ठता को देखते हुए, हम आपको पढ़ाने के लिए बहुत होनहार छात्र दे रहे हैं।' यह सुन कर टीचर्स फूले नहीं समाए। हर टीचर का सपना होता है कि उसकी कक्षा में प्रतिभाशाली बच्चे हों।

इसी तरह सभी छात्रों में से आम छात्र चुने गए पर उन्हें कहा गया, 'एक गुप्त मापदंड के आधार पर, हमने पाया कि तुम होनहार छात्र हो, जिनमें असीम संभावनाएँ छिपी हैं। यही वजह है कि हम तुम्हें पढ़ाने के लिए तीन श्रेष्ठ टीचर नियुक्त कर रहे हैं।'

उस ग्रुप का पूरे वर्ष निरीक्षण किया गया। यह पाया गया कि अध्यापक मन लगा कर बच्चों को पढ़ारहे थे। जब छात्र सही तरह से काम पूरा नहीं कर पाते थे, तो टीचर धीरज से काम लेते। वे स्कूल के समय के बाद भी उन छात्रों को कोचिंग देते। अगर किसी बच्चे को कुछ समझने में परेशानी होती, तो उन्हें लगता कि वह कमी उस छात्र की नहीं, बल्कि उनके सिखाने में ही कमी थी।

शैक्षिक वर्ष के अंत में, तीनों कक्षाएँ ना केवल स्कूल में बेहतरीन रहीं, बल्कि वे पूरे जिले के स्कूलों में सबसे आगे थीं। उनके ग्रेडों में, पिछले वर्ष की तुलना में बीस से तीस प्रतिशत तक सुधार हुआ।

जब टीचर्स को यह बात पता चली तो वे बोले, 'हमारे छात्रों का प्रदर्शन औसत से अधिक होना स्वाभाविक ही है। जो भी हो, वे छात्र अपवाद हैं।'

जब उन्हें बताया गया कि वे होनहार नहीं, बल्कि साधारण छात्रों को पढ़ा रहे थे, तो उन्होंने तर्क दिया, 'उस दशा में, हमने बेहतरीन काम किया, क्योंकि इस स्कूल में हम श्रेष्ठ थे।' फिर उन्हें बताया गया कि उन पर भी कोई शोध नहीं हुआ था। उन्हें भी यूँ ही चुना गया था।

सभी छात्रों में चुने गए आम छात्रों के समूह ने उल्लेखनीय सुधार दिखाया, इसकी क्या वजह थी? यह सकारात्मक मानसिकता का कमाल था। छात्र और टीचर दोनों को यही लगा कि उनकी कक्षा में कुछ कमाल हो रहा था। उनका यही रवैया उनके भीतर से बेहतरीन को बाहर लाने में सहायक रहा।

यही निरीक्षण औद्योगिक इंजीनियरिंग के प्रसिद्ध हॉथोर्न इफ़ेक्ट में भी पाया गया।

1924 और 1932 के बीच, सिसरो, इलिनोय के पश्चिमी इलैक्ट्रिक संयंत्र में प्रयोग किए गए, ताकि असेंबली लाइन की दशाओं में सुधार द्वारा कर्मचारियों की उत्पादकता में सुधार की संभावना पर अध्ययन हो सके। पहले-पहल, प्रबंधकों ने कारख़ाने में रोशनी बढ़ा दी। उत्पादकता का स्तर बढ़ गया। फिर नियंत्रित तरीक़े से रोशनी दोबारा कम कर दी गई, परंतु उत्पादन में सुधार बना रहा। प्रबंधन हैरान हो गया। उन्होंने अपनी ओर से कई प्रयत्न किए : पाँच मिनट के ब्रेक दिए, दस मिनट का एक अवकाश दिया, लोगों को अपने सहकर्मी चुनने का मौक़ा दिया गया, उन्हें सक्षम सह-कर्मचारी दिए गए आदि। शोधकर्ताओं को यह देख कर आश्चर्य हुआ। हर बदलाव के बाद उत्पादन में सुधार हुआ, भले ही वह सुधार, पिछले सुधार से विपरीत ही क्यों नहीं था।

फिर संस्थागत मनोचिकित्सक एल्टन मेयो ने इन परिणामों का विश्लेषण किया, उन्होंने यह निष्कर्ष निकाला कि बदलाव, बढ़ी हुई उत्पादकता का कारण नहीं थे। आसपास के माहौल में किए जाने वाले हेर-फेर को देख कर कर्मचारियों को लगा कि उनकी परवाह की जा रही थी। इससे उनका मनोबल बढ़ा और उनके प्रदर्शन में सुधार आया। अब यह तथ्य 'हॉथोर्न प्रभाव' के नाम से जाना जाता है।

ये सभी उदाहरण दिखाते हैं कि किस तरह सकारात्मक सोच के बल पर कार्य के प्रदर्शन को निखारा जा सकता है। आइए, अब देखें कि रवैया हमारे शारीरिक स्वास्थ्य को कैसे प्रभावित करता है?

भावों व स्वास्थ्य में संबंध

देह व मन का मेल, चमत्कारिक रूप से काम करता है। अगर हमारे भीतर चल रही प्रक्रियाओं को मशीनों पर दोहराया जाता है, तो हमें एक मझोले आकार के कारख़ाने की ज़रूरत होती और इससे निकलने वाला स्वर आधे मील की दूरी से ही सुना जा सकता था। परंतु यह सारा जटिल तंत्र हमारे छह फ़ुट के ढाँचे में समाया है और हमारे भीतर की प्रक्रिया इतनी चुपचाप चलती रहती है कि उसे सुनने के लिए डॉक्टरों को स्टेथोस्कोप की आवश्यकता होती है!

हमारे पास इस अद्भुत देह से भी अधिक एक और करिश्माई चीज़ है; वह सूक्ष्म मशीन है - हमारा मन। *योग वाशिष्ठ* में कहा गया है :

क्षणमायाति पातालम् क्षणम् यातिनभस्थलम्

'यह मन इतना चंचल है कि एक ही क्षण में यात्रा कर पाताल लोक को चला जाता है, और अगले ही क्षण, यह स्वर्गलोक में पहुँच जाता है।'

मन के सभी कार्यों में से एक, विचार उत्पन्न करना भी है। इन्हीं विचारों में हमारे रक्त चाप को बढ़ाने और घटाने की शक्ति पाई जाती है। ये हमारे हृदय के कंपन को कम या अधिक कर सकते हैं। हमें प्रसन्न या उदास कर सकते हैं, और हमारे शरीर की रसायनिक संरचना में बदलाव ला सकते हैं। इस प्रकार, हम अपने ही विचारों के बल पर स्वस्थ या रोगी हो सकते हैं।

लगभग आधी सदी पहले, अगर कोई यह दावा करता कि नकारात्मक सोच से शारीरिक रोग हो सकता है, तो मेडिकल जगत इसे सुनी-सुनाई बात कह कर नकार देता। परंतु पिछले चार दशकों में, हमारी भावात्मक अवस्था और शारीरिक स्वास्थ्य के संबंध के बारे में काफ़ी जागरूकता आई है।

आइए, मन-शरीर के इस संबंध को थोड़ा और निकट से देखें। आपने पावलोव प्रयोगों के बारे में सुना होगा, जिनमें वह कुत्तों को भोजन देता था और इसके साथ ही घंटा बजाया जाता था। भोजन देखते ही कुत्तों के मुँह से लार बहने लगती। कुछ ही दिन में, पावलोव ने पाया कि भोजन सामने नहीं होने पर भी, केवल घंटे की आवाज़ सुन कर ही कुत्तों के मुँह में पानी आने लगता था। कुत्तों ने घंटे की आवाज़ का संबंध, भोजन परोसने से जोड़ लिया था। मानसिक उत्तेजक, कुत्तों के मुँह में लार बहने की शारीरिक प्रतिक्रिया पैदा करता है।

हाल ही के समय में, मनुष्यों की मानसिक अवस्था का उनके शरीर पर प्रभाव को समझने के लिए विविध प्रकार के अध्ययन किए गए हैं। ऐसा ही एक अध्ययन दंत चिकित्सा के क्षेत्र में हुआ।

अधिकतर मामलों में, जब निचली अक्ल दाढ़ निकाली जाती है, तो सर्जरी के बाद मसूड़ों में सूजन आ जाती। उस सूजन को हटाने के लिए दंत चिकित्सक एक अल्ट्रासाउंड मशीन से जुड़े दंत उपकरण से मालिश करने की सलाह देते थे। नतीजतन, तीस प्रतिशत मामलों में सूजन में आराम आ जाता।

कुछ दशक पहले, लंदन के किंग्स कॉलेज के शोधकर्ताओं ने एक प्रयोग किया। उन्होंने अल्ट्रासाउंड मशीन का प्रयोग रोगियों पर करते हुए उसे ज़ीरो फ़्रीक्वेंसी बारंबारता पर रखा। यह काम तो कर रहा था, पर इससे कोई किरणें नहीं निकल रही थीं।

पहले इसे, रोगी के फूले हुए मसूड़े पर एक निश्चित बिंदु पर लगाया गया। पैंतीस प्रतिशत रोगियों की सूजन घटी। अगली बार इस यंत्र को इसी रूप में, रोगियों के मसूड़ों के बजाए, उनके जबड़े पर रखा गया। इन मामलों में भी तीस प्रतिशत मामलों में सूजन घटी हुई पाई गई।

आख़िर में मशीन रोगियों को थमा दी गई। उन्हें कहा गया कि वे स्वयं उसे अपने जबड़े पर रखें। इस बार केवल 15 प्रतिशत रोगियों की सूजन घटी, पर यह अब भी काम कर रहा था। इन नतीजों से पता चला कि केवल इलाज के बारे में सोचने भर से ही रोगी को पर्याप्त आरोग्य मिल जाता था।

यह अध्ययन, प्लेसबो प्रभाव से मिलते-जुलते हैं। यह मनोचिकित्सा आरोग्य है, जो झूठी दवाओं के आधार पर होती है। इस इलाज में, जब रोगी डॉक्टर के पास कोई शिकायत ले कर जाता है, तो डॉक्टर कहता है, 'मैं आपको आपकी बीमारी की सबसे बेहतरीन दवा दे रहा हूँ।' परंतु इसके बजाए कोई झूठी दवा दे दी जाती है। उसे लेने से ही रोगी की दशा में सुधार आ जाता है। यह इलाज उस झूठी दवा की वजह से नहीं हुआ है, उसमें इलाज की क्षमता नहीं है। रोगी अपने विश्वास के बल पर ठीक होता है।

प्लेसबो प्रभाव को बहुत अच्छे अर्थों में नहीं लिया जाता। अगर आप किसी से कहें कि तुम्हें प्लेसबो चिकित्सा से ठीक किया गया है, तो उसे अच्छा नहीं लगेगा, वह सोचेगा, 'ओह, इसका अर्थ है कि मेरी बीमारी क्या केवल एक वहम थी?' यही वजह है कि प्लेसबो को 'परिचित स्वास्थ्य' या रिमेंबर्ड वेलनेस का नाम दे सकते हैं। हमारा अवचेतन हमारे आरोग्य की अवस्था को याद रखता है, और उसे ही दोहरा कर, हमारी सेहत में सुधार लाता है।

मेडिकल व्यवसाय इस तथ्य को अच्छी तरह जानता है। उदाहरण के लिए, एक रोगी में वायरल गला संक्रमण के तीव्र लक्षण दिख रहे हैं। वह सलाह लेने वाले डॉक्टर के पास जाता है। डॉक्टर कहता है, 'मुझे देखने दीजिए।' फिर वह रोगी का मुँह देखता है और उसके गले की जाँच करते हुए कहता है, 'आप तो ठीक हैं।' रोगी को यह जान कर हैरानी होती है कि उसके लक्षण ठीक हो गए हैं। यह इलाज कैसे हुआ?

जब रोगी डॉक्टर के पास जाता है, तो उसके अवचेतन मन को आश्वासन मिलता है, 'मैं ठीक हो जाऊँगा।' इस तरह वह अपने भीतर से जाने-पहचाने आरोग्य भाव दोहराता है, और उसके शरीर को आराम आ जाता है। मानसिक अवस्था से इस जैविक प्रतिक्रिया संबंध ने मेडिकल व्यवसाय के लिए महत्त्वपूर्ण नतीजे दिए हैं। यह एक जाना-माना सच है कि जब डॉक्टर रोगी को आश्वासन देता है, तो इससे रोगी के ठीक होने की संभावना और बढ़ जाती है।

जगद्गुरु श्री कृपालुजी महाराज प्रायः स्कूल के एक साथी का प्रसंग सुनाते हुए, अच्छे व्यवहार के महत्त्व पर बल देते थे। इस व्यक्ति ने अपने लिए चिकित्सा को करियर के रूप में चुना। हालाँकि वह कोई जाना-माना डॉक्टर नहीं था पर फिर भी उसके रोगी जल्दी ठीक हो जाते थे, क्योंकि वह उनकी बहुत प्यार से देख-रेख करता था।

इस तरह 'रिमेंबर्ड वेलनेस' को मेडिकल दृष्टि से भी प्रामाणिक माना जाता है। इसका दूसरा पक्ष, 'रिमेंबर्ड इलनेस' कहलाता है। जब आपका मन आपको अपनी रोगी अवस्था की याद दिलाता है, तो शरीर उसे दोहरा कर बीमार हो जाता है। 'व्हाइट कॉलर हाइपरटेंशन' को आप इसका एक सामान्य उदाहरण मान सकते हैं। कई रोगियों का ब्लड प्रेशर घर में सही होता है, पर जब वे डॉक्टर के पास जाते हैं, तो उनका रक्त चाप बढ़ा हुआ होता है। इसकी वजह है, उनका मन सोचता है कि 'मैं एक क्लीनिक में रोगियों से घिरा हुआ हूँ; इसलिए मुझे बीमार ही होना चाहिए।' ऐसी सोच भर से ही उनका रक्तचाप बढ़ जाता है। यह रिमेंबर्ड इलनेस का मामला है; मन ही तन को रोगी बना रहा है।

हार्वर्ड मेडिकल स्कूल में माइंड/बॉडी मेडिसन के प्रोफ़ेसर डॉ. हर्बट बेन्सन ने रिमेंबर्ड इलनेस का एक उदाहरण दिया। वे अपनी पुस्तक *द रिलेक्सेशन रिस्पॉन्स* में ऑस्ट्रेलिया के आदिवासी कबीलों के व्यवहार के बारे में लिखते हैं :

आदिम काल से उनका एक रिवाज रहा है; ओझा उस आदमी के सिर पर अपने हाथ की हड्डी घुमाता है, जिसे वह पसंद नहीं करता। इन सरल आदिवासी लोगों का मानना है कि अगर उनका ओझा अपने जादू-टोने वाले मंत्र पढ़ कर, इनके सिर पर अपने हाथ की हड्डी घुमा देगा, तो वे किसी भी हाल में जीवित नहीं रह सकते। डॉ. बेन्सन इस दृश्य को दोहराते हैं।

जब ओझा गुस्से में आ कर अपने हाथ की हड्डी, मंत्र बुदबुदाते हुए, सामने वाले व्यक्ति के आगे लहराता है और अपना एक हाथ आकाश की ओर उठा देता, तो उस अभागे व्यक्ति के चेहरे के भाव तुरंत बदल जाते हैं। वह सोचता है, 'ओह, अब तो मेरा काम हो गया; अब मैं गया; अब मेरे बचने की कोई उम्मीद नहीं है।'

कुछ ही देर में, उस आदमी का दम घुटने लगता है। फिर वह अपने गला पकड़ कर धरती पर गिर जाता है। भले ही यह कितना भयंकर और दुर्भाग्यपूर्ण क्यों ना लगे, कुछ ही घंटों में उसकी मौत हो जाती है।

यह एक मन का सजीव उदाहरण है, जिसमें मन ही तन को रोगी बना रहा है। शारीरिक प्रक्रियाओं ने काम करना बंद कर दिया, क्योंकि शरीर से परे बुद्धि ने तय किया, 'अब मेरे बचने की कोई संभावना नहीं है; अब मैं जीवित नहीं रह सकता।'

यह मृत्यु की ओर बढ़ने का परम उदाहरण है। **इससे कुछ कम प्रभाव वाले मामलों मेंमन और शरीर का संबंध 'साइकोमैटिक रोग' पैदा करता है,** जिन्हें मनोदैहिक रोग भी कहते हैं। ये ऐसे शारीरिक रोग हैं, जिनके कारण मानसिक होते हैं। कई अध्ययनों से पता चला है कि त्वचा रोग, एग्ज़ीमा, पेट के अल्सर, उच्च रक्त चाप और हृदय रोग, इन सबका मन से गहरा संबंध है। इन रोगों के रोगियों ने अनुभव किया है कि इनकी भावात्मक अवस्था इनके रोग की गहराई पर अपना प्रभाव डाल सकती है।

शारीरिक कष्ट को बढ़ाने वाली एक आम भावात्मक अवस्था है - तनाव। जब हम तनाव में होते हैं, तो मस्तिष्क में हाइपोथैलमस एड्रिनल कोर्टेक्स को कोर्टिसोल पैदा करने का संकेत देता है। यही एड्रिनल मेडुला को एपीनेफ्रिन पैदा करने का संकेत देता है। इन हार्मोनों के स्राव से लीवर और अधिक ग्लूकोज पैदा करने लगता है। अगर उसका प्रयोग नहीं किया जाए, तो व्यक्ति मधुमेह से ग्रस्त हो सकता है। इस तरह तनाव और मधुमेह का संबंध एक प्रामाणिक मेडिकल तथ्य है।

तनाव से ही रक्त चाप भी बढ़ता है; इसलिए दीर्घकालीन तनाव स्थायी रूप से रक्त चाप को बढ़ा देता है। वैज्ञानिक अध्ययनों से यह भी स्पष्ट हुआ है कि जब हम तनाव में होते हैं, तो हमारा रोग प्रतिरोधक तंत्र दबाव में आ जाता है, हम बैक्टीरिया संक्रमण और वायरस के लिए और अधिक संवेदनशील हो जाते हैं।

इसके अलावा, जो लोग लंबे समय तक तनाव की चपेट में रहते हैं, उनके लिए कार्डियोवास्कुलर रोग बढ़ने का जोखिम और अधिक हो जाता है। यह जोखिम उन लोगों में अधिक पाया जाता है, जो बहुत अधिक प्रतिस्पर्धी भाव वाले, अधीर और प्रतिकूल होते हैं। इन सभी लक्षणों में से प्रतिकूलता या विरोध को सबसे महत्त्वपूर्ण माना जाता है।

परंतु इसका विपरीत भी उतना ही सत्य है। अगर हमारी भावात्मक अवस्था सकारात्मक और आशावादी होगी, तो हमारी सेहत भी बहुत अच्छी रहेगी। शोध से पता चला है कि दूसरों के प्रति दयालुता और सहानुभूति से भरे भाव रखने से मस्तिष्क में सीरोटोनिन नाम हार्मोन पैदा होता है। सीरोटोनिन हमें बेहतर महसूस करवाने में मदद करता है, जिससे हमारा रोग प्रतिरोधक तंत्र मज़बूत होता है। आश्चर्य की बात यह है, जो लोग हमारी दयालुता का भाव देखते हैं, उनके भीतर भी सीरोटोनिन का उत्पादन बढ़ता है। नतीजतन, दयालुता भी अवसाद रोधक दवा की तरह वैसा ही प्रभाव रखती है।

अब तक हमने निम्नलिखित रूपों में सकारात्मक चिंतन के लाभों को जाना है :

1. प्रसन्नता के अनुभव के रूप में
2. कार्य के दौरान बेहतर प्रदर्शन

3. शारीरिक स्वास्थ्य में सुधार

इसके साथ ही, अब हमें अपनी सोच से नकारात्मकता को दूर करने की इच्छा पैदा करनी होगी। हम ऐसा कैसे कर सकते हैं?

सकारात्मक चिंतन की कला

ऐसा क्या है, जो हमारे भीतर नकारात्मक भाव पैदा करता है? ऐसा क्या है, जो हमें सकारात्मक विचार पैदा नहीं करने देता? ऐसा क्या है, जो हमारे दिमाग़ को अभाव की ओर ले जाते हुए, जीवन की कमियों की ओर इंगित करता है? ऐसा क्या है, जो हमें अपने जीवन में मिले उपहारों व वरदानों को देखने नहीं दे रहा?

यह हमारा निर्मम अहं है, जो हमारे आध्यात्मिक चिंतन का प्रमुख बैरी है। यह हमें बताता है कि हमारी इच्छाएँ बहुत महत्त्व रखती हैं, क्योंकि हम भी ब्रह्माण्ड का केंद्र हैं। हमारा अहं इस भ्रम में रहता कि ब्रह्माण्ड को हमारी तुच्छ इच्छाओं की पूर्ति के लिए बनाया गया है। हम निम्नलिखित प्रसंग के भूगोलविद् जैसा व्यवहार करने लगते हैं :

एक भूगोलविद् ने गंगा नदी के साथ-साथ अपना अभियान आरंभ किया। वह पैदल चलते हुए, नदी के किनारे का अन्वेषण कर रहा था, और नक़्शे के अनुसार उसे प्रमाणित करता चल रहा था। हालाँकि एक जगह उसने पाया कि उसके नक़्शे के अनुसार नदी को बाईं ओर मुड़ना चाहिए था, जबकि वह दाईं ओर मुड़ रही थी। वह बुरी तरह से खीझ गया। 'गंगा मेरे नक़्शे के अनुसार क्यों नहीं चल रही? इसकी खोज करना ही बेकार है।' उसने अपना नक़्शा वहीं पटका और घर लौट गया।

गंगा को अपने नक़्शे के अनुसार चलाना कितनी बचकानी बात थी। नक़्शे को नदी की गति के अनुसार होना चाहिए था। परंतु वह भूगोलविद् अपने हठ के चलते, संसार को अपेक्षाओं के अनुरूप चलाना चाहता था।

भले ही आपको यह उदाहरण विचित्र लगे, परंतु हमें अपने अहं के कारण ऐसा ही महसूस होता है। यह हमें यह मानने पर विवश कर देता है कि संसार हमारी इच्छाओं को पूरा करने के लिए बना है। हम भूल जाते हैं कि ब्रह्माण्ड का केंद्र हम नहीं ईश्वर है, और यह सारी सृष्टि उसके लिए ही है। हम तो ईश्वर की इच्छा पूरी करने के लिए हैं; इसके विपरीत कैसे हो सकता है?

यही वजह है कि आपको अहं या इगो को इस रूप में याद रखना चाहिए; एजिंग गॉड आउट (ईश्वर को एक ओर करने वाला)। जर्मन दार्शनिक पॉल ड्यूसन ने इसे व्यक्त किया है :

> अहंकार एक ऐसे बादल की तरह है, जो ईश्वर को हमारे सामने नहीं आने देता। अगर सच्चे गुरु की कृपा से अहंकार का नाश हो जाए, तो ईश्वर को उसकी पूरी महिमा और कीर्ति के साथ देखा जा सकता है।

जब हम स्वयं को आत्म-छल से दूर करते हैं, तो ईश्वर की ओर से मिली कृपा को देख सकते हैं। तब हम उन्हें उपेक्षित करना छोड़ देते हैं, जैसा कि अब तक करते आ रहे थे। पहले हमें अपने आगे कष्ट ही कष्ट दिखता था, पर जब हमारे स्वभाव में विनय आती है, तो हमें अपने जीवन में मिले असंख्य वरदान भी दिखने लगते हैं। यह बात इस प्रसंग से अच्छी तरह स्पष्ट होती है :

अबीर की आँखों में बहुत खुजली हो रही थी। उसने डॉक्टर को दिखाया, तो उसने कहा, 'तुम्हारी आँखों में कैन्सर फैल रहा है। हो सकता है कि ऑपरेशन करके आँखों की पुतलियों को निकालना पड़े। तभी इस कैन्सर को तुम्हारे पूरे शरीर में फैलने से रोका जा सकता है।'

अबीर बुरी तरह से बिखर गया। नियत दिन, वह ऑपरेशन कक्ष में गया, उसे लगा कि जब वह बाहर आएगा, तो वह नेत्रहीन हो चुका होगा। हालाँकि जब उसका ऑपरेशन हुआ, तो डॉक्टर ने पाया कि उसकी रेटिना पर एक दुर्लभ क़िस्म की फफूँद पनप गई थी। उसने उसे साफ़ किया और चीरे को फिर से सिल दिया। कुछ ही घंटों में, अबीर को होश आ गया।

जब उसने कुछ दिन बाद आँखें खोलीं, तो उसने पाया कि वह अब भी देख पा रहा था। अब अबीर का रवैया पूरी तरह से रूपांतरित हो गया। उसने सोचा, 'मैं ईश्वर का कितना आभारी हूँ, उन्होंने मुझे मेरी दृष्टि बनाए रखने का अवसर दिया। उनकी असीम कृपा से मुझे इस सुंदर सृष्टि को पुनः देखने का अवसर मिला।'

इससे पहले, अबीर को अपनी दृष्टि के महत्त्व का इतना आभास नहीं था, पर अब वह उसे ईश्वर का वरदान समझ कर सराहने लगा। ठीक इसी तरह हम अपने घर, सामान और सेहत को भी अनदेखा करते हुए, उसका नाजायज़ लाभ लेने लगते हैं। यदि हम इसी कृपा के लिए ईश्वर का आभारी होना सीख लें, तो हमें सकारात्मक सोच बनाए रखने के अनेक कारण मिल सकते हैं।

समस्या यह है कि जब हमारे पास कुछ होता है, तो हम भूल जाते हैं कि यह एक वरदान है। केवल बाद में, उसकी अनुपस्थिति के साथ ही हमें अहसास होता है कि हमारे पास क्या है? हम इस कहानी के पति और पत्नी से यह पाठ सीख सकते हैं :

मैं एक ऐसे दंपति को जानता था, जो टेक्सास, अरलिंगटन के दो शयन-कक्ष वाले घर में रहते थे। यह आरामदेह और उन दोनों के हिसाब से पर्याप्त था। परंतु वे निकट के ही कॉपल में अपने मित्र के आलीशान बंगले को देख कर असंतुष्ट रहते। जब भी उनकी भेंट होती, तो वे अपने घर के लिए कुंठा दिखाने के सिवा कोई बात नहीं करते।

दुर्भाग्य से, तब तक पति की नौकरी चली गई और उनके लिए अपनी बंधक संपत्ति के लिए भुगतान करना भी कठिन हो गया। बैंक ने कुछ माह तक चेतावनी दी और फिर उनका सब कुछ ज़ब्त करने के लिए तैयार हो गया। इस तरह वे सड़कों पर आ जाते, क्योंकि उनके पास कोई और निवेश नहीं था।

पूरे दो महीने तक अपने घर को खोने का डर, किसी तलवार की तरह उनके सिरों पर लटकता रहा। जिस दिन सारी संपत्ति उनके हाथ से जाने वाली थी, पति को करिश्माई तरीक़े से नई नौकरी मिली और उनका घर बच गया।

अब वे उसी घर में रहते हैं, परंतु उसे एक अलग ही नज़रिए से देखते हैं। वे बार-बार ईश्वर को धन्यवाद देते हैं कि उसके कारण ही उन्हें सिर पर छत मिल सकी। आपके हिसाब से क्या बदला? उनकी बाहरी संपत्ति में नहीं, उनके नज़रिए में बदलाव आया।

हमारा घमंड ही हमें ईश्वर से मिली असीम अनुकंपा को देखने नहीं देता। यह हमें इसी छलावे में रखता है कि हमारी स्वार्थ से भरी इच्छाओं की पूर्ति ही हमारे जीने का असली उद्‌देश्य है। यह हमें सब कुछ मनचाहा नहीं होने पर अपनी कुंठाओं को जायज़ ठहराने का कारण देता है।

अगर हम विनयी भाव से जीना सीख लें; तब हम जान सकेंगे कि केवल अपने स्वार्थ से जुड़ी इच्छाओं को पूरा करना ही हमारे जीवन का उद्‌देश्य नहीं है। हमारे जीवन का उद्‌देश्य यही होना चाहिए कि हम ईश्वर की इच्छा पूरी कर सकें। यह सादा व सरल बोध ही हमें ईश्वर की असंख्य कृपाओं के प्रति जागरुक करेगा और तब हमारे पास प्रसन्न रहने के लाखों कारण होंगे। यही सकारात्मक चिंतन की कला है, जो सफलता, प्रसन्नता और संतुष्टि की पहली मानसिकता है।

जब हम अपनी स्वार्थी इच्छाओं को दबा देते हैं, तो उस महान उद्‌देश्य के लिए जाग्रत होते हैं, जो ईश्वर ने हमारे लिए चुन रखा है और हमें अनुभव होता है कि ब्रह्माण्ड हमारे जीवन के प्रति कटु नहीं है। यह बहुत उदार है और हमारी आत्मा को उन्नत बनाने व उसकी दैवीय नियति को साकार करने के लिए असंख्य वरदान और अवसर प्रदान करता है।

हालाँकि आत्म-सुधार तभी संभव हो सकता है, जब हम सफलता के लिए अपनी दूसरी मानसिकता को भी आत्मसात कर सकें। जो हमारी कमियों और दुर्बलताओं के लिए ज़िम्मेदारी लेने की मानसिकता है। आइए, अगले अध्याय में इस पर ही चर्चा करते हैं।

2

अपने भावों का उत्तरदायित्व लेने की मानसिकता

पिछले अध्याय में हमने अपने मन रूपी मंदिर में प्रसन्नता से पूर्ण विचार और आशावादी रवैया बनाए रखने के बारे में चर्चा की। परंतु अगर किसी व्यक्ति या परिस्थिति के कारण हमारे भीतर नकारात्मकता पैदा हो तो क्या करें? हमें क्या करना चाहिए और हमें अपनी मानसिकता में ऐसी विपरीत भावनाओं को पैदा करने के लिए किसे दोषी ठहराना चाहिए?

निम्नलिखित परिदृश्य पर ध्यान दें :

आपको शहर के दूसरी ओर, दोपहर के समय एक महत्त्वपूर्ण ग्राहक से मुलाक़ात करने जाना है। जाने में लगने वाले समय के अनुसार, आप लंच के बाद अपने ऑफ़िस से निकलने वाले हैं, पर ज्यों ही आप जाने लगते हैं, तो आपकी भतीजी का कॉल आ जाता है और निरर्थक बातचीत में आपका पंद्रह मिनट का क़ीमती समय निकल जाता है।

जब आप कार में बैठते हैं, तो खोए हुए समय की भरपाई के लिए आपको गाड़ी तेज़ चलानी पड़ती है। आप किसी तरह हाई-वे तक आते हैं और आपको पता चलता है कि कारें इंच-इंच कर खिसक रही हैं। आप सोचते हैं, 'आज तो क़िस्मत साथ दे दे। मैं भारी ट्रैफ़िक में फँस गया हूँ।' जब आप किसी तरह आगे तक आते हैं, तो आपको पता लगता है कि कहीं कोई दुर्घटना नहीं हुई थी। एक छोटी सी लापरवाही के कारण कारों का जाम लगा था। दो कारें सड़क के किनारे पार्क की गई हैं और उनमें से निकले लोग बाहर घूम रहे हैं। जो भी पास से निकलता है, वह केवल इसी भीड़ को देखने के चक्कर में कार धीमी कर देता है, जिससे जाम लग गया है। यह देख कर आप बुरी तरह से खीझ जाते हैं।

आख़िर में जब आप अपने ग्राहक के पास पहुँचते हैं, तो आपको पैंतालीस मिनट की देरी हो गई है। वह आपको खरी-खरी सुनाता है, चूँकि आपकी कंपनी की नीति है, 'ग्राहक ही राजा है', इसलिए आपको वह सब सहना पड़ता है और पूरा दिन आपका मूड चौपट रहता है।

अब आप अपने नकारात्मक भावों के लिए किसे दोषी ठहराने वाले हैं? क्या आपको फटकारने वाला ग्राहक, आपके ख़राब मूड का दोषी है? सड़क पर भीड़ लगाने वाले चालक दोषी हैं? या फिर आपको ग़लत तरीक़े से ओवरटेक करने वाली कारें दोषी हैं? आपको ग़लत समय पर कॉल करने वाली भतीजी दोषी है?

दरअसल, इनमें से कोई भी आपके भावों का दोषी नहीं है। भले ही किसी का हमारे प्रति व्यवहार कितना भी बुरा क्यों ना हो, हमारे पास अपने बुरे भावों को जायज़ ठहराने की कोई वजह नहीं हो सकती। हम अपने मन में सुखद या असुखद जैसे भी भाव पैदा करते हैं, अपनी सोच के लिए हम ही उत्तरदायी हैं।

हमारी परिस्थिति और भावों के बीच का अंतर

भले ही बाहरी परिस्थितियाँ कैसी भी क्यों ना हों? हम अपनी भावात्मक प्रतिक्रिया चुनने के लिए स्वतंत्र हैं। परिस्थितियों और भावनाओं के बीच इस अंतर को समझने से हमें अपनी भावनाओं को अपने अधीन करने में सहायता मिलती है। इससे हमारा मन परिवेश की जंज़ीरों से मुक्त होता है। जब ऐसा होता है, तभी हम मन की शुद्धि तथा आध्यात्मिक उन्नति की ओर अग्रसर हो पाते हैं।

जो लोग इस उत्तेजक (परिस्थिति) तथा प्रतिक्रिया (हमारे भाव) के बीच के अंतर को नहीं समझ पाते, वे यही मानते हैं कि उनकी भावनाओं का संचालन दूसरों के हाथ में है। इस तरह वे बार-बार दूसरों के व्यवहार के आधार पर भावात्मक उतार-चढ़ाव का सामना करते रहते हैं। जब वे नकारात्मकता से घिरते हैं, तो वे असहाय महसूस करते हैं, क्योंकि वे बाहरी कारणों को अपने अधीन नहीं कर पाते। हालाँकि उन्हें यह अहसास नहीं होता कि उन्हें ईश्वर की ओर से सकारात्मक भावों को चुनने की पूरी स्वतंत्रता दी गई है; भले ही परिस्थितियाँ कैसी भी क्यों ना हों?

विक्टर फ़्रेंकल ने इस स्वतंत्र इच्छा का अद्भुत विवरण दिया है। वे दूसरे विश्व युद्ध के दौरान होलोकास्ट (परमाणु विस्फोट) की त्रासदी से बचने वालों में से एक थे। उनके संस्मरण 'मैन्ज़ सर्च फ़ॉर मीनिंग' नामक पुस्तक में दिए गए हैं।

फ़्रेंकल, एक ऑस्ट्रेलियाई यहूदी थे, वे न्यूरोलॉजी और मनोचिकित्सा के क्षेत्र में कार्यरत थे और मनोविज्ञान में गहरी रुचि रखते थे। इस विषय में उनकी निपुणता का अनुमान इसी बात से लगाया जा सकता है कि उन्होंने मनोविज्ञान पर

अपने शोध पत्र सिगमंड फ़्रायड को सौंपे। फ़्रायड उनसे इतना प्रभावित हुए कि उन्होंने उन्हें प्रकाशित करवा दिया।

दुर्भाग्यवश, जब हिटलर यूरोप में यहूदियों के साथ हिंसक व्यवहार करने लगा, तो विक्टर फ़्रेंकल भी उसके चंगुल में आ गए, उन्हें सपरिवार बंदी बना कर आश्विज़की जेल में डाल दिया गया। यह यहूदियों के सबसे बुरे यातना शिविरों में से एक था। यह जगह बंदियों के साथ अमानवीय व्यवहार के लिए कुख्यात थी। वहीं वे अपनी पत्नी और पुत्री से बिछड़े और बाद में उन्हें उन दोनों के निधन का समाचार मिला। विक्टर शिविर में होने वाले निर्दयी व्यवहार के बारे में लिखते हैं कि उन्हें पूरी रात नंगे शरीर चलने को विवश किया जाता और उन्हें यह पता नहीं होता था कि वे अगली सुबह जीवित भी होंगे या नहीं।

हालाँकि इन अवर्णनीय कष्टों के बीच भी उन्होंने पाया कि उनके पास एक ऐसी आज़ादी थी, जो उनसे कोई नहीं छीन सकता था। यह उनका भावात्मक रवैया चुनने की योग्यता थी। उन्होंने तय किया कि जो भी हो, वे खुशहाल रहेंगे। वे अक्सर, मुस्कराते और खिलखिलाते। जब दूसरे उनसे पूछते कि वे इतना खुश कैसे हो सकते थे? तो वे उत्तर देते कि उनका बाहरी हालात पर वश नहीं था, परंतु उनका मन उनके अधीन था और वे उस पर दूसरों का नियंत्रण नहीं चाहते थे। उन्हें ***अहसास हुआ कि जिस व्यक्ति के पास संसार में कुछ नहीं बचा हो, वह भी उचित विचार पैदा करते हुए अपने लिए प्रसन्नता और आनंद का अनुभव पा सकता है।***

वे अपने क़ैदी साथियों व दरबानों के लिए प्रेरणा के स्रोत बने। उन्होंने तय किया कि वे दूसरों तक अपनी इस खोज को ले जाने के लिए पूरा जीवन लगा देंगे। बाद में जब दूसरा विश्व युद्ध समाप्त हुआ और उन्हें रिहा किया गया, तो वे विएना वापस आ गए। उन्होंने वहाँ फिर से अपना काम आरंभ किया। उन्होंने 'लोगोथेरेपी' नामक मनोचिकित्सा स्कूल खोला, इसे 'थर्ड विएनीज़ स्कूल ऑफ़ साइकोथेरेपी' भी कहते थे। यह इस बात पर आधारित था कि हमें असहनीय कष्टों के लिए कैसा रवैया रखना चाहिए और हम इसमें छिपा हुआ अर्थ कैसे पा सकते हैं?

फ़्रेंकल ने सारी दुनिया की यात्रा की उन्होंने 219 विश्वविद्यालयों में अपने व्याख्यान दिए और उन्हें उनतीस मानद उपाधियाँ प्रदान की गईं। उनके बारे में पंद्रह से अधिक भाषाओं में, 150 से भी अधिक पुस्तकें प्रकाशित की गई हैं।

इस कहानी से हमें सीख मिलती है कि अवांछित घटनाएँ भी घटती हैं। जीवन हमेशा हमें चॉकलेट या केक नहीं परोसता। यह हमें कई बार नींबू भी खिलाना चाहता है यानी जीवन में सुख और दुख दोनों ही आते हैं। परंतु वे नींबू हमारे दाँत खट्टे करेंगे या वे हमारे लिए शिकंजी बनेंगे? यह पूरी तरह से हमारे भावों के प्रबंधन की योग्यता पर निर्भर करता है। फ़्रेंकल ने हम मनुष्यों की उस अनूठी स्वतंत्रता के

बारे में बताया, जो हमारे पास हमेशा होती है - परिस्थितियों के बावजूद, अपनी भावनाओं को चुनने की स्वतंत्रता।

इतिहास में सफल कहलाने वाले लोगों को भी अपनी जीवन यात्रा में कठिनाइयों का सामना करना पड़ा। परंतु उन्होंने अपनी आत्मा को दुर्बल नहीं पड़ने दिया, उन्होंने जीवन में आने वाली उस भारी वर्षा से अपने लिए अवसरों के इंद्रधनुष पैदा कर लिए। उदाहरण के लिए, सूरदास जन्म से ही अंधे थे, मीराबाई विधवा थीं, कबीरदास के वंश का पता नहीं था। नरसी मेहता और तुलसीदास समाज में उपहास के पात्र थे। इसी तरह जब बीथोवन अपनी सबसे बेहतरीन धुनें बना रहे थे, तो वे सुन नहीं सकते थे। अब्राहम लिंकन का पालन-पोषण घोर निर्धनता के बीच हुआ, फ्रेंकलिन रूज़वेल्ट जन्म से ही लकवे से ग्रस्त थे और स्टीफ़न हॉकिंग आजीवन अपंगता के शिकार रहे।

अगर ये महान हस्तियाँ उन्हीं बातों के लिए सिर धुनती रहतीं, जो उन्हें ईश्वर की ओर से नहीं मिलीं, तो शायद वे उसी कटुता के बीच प्राण त्याग देतीं। इसके विपरीत उन्होंने अपने रवैए की ज़िम्मेदारी ली और जो भी मिला, उससे अपने जीवन को बेहतरीन बनाना चाहा। नतीजतन वे समय की रेत पर अपने निशान छोड़ने में सफल रहे।

दूसरी ओर अधिकतर लोग उन नकारात्मक परिस्थितियों पर ही केंद्रित रहते हैं, जो उनके वश में नहीं हैं। इस तरह वे उस चीज़ का उत्तरदायित्व नहीं ले पाते, जिसे वे बदल सकते हैं, जो उनके अपने भाव, मान्यताएँ और व्यवहार हैं। वे दोषारोपण करने की अनुत्पादक आदत विकसित कर लेते हैं और उन्हें कभी नहीं लगता कि अपने व्यवहार में सुधार के लिए उनकी ज़िम्मेदारी बनती है।

ऐसे लोगों को लगता है कि आसपास के माहौल के कारण ही वे नकारात्मक भावों के 'शिकार हो रहे हैं।' वे अपने बुरे स्वभाव के लिए माता-पिता को दोषी ठहराते हैं, उन्हें लगता है कि उनके पालन-पोषण में कहीं कमी रह गई। अगर माता-पिता नहीं हों, तो वे दादा-दादी को दोषी मानते हैं, जिनके कारण उन्हें बुरे जीन्स मिले। अगर दादा-दादी भी नहीं हों, तो वे हालात को दोषी मानते हैं - अपने बॉस, जीवनसाथी, पड़ोसी या राजनीति को दोषी ठहरा देते हैं। उन्हें अपने भावों की परवाह नहीं होती; इसलिए वे अपनी मानसिक अवस्था में सुधार लाने के बारे में विचार तक नहीं करते।

ये ऐसे अभागे लोग हैं, जिन्होंने अपने मन को वश में करने का उत्तरदायित्व त्याग दिया है। 'रिस्पॉन्सिबिल्टी' शब्द स्वयं ही, चुनने की आजादी का सूचक है। यह 'रिस्पॉन्स और एबलिटी' शब्द से बना है यानी बाहरी हालात के बावजूद अपने भावों का चुनने की योग्यता।

परिपक्व बनाम अपरिपक्व व्यवहार

हमारे मन की ज़िम्मेदारी हमारे पास ही है। अगर हम इसका सम्मान करते हैं, तो उन आध्यात्मिक ऊँचाइयों तक जा सकते हैं, जहाँ हमारे महान ऋषि-मुनि और संत पहुँचे। इसका लाभ नहीं लेने से, हम मनुष्य रूप में अपने भीतर की दिव्यता को प्रकट करने का अवसर गँवा देते हैं।

अपने मनोभावों के लिए दूसरों पर अँगुली उठाना, हमारे अपरिपक्व व्यवहार का सूचक है। ऐसा बर्ताव बच्चों के लिए उचित माना जा सकता है और यह स्वीकार्य भी है, परंतु जब हम बड़े हो जाते हैं, तो हमसे अपेक्षा की जाती है कि हम समझदार बनें और अपने मूल्यों के अनुसार जीवन जीएँ। इसे अपने बदलते मनोभावों के हवाले ना करें। दुख की बात यह है कि कई लोग वयस्क होने पर भी परिपक्व होने से इंकार कर देते हैंऔर बच्चों की तरह भावुक बने रहते हैं। अगर आप उनसे उनके दुख का कारण पूछें, तो वे दूसरों को दोषी ठहराते हुए कहते हैं- 'यह सब उनकी वजह से हो रहा है।'

हम अपनी ही सोच की ज़िम्मेदारी लेने से मना कर देते हैं, तो यह भावात्मक अपरिपक्वता का कारण कहलाता है। अक्सर, लोग आ कर कहते हैं, 'स्वामीजी, मेरी भक्तिपूर्ण भावनाएँ कहीं खो गई हैं। अब मैं अपने ईश्वर और गुरु के प्रति पहले जैसी भावना नहीं रख पाता।'

'तो इस समस्या का हल क्या हो?' मैं पूछता हूँ।

'मैं अपने उन भावों के वापस आने की प्रतीक्षा में हूँ।' उत्तर मिलता है।

'तुम्हारी श्रद्धा व आस्था के भाव कब वापस आएँगे?'

'पता नहीं, स्वामीजी। परंतु जब भी वे वापस आएँगे, तब आप मुझे पहले से कहीं ज़्यादा बार मंदिर में देखेंगे।'

वे इस बात को नहीं समझ पाते कि उनकी भक्ति उनका उत्तरदायित्व है। भक्तिभाव का अर्थ है कि अपने भीतर दिव्य भाव पैदा किए जाएँ। हमें उनके भीतर से जागने के लिए, किसी भक्तिपूर्ण लहर के आने की प्रतीक्षा नहीं करनी चाहिए। भक्ति कोई विशेषण नहीं, यह एक क्रिया है, जो हमारे नेक और उत्तम विचारों से जुड़े प्रयत्नों के बारे में बताती है।

भौतिक तल पर पर भी आप भावात्मक तौर पर अपरिपक्व लोगों को कहते सुनेंगे, 'मेरे जीवन साथी के लिए मन में प्यार नहीं रहा। अब पहले जैसी भावना भी नहीं आती।' जबकि इस तरह की सोच एक मूर्खता से अधिक कुछ नहीं है। क्या वे अपने मन में प्यार की भावना पैदा करने की प्रतीक्षा में हैं? अगर उनके हिसाब से प्रेम की भावना पैदा नहीं हुई तो? वे अपने प्रेम के कम होने के लिए किसे दोषी ठहराएँगे?

इसके विपरीत, भावात्मक तौर पर परिपक्व व्यक्ति समझता है कि प्रेम एक चुनाव है, जो उसने किया है। किसी को सच्चे अर्थों में प्यार करने का मतलब है कि वह मन में उठ रहे उन भावों को नकार देगा, जो प्रेममयी नहीं हों। प्रेम चाहता है कि हम अपने प्रेम पात्र के लिए सही मायनों में स्नेह महसूस करते हुए, उसे सच्चे हृदय से चाहें।

अपने रवैए के चुनाव के लिए, स्वतंत्र इच्छा के अभ्यास की हमारी योग्यता को ही आध्यात्मिक विकास का आधार कहा जाता है। भगवद् गीता में भगवान श्रीकृष्ण अर्जुन से कहते हैं :

उद्धरेद आत्मनात्मानं नात्मानम अवसादयेत्
आत्मैव ह्यात्मनो बंधुर आत्मैव रिपुर आत्मनः।। (6.5)

स्वयं को मन की शक्ति से ऊँचा उठाओ और स्वयं को नीचा मत दिखाओ; एक नियंत्रित मन ही तुम्हारा मित्र हो सकता है, जबकि अनियंत्रित मन तुम्हारा सबसे बड़ा बैरी होगा।

जब हम स्वयं को अपनी सनक के हवाले कर देते हैं, तो मन हमारा ही बैरी हो जाता है। जब हम इसके मूल्यों, आकांक्षाओं व लक्ष्यों के अनुसार चलते हैं, तो यह हमारा मित्र बनता है।

जब तक हमें ईश्वर की ओर से मिले रवैए के चुनाव की स्वतंत्रता का अहसास नहीं होगा; हम कभी आध्यात्मिक रूप से उन्नत नहीं हो सकते। आज हम जीवन में जहाँ भी हैं, वह पिछले जन्मों और इस जन्म में हमारी स्वतंत्र इच्छा के संग्रहीत परिणामों का ही फल है। यहाँ से हम कहाँ जाएँगे? वह भी आज हमारे द्वारा किए गए चुनावों के अनुसार ही संपन्न होगा। इस तरह यह हम पर निर्भर करता है कि हम रोज़ सुबह उठ कर, वही रवैया अपनाएँ, जो हमें अपने लिए बेहतर लगे।

दूसरे में कमी निकालना ही हमारा सबसे बड़ा दोष

ऐसे अनेक लोग होते हैं, जो जीवन में अपनी कमियों के लिए सदा दूसरों को दोषी ठहराते हैं। वे उन नेताओं की तरह हैं, जो किसी सार्वजनिक कार्य के लिए चुने जाते हैं, परंतु सरकारी धनराशि ऐंठने के लिए अपने पद का दुरुपयोग करते हैं।

जब एक नेता को पकड़े जाने पर एक जज के सामने पेश किया गया, तो उसने अपना अपराध स्वीकार नहीं करते हुए कहा, 'न्यायाधीश महोदय, यह मेरी ग़लती नहीं है। यह उन लोगों की ग़लती है, जिन्होंने मुझे इस पद के लिए चुना। अगर वे मुझे नहीं चुनते, तो यह अपराध कभी नहीं होता।'

कुछ समय पूर्व, एक मनोविज्ञानी ने जेल में क़ैदियों पर अध्ययन किया कि क्या वे अपने अपराधों की ज़िम्मेदारी लेते हैं। क़ैदियों से पूछा गया कि उन्हें जेल में क्यों डाला गया? तो उन्होंने उत्तर दिए :

- 'यह मेरी ग़लती नहीं थी। मेरी पत्नी ने धोखा किया।'
- 'मेरे व्यावसायिक साझेदार ने पीठ में छुरा भोंका।'
- 'मैं बेगुनाह हूँ। उन्होंने मुझे फँसाया है।'
- 'मैं ग़रीब था और मेरे पास कोई विकल्प नहीं था।'

किसी भी क़ैदी ने यह माना ही नहीं कि उसने क़ानून तोड़ा था। मनोचिकित्सक ने मज़ाक़ करते हुए निष्कर्ष निकाला कि संसार में इनसे ज़्यादा निर्दोष लोग कहीं नहीं मिलेंगे! क़ैदियों के उत्तर, निश्चित तौर पर ज़वाबदेही नहीं लेने से जुड़े उदाहरण थे। परंतु इस तरह की सोच का थोड़ा सा भी अंश हमारे दिमाग़ में घर बनाने लगे, तो हमें पूरी सावधानी बरतते हुए, उसे पहचान कर अपने दिमाग़ से निकाल देना चाहिए। वरना हम हानिकारक सोच से दूर नहीं जा सकेंगे, और अपनी नकारात्मक सोच को ऐसी कहानियों और प्रसंगों से बढ़ावा देते रहेंगे, जिन्हें स्वयं हमारे मन ने गढ़ा है।

अगर हम स्वयं को छोड़ कर, हर व्यक्ति और वस्तु को दोषी ठहराने की आदत बना चुके हैं, तो हमें इस पर एक बार फिर से विचार करना होगा। हमें अपनी ही आत्मा के भीतर झाँकते हुए देखना होगा कि क्या हमारा ग़लत रवैया ही दूसरों को बुरा दिखा रहा है। यह सब कुछ उस रोगी की तरह है, जो अपने पूरे शरीर में दर्द होने की शिकायत करता है।

एक रोगी ने डॉक्टर से कहा, 'डॉक्टर, मुझे भीषण दर्द हो रहा है।'

'मुझे देखने दो। किस जगह दर्द है?' डॉक्टर ने कहा। उस डॉक्टर ने उसकी अँगुली उसके माथे पर रख कर पूछा, 'इस जगह दर्द हो रहा है?'

'हाय! हाय! हाय! बहुत दर्द हो रहा है।' रोगी ने कहा।

डॉक्टर ने उसकी तर्जनी को जाँघ पर रख कर पूछा, 'क्या इस जगह दर्द हो रहा है?'

'हाय! हाय! हाय! इस जगह तो बहुत तेज़ दर्द हो रहा है।' रोगी ने कहा।

फिर डॉक्टर ने उसकी अँगुली पेट पर रख कर पूछा, 'इस जगह भी दर्द है क्या?' उसने पूछा

'ओह! ओह! उई! ये दर्द तो सहन ही नहीं हो रहा।'

तब डॉक्टर ने रोगी को उसकी अँगुली दिखाई। उसमें लकड़ी की फाँस चुभी हुई थी। समस्या अँगुली में थी, बाक़ी शरीर में नहीं। परंतु उसे उसी अँगुली के कारण सारे शरीर में पीड़ा महसूस हो रही थी।

ठीक इसी तरह, यदि हमारा मन अपने परिवार के सदस्यों की कमियों, बॉस की कमियों, सड़कों पर गड्ढों और संबंधियों की नीचता आदि से घिरा है, तो हमारी अपनी सोच में ही कमी है, जिसकी वजह से हमें सारी दुनिया ही दोषी और ग़लत दिखती है।

आपने उस चिड़चिड़ी बुढ़िया की कहानी सुनी होगी, जो हमेशा पति से अपने पड़ोसियों की बुराई करती रहती थी।

वह कहती, 'देखो प्रिय!। इन्हें साफ़-सफ़ाई नहीं करनी आती। इनकी कार कितनी गंदी रहती है, ये इसे कभी धोते क्यों नहीं?' एक दिन उसने कहा, 'प्रिय, इनके धुले हुए कपड़े तो देखो। कितने गंदे धब्बे दिख रहे हैं। क्या इन्हें दिखाई नहीं देता?' कई बार वह उनकी दीवारों की बुराई करती, 'हमारे पड़ोसियों से ज़्यादा गंदा कौन होगा? घर की दीवारों पर भी धब्बे पड़े हुए हैं।'

एक ख़ूबसूरत सुबह, बूढ़ी औरत जागी और अपने घर की खिड़की से झाँका। वह हर चीज़ साफ़-सुथरी देख कर हैरान हो गई। 'मेरे प्यारे पति! जल्दी आओ, आज अचानक हमारे पड़ोसियों को क्या हो गया? इनकी दीवारें, कपड़े और कार इतने साफ़ कैसे हो गए!'

पति ने उत्तर दिया, 'प्रिय! इनकी जीवनशैली में कोई बदलाव नहीं आया। मैंने कल रात, सोने से पहले, हमारी खिड़कियों के काँच साफ़ किए थे।'

सुनने में भले ही मज़ाक़िया या विचित्र लगे, परंतु यह केवल उनकी अपनी खिड़कियों के काँच पर जमा धूल थी, जिसकी वजह से उस औरत को बाहरी दुनिया गंदी लगती थी।

ठीक इसी तरह अगर हमारा मन आदतन दूसरों के दोषों और हमारे आसपास के परिवेश की कमियों की ओर जाता है, और हमने आजीवन नकारात्मकता को ही अपना केंद्र बिंदु रखा है, तो हमें निश्चित रूप से अपनी पड़ताल करनी चाहिए। 'क्या दूर-दूर तक ऐसी कोई संभावना है कि संसार इतना बुरा नहीं है, जितना मुझे दिखता है और कमी कहीं मुझमें ही है?'

धनुर्विद्या का ही उदाहरण लें। जब तीरंदाज़ निशाना चूकता है, तो क्या वह कहता है, 'यह तो निशाने की कमी है, उसे ग़लत जगह रखा गया था। उसे तो एक कोने में होना चाहिए। निशाने का लक्ष्य बीच में क्यों बनाया गया?' उसका निशाना

चूक गया, इसका मतलब यह नहीं हो सकता कि लक्ष्य को उसके अनुसार रखा जाना चाहिए था। उस ग़लत निशाने की पूरी ज़िम्मेदारी तीर चलाने वाले की ही है। अगर वह इस कौशल में महारथ हासिल करना चाहता है, तो उसे सबसे पहले अपनी इस भूल को स्वीकार करना होगा।

ठीक इसी प्रकार, जब हम यह स्वीकार कर लेते हैं कि हमारे अवांछित भाव ही हमारी दुर्बलता हैं, तभी और केवल तभी, हम उस अवस्था से आगे जाने के बारे में सोच सकते हैं। तब हम समस्याओं पर विचार करने वाले नकारात्मक चिंतकों से रूपांतरित हो कर, समाधानों पर केंद्रित होने वाले सकारात्मक चिंतक हो जाते हैं। उस रवैए के साथ अगर हम चिंता भी करते हैं, तो वह भी प्रभावी ही होती है। हम अपने सामने आने वाली समस्याओं के हल तलाशते हैं। समाधानों पर केंद्रित होने से ही हम अपने जीवन को श्रेष्ठ बना सकते हैं।

हालाँकि अपने अधूरेपन और कमियों को स्वीकार करना, इतना आसान भी नहीं होता। हमारा कपटी मन सदा अन्यथा मानने के लिए अपने तर्क प्रस्तुत करता रहता है। यही वजह है कि कुछ लोग कहते हैं, 'माहौल बुरा नहीं है, पर मेरा भी कोई दोष नहीं है। इस समस्या की जड़ कुछ और ही है। यह तो ईश्वर की इच्छा है।' कुछ लोग कहते हैं, 'मेरी क़िस्मत ही ख़राब है। यह सब समय का दोष है। मेरा समय अभी नहीं आया। जब मेरा समय आएगा, तो मैं स्वयं ही रूपांतरित हो जाऊँगा।' जान लें कि ये सब बातें कोरे बहानों से अधिक कुछ नहीं हैं।

हमें इन बहानों और बातों की गहराई में जा कर, इनके झूठ को जानना होगा। तभी हम दृढ़ संकल्प ले सकेंगे कि हम अपने मनोभावों का ज़िम्मा लेंगे और पूरे मन से उनमें सुधार लाने का प्रयास करेंगे।

क्या ईश्वर हमारे कर्मों के निर्देशक हैं?

क्या ईश्वर ही हर कार्य के कर्ता हैं? यह संदेह अनेक वैदिक विद्वानों के मन में भी उपजता रहा है? महाभारत में दुष्ट दुर्योधन ने अपने कर्मों के लिए यही तर्क दिया है :

जानामि धर्मं न च मे प्रवृत्तिः
जानाम्याधर्मं न च मे निवृत्तिः
केनापि देवेन हृदिस्थितेन
यथा नियोक्तिस्मि तथा करोमि

'मैं जानता हूँ कि क्या उचित है या क्या अनुचित है। परंतु मेरे भीतर कोई देवता विराजता है। वह मुझे जैसा करने को कहता है, मैं वैसा ही करता हूँ।'

बहुत से लोग, ऐसी ही पंक्तियों के साथ अपना तर्क देते हैं। अगर वे कोई ग़लती करें और आप उनसे कारण पूछें कि ऐसा क्यों हुआ? तो वे कहते हैं, 'ईश्वर की यही मर्ज़ी रही होगी।'

'तुम कहना क्या चाहते हो?'

'मेरा मतलब है कि भगवान ही सब कुछ करता है। हम तो उसके हाथों का खिलौना भर हैं।'

वे इस तरह की बातें करने के साथ अपने तर्क की पुष्टि के लिए ग्रंथों से उदाहरण भी प्रस्तुत करते हैं।

उमा दारु जोषित की नाईं, सबहिं नचावत राम गुसाईं।

(रामचरित मानस)

'जिस तरह कठपुतली वाला, अपनी कठपुतलियों को नचाता है, भगवान भी हमें अपनी धुन पर उसी तरह नचाते हैं।' इस प्रकार इन लोगों के अनुसार, प्रभु ही हमारे कर्मों के उत्तरदायी हैं। लोग प्रायः एक वाक्य दोहराते हैं : *बिना भगवान की कृपा के एक पत्ता भी नहीं हिलता।*

यह सुनने के बाद लोग पूरी तरह से आश्वस्त हो जाते हैं कि इसका अर्थ है, ईश्वर ही सभी कर्मों का नियंता है; इसलिए हमें इन कर्मों में सुधार के बारे में नहीं सोचना चाहिए। हमें इस प्रकार की सोच को अपने दिमाग़ से बाहर करना होगा। इसके लिए कुछ सुझावों पर अमल किया जा सकता है :

1. अगर ईश्वर ही हमारे कर्मों के कर्ता होते, तो हमसे कभी कोई ग़लती नहीं होती। हमारे सारे कर्म संपूर्ण होते, क्योंकि ईश्वर कभी कुछ भी अनुचित नहीं कर सकते। परंतु सच तो यही है कि हमसे असंख्य भूलें होती हैं, जो इस बात का सूचक है कि हम बहुत से कार्य अपनी स्वतंत्र इच्छा से करते हैं।
2. यदि ईश्वर ही कर्ता होते, तो हमें अपने कर्मों के लिए किसी भी तरह कार्मिक प्रतिक्रिया वहन नहीं करनी पड़ती। हम ईश्वर की ओर से किए गए कार्यों के लिए कष्ट क्यों सहते? वे स्वयं अपने ही कर्मों का फल भोगते या स्वयं को क्षमा करते। हालाँकि कर्म का नियम कहता है :

करम प्रधान बिस्व करि राखा;
जो जस करइ सो तस फलु चाखा (रामचरित मानस)

'यह संसार कर्म चक्र के अधीन है। हम जैसा करते हैं, वैसा ही फल पाते हैं।' बाइबल में भी यही नियम दिया गया है :

किसी भी धोखे में मत आओ। ईश्वर को छला नहीं जा सकता।
एक आदमी जो बोता है, सो ही काटता है।

(गलातियों 6:7)

कर्म के नियम का अस्तित्व इस बात का सूचक है कि हम स्वयं ही अपने कर्मों के कर्ता हैं।

3. ईश्वर हम सब आत्माओं के प्रति पक्षपात रहित हैं, और संपूर्ण रूप से न्यायी हैं। यदि वही हमारे कर्मों का कर्ता होता तो वह हमें सबके प्रति समान रूप से व्यवहार करने को कहता। वह सभी लोगों से अच्छे कर्म करवाता और सभी संत हो जाते। या वह सभी से बुरे कर्म करवाता और सभी शैतान बन जाते। जैसा कि हम जानते हैं, संसार में कितना भेदभाव है। एक व्यक्ति प्रह्लाद की तरह संत है, तो दूसरा हिरण्यकश्यप जैसा राक्षस है। यह विविधता इस बात की सूचक है कि हमारे पास अपने ही विचारों व कर्मों के चुनाव की स्वतंत्रता है। ईश्वर नहीं, केवल हम ही उनके लिए उत्तरदायी हैं।
4. यदि ईश्वर ही हमारे कर्मों का प्रेरक होता, तो उसे वेद या अन्य कोई ग्रंथ प्रकट करने की आवश्यकता नहीं थी। उसे हमारे लिए संपूर्णता के पथ को प्रकट करने की आवश्यकता नहीं थी। वह केवल इतना कहता, 'हे आत्माओं, मैं ही हर कार्य का कर्ता हूँ, तो तुम्हें उचित और अनुचित कर्म को समझने की आवश्यकता नहीं है।' हालाँकि भगवद् गीता के अंत में भगवान श्रीकृष्ण उचित ज्ञान पर आधारित कर्म के विषय में भी बताते हैं :

इति ते ज्ञानम आख्यातं गुह्यादगुह्यातरं मया।
विमृश्यैतादअशेषेण यथेच्छसि तथा कुरु।। (18.63)

'हे अर्जुन! मैंने तुझे दिव्य ज्ञान प्रदान किया है। अब इस पर गहनता से मनन कर और फिर वैसा ही कर, जो तू चाहे।' इसी प्रकार भगवान राम अयोध्या वासियों को उपदेश देते हुए कहते हैं :

सुनहु करहु जो तुमहि सोहाइ (रामचरित मानस)

'मेरी बात सुनो और फिर वही करो जो तुम्हें पसंद हो।'

वैदिक ग्रंथों में कुछ ऐसे अंश मिलते हैं, जिनमें ईश्वर को कर्ता कहा गया है। परंतु भ्रम से बचना है, तो उनके संदर्भ को सावधानी से समझना होगा। यदि हम इन

दो बातों पर ध्यान दे सकें, तो यह बात पूरी तरह से स्पष्ट हो जाएगी : *प्रयोजक कर्ता और प्रयोज्य कर्ता।*

- **प्रयोजक कर्ता वह है,** जो कर्म करने की शक्ति प्रदान करता है। ईश्वर प्रयोजक कर्ता है, जो हमारी इंद्रियों, मन व बुद्धि को कर्म करने की शक्ति प्रदान करता है।
- **प्रयोज्य कर्तावह है,** जो उस शक्ति का प्रयोग करता है। व्यक्तिगत आत्मा प्रयोज्य कर्ता है, क्योंकि यह उस शक्ति का प्रयोग करता है।

उदाहरण के लिए, पावर प्लांट व्यक्तिगत घरों में बिजली की आपूर्ति करता है। वे उसे कैसे प्रयोग में लाते हैं? यह उनका चुनाव है। इसी प्रकार, ईश्वर ने नेत्रों को देखने की शक्ति प्रदान की है। इसके बाद हम क्या देखते हैं, वह हमारा निजी चुनाव है। हम किसी मंदिर में जा कर ईश्वर के दिव्य स्वरूप के दर्शन कर सकते हैं या किसी मूवी थियेटर में बैठ कर फ़िल्म देख सकते हैं। दोनों ही दशाओं में यह हमारा चुनाव है, और हम इसके लिए ईश्वर को दोषी नहीं ठहरा सकते। हम यह नहीं कह सकते, 'मेरा परमात्मा मुझे हमेशा फ़िल्में क्यों दिखाता रहता है?' उन्होंने हमें केवल देखने की शक्ति प्रदान की है; हम उसका प्रयोग कैसे करते हैं, यह हमारे विवेक पर निर्भर करता है।

हमें कार्य करने की शक्ति देने के अलावा प्रभु यह देखते हैं कि हमने कौन से कर्म किए हैं, और फिर उन्हीं कर्मों के अनुसार हमें प्रतिक्रिया मिलती है। समस्या तब होती है, जब हम नकारात्मक परिणाम आने पर शिकायत करते हैं, 'भगवान ने मेरे साथ ऐसा क्यों किया?'

'भगवान ने ऐसा नहीं किया।'

'तो किसने किया है?'

'भगवान ने किया है, आपने ठीक कहा। उन्होंने मनमाने ढंग से ऐसा नहीं किया। उन्होंने आपके ही कर्मों का परिणाम आपको सौंपा है।'

इसकी तुलना एक जज से करें, जो किसी अपराधी को जेल में भेज रहा है। अपराधी शिकायत कर सकता है कि जज ने उसके साथ पक्षपात किया, परंतु जज कहेगा कि वह उस अपराधी का शत्रु नहीं है; वह तो अपना कर्तव्य निभा रहा था। उसके अपराध का प्रमाण पेश हो चुका है। जज ने केवल क़ानून के अनुसार न्याय किया है, ताकि अपराधी के व्यवहार में सुधार हो और वह भविष्य में फिर ऐसा नहीं करे।

इस प्रकार हमें अपने कर्मों के लिए ईश्वर को दोषी नहीं ठहराना चाहिए। अगर हमसे कोई भूल हो जाए, तो हमें उसका उत्तरदायित्व लेते हुए, स्वयं को इस

तरह सुधारना चाहिए कि भविष्य में वही भूल दोबारा होने की संभावना नहीं रहे। हालाँकि अपने अधूरेपन की ज़िम्मेदारी लेना सरल नहीं होता। लोग अक्सर अलग ही तरह से पेश आते हैं, और सारा दोष भाग्य के मत्थे मढ़ देते हैं। हम इसके बारे में आगे चर्चा करेंगे।

हमारे जीवन में नियति की भूमिका

अधिकतर लोगों का यही मानना है कि उनके जीवन नियति से संचालित होते हैं। वे अपने मत की पुष्टि के लिए कई तरह के तर्क प्रस्तुत करते हैं :

यद्धात्रा निजभालपट्टलिखितम् स्तोकं महदद्वाधनं
तत्प्राप्तनोपि मरुस्थलेपि नतरां मेरौ ततौ नाधिकम्
तदधीरो भव वित्तवत्सु कृपणां वृत्तिं वृथा मा कृथाः
कूपे पश्यपयोनिधावपि घटो घृणाति तुल्यं जलं।।

'चाहे आप किसी पात्र को कुएँ में डालें या फिर सागर में, इसमें उतना ही जल समाएगा, जितनी इसकी पात्रता है। इसी प्रकार आप उतनी ही संपदा पा सकते हैं, जितनी आपके भाग्य के कलश में लिखी है। सुवर्ण सुमेरू पर्वत पर वास करने से भी आप और अधिक नहीं प्राप्त कर सकते, रेगिस्तान में वास करने पर भी आपकी उक्त संपदा में कमी नहीं आ सकती। इस प्रकार किसी भी तरह का प्रयत्न करना निरर्थक होगा।'

मैंने इस स्थान पर केवल कुछ भाग्यवादियों का तर्क प्रस्तुत किया है। यदि हम यह सोचते हैं कि हम अपनी नियति के हाथों बद्ध हैं, और यह कुछ नहीं बदल सकते, यह भाग्यवाद का सिद्धांत है। भाग्यवाद को निम्नलिखित रूप में परिभाषित कर सकते हैं :

1. **भाग्य का सिद्धांत :** इस सिद्धांत के अनुसार सभी घटनाएँ भाग्य के अनुरूप ही घटती हैं, और मनुष्य अपनी नियति नहीं बदल सकता।
2. **सर्व-शक्तिशाली भाग्य पर विश्वास :** यह मानना कि लोग अपने ही कर्मों या भविष्य को प्रभावित नहीं कर सकते।
3. **भाग्य के विरुद्ध असहायता का भाव :** अस्वीकार्यता और निष्क्रियता का रवैया, जो इस विश्वास से उपजता है कि लोग नियति के आगे असहाय हैं।

हम यह विश्लेषण करेंगे कि भाग्यवाद के ये नियम उचित हैं या नहीं परंतु पहले हमें भाग्य की अवधारणा को समझना होगा। ग्रंथों में लिखा है :

पूर्व जन्म कृतं कर्म तद्दैवमिति कथ्यते *(हितोपदेश)*

'हमारे पूर्व जन्मों के कर्म, वर्तमान जीवन में हमारी नियति रचते हैं।' दूसरे शब्दों में, नियति कहीं आकाश से नहीं आती। यह कोई जन्मकुंडली नहीं, जिसे ज्योतिषी पढ़ते हैं। हम पिछले जन्मों के कर्मों के माध्यम से अपनी नियति रचते हैं। इसका अर्थ है कि हमारे पिछले जन्मों में, हमने अपनी स्वतंत्र इच्छा के साथ कर्म किए थे।

अब हम भाग्यवाद को अप्रमाणिक सिद्ध करने के लिए *रिडक्टियो एड एब्सरडम* तकनीक का प्रयोग करेंगे। इस पद्धति में जिस कथन को अवैध करना है, उसे आधार में रखा जाता है। फिर इसे तार्किक भिन्नता की ओर जाते हुए दिखाते हैं। आइए, हम इस आधार से आरंभ करते हैं कि सब कुछ पहले से ही सुनिश्चित है।

- यदि हम इस जीवन में नियति के वश में हैंऔर स्वेच्छा से कर्म नहीं कर सकते, तो यह नियम हमारे पिछले जीवन में भी लागू रहा होगा।
- इसका अर्थ होगा कि हमारे पिछले जन्म में भी हम नियति के अधीन थे, क्योंकि यह नियम हमारे सारे जन्मों के लिए एक सा होना चाहिए।
- परंतु यदि हम अपने प्रत्येक जीवन में नियति के वश में थे, तो हमने किस जन्म में स्वतंत्र कर्म किए, जिन्होंने नियति को रचा?
- यदि हमने अपने पिछले जन्मों में स्वतंत्र इच्छा पर आधारित कर्म नहीं किए, तो नियति किस प्रकार रची गई?
- फिर अगर हमने किसी भी पिछले जन्म में स्वतंत्र इच्छा का प्रयोग किया है, तो हम अपने वर्तमान जीवन में भी ऐसा कर सकते हैं।

इस तरह, यह आधार कि सब कुछ पहले से तय है, यह तार्किक रूप से विचित्र है; इसलिए इसका खंडन किया जाता है। रामचरित मानस में लिखा है :

दैव दैव आलसी पुकारा

'केवल आलसी लोग ही अपनी उपलब्धियों के नहीं मिलने पर नियति को दोषी ठहराते हैं।'

यह एक तथ्य है कि नियति का एक तत्त्व है, परंतु वह हमारे पिछले कर्मों की ही रचना है। वैदिक ग्रंथों व शास्त्रों में तीन प्रकार के कर्मों के बारे में कहा गया है :

- *संचित कर्म*
- *प्रारब्ध कर्म*
- *क्रियमाण कर्म*

संचित कर्म, हमारे असंख्य जन्मों के कर्मों का अंबार है। ईश्वर के पास इनका लेखा-जोखा रहता है। हमारे जन्म के समय, जब वे हमें इस संसार में भेजते हैं, तो हमें आनंद पाने और कष्ट भोगने के लिए हमारे संचित कर्मों का एक अंश दिया जाता है। इसे प्रारब्ध कर्म कहते हैं। प्रारब्ध वर्तमान जीवन के लिए नियत होता है, परंतु हर क्षण में, हमारे पास भी अपनी मर्ज़ी से कर्म करने का चुनाव होता है। इन्हें क्रियमाण कर्म कहते हैं - ऐसे कर्म, जिन्हें अपनी स्वतंत्र इच्छा के साथ वर्तमान जीवन में करते हैं। प्रारब्ध पहले से सुनिश्चित है, परंतु क्रियमाण पहले से सुनिश्चित नहीं है। यह हमारे हाथों में है और इसे हम अपनी मर्ज़ी से बदल सकते हैं।

इसकी तुलना ताश के एक खेल से करें। हमें जो पत्ते दिए गए हैं, वे बदले नहीं जा सकते पर हम अपने पत्तों से क्या खेलते हैं, वह पहले से तय नहीं है। अच्छे खिलाड़ी बुरे पत्तों से अच्छा खेल खेल सकते हैं, जबकि बुरे खिलाड़ी हाथ में अच्छे पत्ते रहने पर भी हार सकते हैं।

इसी प्रकार, अगर आपके जीवन में कोई जैकपॉट जीतना या लाखों डॉलर पाना पहले से तय है, तो आप इन्हें पा लेंगे। परंतु इससे परे, यह आपका अपना प्रयत्न होगा। एक ओर, अगर आप मेहनत करेंगे, तो आप उस धन को कई गुना कर सकते हैं, वह आपका अपना पुरुषार्थ होगा। वहीं दूसरी ओर अगर आपने व्यर्थ की आदतें विकसित कीं, तो आप अपना सारा पैसा शराब और जुए की भेंट भी चढ़ा सकते हैं। यह आपकी नियति का दोष नहीं होगा; यह आपकी धृष्टता कहलाएगी।

ज्योतिष का विज्ञान

पूर्वी और पाश्चात्य जगत में, ज्योतिष विज्ञान बहुत लोकप्रिय है, क्योंकि यह हमारा भाग्य बताने का दावा करता है। इस प्रकार, बहुत से लोग ज्योतिषियों के पास अपना भविष्य पूछने जाते हैं। राशि चिह्नों के अनुसार की गई भविष्यवाणियाँ भी कई पत्र-पत्रिकाओं के लोकप्रिय स्तंभ हैं। परंतु क्या यह प्रामाणिक है? और क्या हमें ज्योतिषियों को अपनी जन्मपत्रियाँ दिखाने में अपना समय लगाना चाहिए?

सबसे पहले तो यह ध्यान रखें कि ज्योतिष शास्त्र की भविष्यवाणियाँ आंशिक तौर पर सटीक होती हैं। कलियुग में, वर्तमान युग में कोई भी निश्चित रूप से विशेषज्ञ ज्योतिषी नहीं है। वे अपने सतही ज्ञान के बल पर केवल अनुमान लगा सकते हैं। उनकी भविष्यवाणियों के कुछ हिस्से सच हो जाते हैं और इस तरह उनका काम चलता रहता है। मुझे इस विषय में एक स्वीकारोक्ति याद आ रही है :

सत्तर के दशक में, खुशवंत सिंह, इलेस्ट्रेटिड वीकली पत्रिका के संपादक थे, जो उस समय भारत की नंबर वन पत्रिकाओं में से थी। उनकी पत्रिका में राशिफल

लिखने वाले ज्योतिषी ने नौकरी से त्यागपत्र दे दिया। उसके बाद अगले तीन वर्ष तक, खुशवंत सिंह ने कोई ज्योतिषी नियुक्त नहीं किया। वे स्वयं ही राशिफल लिखा करते। इस तथ्य से अनभिज्ञ अधिकतर लोग अक्सर उनकी पत्रिका में छपने वाले राशिफल की सटीकता की प्रशंसा करते। बहुत समय बाद, खुशवंत सिंह ने स्वयं यह रहस्य खोला कि उनकी पत्रिका के वे राशिफल तो वे स्वयं ही लिखते थे।

ज्योतिष के बारे में दूसरी बात यह है कि भले ही भविष्यवाणी सच ही क्यों नहीं हो; उसके बारे में पहले से पता होना सही नहीं होता। मान लेते हैं कि किसी ज्योतिषी ने आपको बताया है कि दो साल बाद आपका व्यवसाय कई गुना हो जाएगा। यह सुन कर आपकी सहज प्रतिक्रिया होगी। 'ओह, ऐसा होगा क्या? फिर तो इतनी मेहनत करने की क्या ज़रूरत है? मुझे तो हर हाल में सफल होना ही है।' दूसरे शब्दों में, जब आपको अपने उज्ज्वल भविष्य का पता चल जाएगा, तो आप अपनी ओर से सफल होने के प्रयासों में कमी कर देंगे।

अब यह देखें कि अगर ज्योतिषी आपको इसके विपरीत कुछ बताता है, तो क्या होगा? मान लेते हैं, आपसे कहा गया, 'दस वर्षों के बाद तुम्हारा यह धंधा चौपट हो जाएगा।' यह सुन कर आप सोचेंगे, 'ओह, क्या सच में मेरा यह काम चौपट हो जाएगा। हे भगवान, तब मैं क्या करूँगा? क्या करूँगा मैं?...' आपका धंधा चौपट हो या नहीं हो, अधिक चिंता करने से आपको दिल की समस्या हो सकती है।

इस प्रकार, जब कोई अच्छा भविष्य बताता है, तो हम आलसी हो जाते हैं और कोई भविष्यवाणी नकारात्मक होती है, तो हमारी चिंता का अंत नहीं रहता। कुल मिला कर, अपने भाग्य के बारे में जानने से कोई लाभ नहीं है। हमारे भाग्य में जो भी लिखा है, वह हमें स्वयं ही मिलेगा। केवल वर्तमान ही हमारे हाथों में है, और हमें अभी और यहीं अपनी ओर से सब कुछ पाने की कोशिश करनी होगी। आइए, अब ध्यान दें कि हम अपने **भाग्य को जानने के बजाए, इसे बना कैसे सकते हैं?**

हम अपने पुरुषार्थ और स्वतंत्र इच्छा के बल पर अपने भविष्य को बदलने की क्षमता रखते हैं। ज्योतिष के अध्ययन में समस्या यही है कि यह हमें भाग्यवादी बनाता है। हम अपने ही प्रयत्नों पर केंद्रित नहीं रह पाते। इसी प्रकार, महान राजा चंद्रगुप्त मौर्य के विख्यात राजनीतिक परामर्शदाता चाणक्य ने कहा है :

निरुत्साहाद्दैवम् पतितः

'यदि आप अपने प्रयासों में आलस्य दर्शाते हैं, तो अच्छा भाग्य होने पर भी आप असफल ही होंगे।'

उत्साहवताम् शत्रवोपि वशिभवंति

'यदि आप उत्साह से भरपूर हैं, तो दुर्भाग्य को भी सफलता में बदल सकते हैं।'

इस प्रकार, एक अच्छी नीति यही होगी कि आप ज्योतिषी की भविष्यवाणियों पर ध्यान देने के बजाए अपने पुरुषार्थ पर ध्यान दें। प्रसिद्ध उर्दू कवि अल्लामा मुहम्मद इक़बाल ने कहा है :

ख़ुदी को कर बुलंद इतना कि हर तक़दीर से पहले
ख़ुदा ख़ुद बंदे से पूछे कि बता तेरी रज़ा क्या है?

'अपनी ओर से इतना प्रयास करो कि तुम्हें तुम्हारी नियति का फल देने से पूर्व, ईश्वर स्वयं आ कर पूछे कि तुम क्या चाहते हो?'

क़दम उठाने का समय यही है!

यदि नियति को भी दोष नहीं देना, तो फिर दोषी किसे माना जा सकता है? समय! बहुत से लोगों को मानना है कि समय सबसे अधिक शक्तिशाली है। समय बीतने के साथ-साथ हमारे काम में स्वयं ही संपूर्णता झलकने लगती है; इसलिए हमें सहज भाव से उचित समय आने की प्रतीक्षा करते हुए काम करते रहना चाहिए। कहते हैं :

पुरुष बली नहीं होत है, समय होत बलवान
भीलन लूटीं गोपिका, सोइ अर्जुन सोइ बान

'मनुष्य नहीं, समय ही सबसे अधिक शक्तिशाली होता है। अर्जुन को ही लें। उसके पास वही अस्त्र-शस्त्र थे, जिनसे उसने महाभारत का युद्ध किया, परंतु जब समय आया तो साधारण जंगली कबीले वाले, उसके संरक्षण में चल रही गोपियों को उठा ले गए। वह कुछ नहीं कर सका।'

क्या यह समझ सही है? क्या वह समय आएगा; जब हम अपनी सोच में सुधार करेंगे? फिर से ग़लत। ऐसा समय नहीं आएगा। जब हमारा मन और विचार स्वयं ही शुद्ध हो जाएँगे, बल्कि यह समय तो बीत रहा है। जो भी क्षण बीत जाता है, वह लौट कर वापस नहीं आता। इससे पहले कि हम जानें, हमें इस ग्रह पर जितना समय जीना है, वह हमारी अँगुलियों से रेत के कणों की तरह निकल चुका होगा। हमें अपने जीवन के एक-एक क्षण का सदुपयोग करना चाहिए। शास्त्रों में कहा गया है :

आलस्यं हि मनुष्याणां शरीरस्थो महान रिपुः

'मनुष्य के शरीर का सबसे बड़ा कष्ट आलस्य का रोग है। इसे हम कई तरह के लबादों से ढँक कर रखते हैं।'

- बहुत से लोग ऐसा कहते हैं, 'मैं तैयार हो रहा हूँ।' जब आप उनसे एक वर्ष बाद मिलेंगे, तो भी वे आपको तैयार होते ही दिखेंगे। उन्हें अहसास नहीं है, परंतु वे विलंब नामक रोग से ग्रस्त हैं।
- कुछ लोग कहते हैं कि वे किसी दिन उक्त कार्य को करेंगे, पर उनके जीवन में वह दिन कभी नहीं आता।
- कुछ लोग घर वापसी के लिए हरी बत्ती होने के इंतज़ार में ही बैठे रह जाते हैं। वे बहानों की मार से ग्रस्त होते हैं।
- इनके अलावा कुछ ऐसे लोग भी मिलेंगे, जो काम करने के लिए कहने पर कहते हैं, 'मैं विश्लेषण कर रहा हूँ।' समस्या यह है कि छह महीने बाद, वे तब भी विश्लेषण ही कर रहे होते हैं। वे 'पैरालिसिस बाई एनालसिस' यानी विश्लेषण के पक्षाघात से ग्रस्त होते हैं।

सफलता का रहस्य, इसमें ही छिपा है कि ऐसे सभी अनुत्पादक विचारों को जीवन से निकाल दिया जाए और वर्तमान क्षण को ही अपनी पूरी योग्यता के साथ प्रयुक्त किया जाए। यही एक सफल भविष्य बनाने का उपाय है।

पुरुषार्थ की रूपांतरण की शक्ति

पुरुषार्थ हमारी ओर से किया गया वह प्रयत्न है, जो हम ईश्वर की ओर से मिली स्वतंत्र इच्छा के साथ वर्तमान में करते हैं। हमें पुरुषार्थ की इस भावना को कालिदास से समझना चाहिए, जिन्हें संस्कृत साहित्य के इतिहास में महानतम कवियों में से एक माना जाता है :

कालिदास बचपन में बहुत मेधावी नहीं थे। दरअसल, वे इसके ठीक विपरीत थे। एक प्रसिद्ध कथा बताती है कि एक बार वे जिस शाखा पर बैठे थे, उसी को काट रहे थे। उन्हें यह भी अहसास नहीं था कि वे शाखा कटते ही गिर सकते हैं। उन्हें राज्य के कुछ पंडितों ने उसी मुद्रा में बैठा देख लिया।

पंडितों को राजकुमारी से प्रतिशोध लेना था। वह बहुत सुंदर थी और उसने अपने विवाह के लिए शर्त रखी थी - वह केवल उसी पुरुष से विवाह करेगी, जो उसे शास्त्रार्थ में पराजित करेगा। कई विद्वान उसकी सुंदरता से मोहित हो कर

शास्त्रार्थ करने आए पर उसके आगे टिक नहीं सके और हार गए। वे लोग मन ही मन अपमानित हुए और राजकुमारी से बदला लेने की सोची। अब वे चाहते थे कि राजकुमारी का विवाह किसी वज्र मूर्ख से करवा कर, उसका घमंड तोड़ा जाए।

तभी उनका ध्यान कालिदास की ओर गया। उन्होंने उसे पेड़ से उतरने को कहा। फिर उससे बोले, 'यदि तुम हमारे कहे अनुसार चलोगे, तो तुम्हारी निर्धनता हमेशा के लिए दूर हो सकती है।' कालिदास की मंजूरी मिलने के बाद वे उसे राजसी पोशाक में सजा कर महल में ले गए।

'हे राजकुमारी! हमारे साथ काशी से एक विद्वान पधारे हैं। वे आपके साथ शास्त्रार्थ करना चाहते हैं, परंतु उन्होंने मौन व्रत ले रखा है। इस प्रकार वे केवल संकेतों के माध्यम से ही शास्त्रार्थ करेंगे।' राजकुमारी ने अपने ही घमंड में इसके लिए भी स्वीकृति दे दी।

वे दोनों आमने-सामने बैठे। राजकुमारी ने दायाँ हाथ उठा कर एक अँगुली दिखाई। कालिदास तो पहले ही महल के उस वातावरण से थोड़ा आशंकित सा था। उसने उठी हुई अँगुली देख कर सोचा कि राजकुमारी इशारा कर रही है, 'मैं तेरी एक आँख फोड़ दूँगी।' उसने भी प्रत्युत्तर में दो अँगुलियाँ दिखा दीं। उसके अनुसार उसका प्रत्युत्तर था, 'मैं तेरी दोनों आँखें फोड़ दूँगा।'

पंडितों ने राजकुमारी से पूछा, 'आपका प्रश्न क्या था?'

राजकुमारी बोली, 'मैंने कहा था कि सर्वश्रेष्ठ दिव्य सत्ता एक है अथवा अनेक?'

पंडितों ने उत्तर दिया, 'महान विद्वान ने दो अँगुलियों को उठा कर संकेत दिया है कि अनंत सत्ता साकार और निराकार, दोनों ही रूपों में है, वे दो हैं।'

इसके बाद राजकुमारी ने पाँचों अँगुलियाँ उठा दीं। कालिदास को लगा कि वह उसे तमाचा मारने की धमकी दे रही थी। बदले में उन्होंने भी बंद मुट्ठी दिखा कर संकेत किया, 'मैं तुझे घूँसा मार दूँगा।'

पंडितों ने फिर से पूछा, 'हे राजकुमारी, आपका प्रश्न क्या था?'

उसने कहा, 'मैंने पूछा था कि पंच इंद्रियों से आत्मा को कष्ट होता है, इसका समाधान क्या है?'

पंडितों ने उत्तर दिया, 'महाविद्वान ने आपके प्रश्न के उत्तर में मुट्ठी दिखाई है। वे संकेत दे रहे थे कि इन उपद्रवी इंद्रियों को वश में करने के लिए मन की लगाम कसनी चाहिए।'

इस प्रकार, तर्क-वितर्क होते रहे। पंडितों ने किसी न किसी तरह कालिदास को जिता ही दिया। राजकुमारी अपना वचन दे चुकी थी; इसलिए उसे कालिदास से विवाह करना पड़ा।

एक दिन, विवाह के पश्चात पति और पत्नी महल की छत पर बैठे थे। वहीं निकट ही मार्ग से एक ऊँट गुज़रा। उसे देख कर कालिदास चिल्लाए, 'उट्र...उट्र...' कालिदास को संस्कृत में उष्ट्र शब्द भी सही तरह से कहना नहीं आया।

यह देख कर राजकुमारी स्तब्ध हो उठी और उन्हें देख कर सोचा, 'ये तो अज्ञानी है। पंडितों ने निश्चित ही मेरे साथ कपट किया है।' वह इतनी अप्रसन्न हुई कि उसने कालिदास को सीढ़ियों से नीचे धकेल दिया। कालिदास लुढ़कते हुए धड़ाम से धरती पर जा गिरे।

वहीं निकट ही काली का मंदिर था। उन्होंने वहीं माथा टेक कर संकल्प लिया, 'यदि राजकुमारी के लिए विद्या इतनी ही महत्त्वपूर्ण है, तो मैं एक विद्वान और ज्ञानी बन कर दिखाऊँगा।' वे उठे और विद्वानों की नगरी काशी की ओर प्रस्थान कर गए, वहीं उन्होंने ज्ञानार्जन किया।

वे कई वर्ष बाद परम ज्ञानी बन कर वापस आए। उन्होंने पत्नी का द्वार साधिकार खटखटाया और संस्कृत में कहा, 'कपाटं द्वारम देहि' अर्थात 'मेरी प्रिय पत्नी, कृपया द्वार खोलो।'

उनकी पत्नी ने उन्हें सुना। वह उनके स्वर में छिपे अधिकार और आत्मविश्वास से प्रभावित हो गई। उसने उत्तर दिया, 'अस्ति कश्चित् वाग्विशेषः' (लगता है कि आप वाणी और अभिव्यक्ति से संपन्न हो गए हैं।)

महान कालिदास ने इस संयोग के समय अपनी पत्नी के मुख से निकले तीन शब्दों के आधार पर अपने तीन महाकाव्य रचे, जो आज भी संस्कृत के इतिहास में अपना महत्त्व रखते हैं।

- *अस्ति उत्तरस्यामं* दिसिं, के साथ उन्होंने *कुमारसंभवम्* का आरंभ किया।
- कश्चित् कांता, के साथ *मेघदूत* का आरंभ किया।
- रघुवंश महाकाव्य का आरंभ *वागर्थाविव* से होता है।

यह पुरुषार्थ का फल है। जिसने एक जड़ मूर्ख को परम ज्ञानी और महाकवि बना दिया। यदि कालिदास ने ईश्वर की इच्छा या फिर अपनी शिक्षा के अभाव को बहाना बनाया होता, तो वे अपने जीवन के रूपांतरण के लिए इतना प्रयत्न कभी नहीं कर पाते। परंतु कालिदास ने दोषारोपण का खेल नहीं खेला। उन्हें अहसास था कि उनकी वर्तमान दशा पिछले कर्मों का परिणाम थी। यदि वे वैसे ही कर्म करते रहते, तो उनका भविष्य भी वैसा ही होता। वे अपने जीवन को कुछ अलग बनाना चाहते थे; इसलिए उन्होंने वर्तमान क्षण पर मेहनत करते हुए उसे निखारा।

इसी तरह, हमें भी दोषारोपण के खेल का हिस्सा नहीं बनना चाहिए। हमें नियति, भाग्य या समय को अपने कर्मों के लिए उत्तरदायी नहीं बनाना है। हमें अपनी समस्याओं में उलझने के बजाए स्वयं को उचित समाधानों की ओर प्रवृत्त करना होगा।

इस तरह, जीवन में अपने हालात की ज़िम्मेदारी लेना ही सफलता, प्रसन्नता व संतोष पाने की दूसरी मानसिकता है। इसके साथ, हमारे भीतर सुधार लाने की प्रक्रिया भी आरंभ हो जाती है। हम आत्म-सुधार के इस प्रयत्न को ऊर्जान्वित कैसे कर सकते हैं?

इससे हमारी तीसरी मानसिकता सामने आती है, जिसे प्रेरणा कहते हैं। वही वह ईंधन है, जो हमारी आकांक्षाओं को आगे ले जाता है, काम करने के लिए उत्साह पैदा करता है और हमारे जीवन को ऊर्जा प्रदान करता है। अगले अध्याय में हम इसी महत्त्वपूर्ण सामग्री की चर्चा करेंगे, जो हमारे व्यक्तित्व को संपन्न करने में सहायक होगी।

3

प्रेरणा की मानसिकता

पिछले अध्याय में हमने उत्तरदायित्व की मानसिकता पर चर्चा की। जब हम इससे भरपूर होते हैं, तो हमारे पास अपनी कमियों या अधूरेपन के लिए कोई बहाना नहीं रहता। इसके बजाए, हम अपनी कमियों को स्वीकार करते हुए, समाधानों पर केंद्रित होते हैं, ताकि प्रगति में सहायक हो सकें। सुधार के लिए उत्साहपूर्ण प्रयासों और जोशीले कामों की आवश्यकता होती है। इससे हमें सफलता की तीसरी मानसिकता मिलती है, जो प्रेरणा की मानसिकता है।

प्रेरणा हमें हमारे भीतर ऊर्जा के अनंत संसाधन से जोड़ती है। यह वह ईंधन है, जो हमारे प्रयासों को सशक्त करते हुए, भौतिक व आध्यात्मिक सफलता के शिखर को उन्नत करता है। यह हमारे विचारों को गहराई देता है, और प्रयत्नों की गुणवत्ता निखारता है। जब हम प्रेरित नहीं होते, तो कोई नेक काम भी नीरस और क्लांत करने वाला लगने लगता है। परंतु जब प्रेरित होते हैं, तो हम रोज़मर्रा में किए जाने वाले काम को भी पूरी श्रद्धा व आस्था के साथ निभाते हैं। प्रेरित जीवन का एक क्षण, उत्साह हीनता के साथ बीते पूरे जीवनकाल के समान है। तभी तो कहा जाता है : 'जीवन को हमारे द्वारा ली गई साँसों से नहीं मापा जा सकता, बल्कि उन क्षणों से मापा जाता है जब हम साँस लेना भी भूल जाते हैं।'

प्रेरणा से, प्रोत्साहन उपजता है, जिसका शाब्दिक अर्थ है, 'काम करने का उद्देश्य।' यह वह जुनून है, जो हम अपने काम, जीवन, रवैए और आत्म-सुधार के प्रयत्नों में लाते हैं। यह हमें तत्काल भीड़ से परे ले जा कर खड़ा कर देता है।

एक किशोर, उत्सव का उदाहरण लें। उसकी गर्मियों की छुट्टियाँ आरंभ हो चुकी थीं और वह इस दौरान कोई नौकरी करने के बारे में सोच रहा था। विज्ञापनों के माध्यम से, उसे अपने घर के निकट बने मॉल में नौकरियों के बारे में पता चला।

उसने नौकरी के लिए आवेदन पत्र टाइप करके भेज दिया। जल्दी ही उसे साक्षात्कार के लिए, अगले सोमवार सुबह 9 बजे का बुलावा आ गया।

सोमवार को, उत्सव उत्साहित हो कर, साढ़े आठ बजे की मॉल के ऑफ़िस जा पहुँचा। उसे जा कर पता चला कि बीस अभ्यर्थी पहले से प्रतीक्षा कर रहे थे। वह साक्षात्कार देने वालों की क़तार में इक्कीसवें नंबर पर था। यह तो दिल तोड़ने वाली बात थी। उसके चुने जाने की संभावना ही नहीं थी। प्रबंधक तो उसकी बारी आने से पहले ही थक कर, किसी और को नौकरी के लिए चुन लेगा। हालाँकि उत्सव एक उत्साही किशोर था, उसमें गहरा जुनून था। उसने काग़ज़ पर कुछ लिखा और प्रतीक्षा कक्ष में बैठी क्लर्क को दे कर कहा, 'मैडम, क्या आप इसे प्रबंधक तक ले जाने की कृपा कर सकती हैं? यह एक आपातकालीन मसला है।'

क्लर्क महिला ने ऐंठ से कहा, 'बेटा जी, क़तार में इंतज़ार करो। बॉस से मिलने की बारी आएगी, तो जो देना हो, तुम अपने से ही दे देना।'

उत्सव ने आग्रह किया, 'मैडम, यह बहुत महत्त्वपूर्ण है। इसे अभी उन तक पहुँचना ज़रूरी है।'

बूढ़ी महिला अनुभवी थी और उत्सव के स्वर ने उसे आश्वस्त कर लिया। उसने वह नोट प्रबंधक के हाथों में पहुँचा दिया। उस पर लिखा था, 'सर! मैं इंटरव्यू देने वाली लाइन में इक्कीसवें स्थान पर हूँ। कृपया मुझसे भेंट करने से पहले कोई निर्णय नहीं लें।' उत्सव का उत्साह क़ाबिले-तारीफ़ था।

प्रबंधक को यह समझने में देर नहीं लगी कि उत्सव ही उसके काम के लिए उपयुक्त था। उत्सव का उत्साह ही उसे सारी भीड़ से अलग दिखाने और काम दिलवाने में सहायक सिद्ध हुआ।

प्रेरित व्यक्ति के लिए कोई समस्या बड़ी नहीं होती

कोई भी कार्य कठिनाइयों से रहित नहीं होता और लक्ष्य जितना ऊँचा होगा, राह की बाधाएँ उतनी ही अधिक होंगी। ऐसा क्या है कि कुछ लोग हमेशा आशा का दामन थामे रखते हैं, और कुछ लोग ज़ल्दी ही हार जाते हैं? प्रेरणा ही वह माध्यम है, जो जीवन की बड़ी चुनौतियों में भी हमारा मनोबल बनाए रखती है। एच. डब्ल्यू. अर्नोल्ड ने लिखा है :

> इस दुनिया में सबसे दिवालिया मनुष्य वही है, जो उत्साह हीन है। भले ही मनुष्य संसार में सब कुछ खो दे, परंतु उत्साह होगा, तो वह पुनः सफलता पा लेगा।

अगर किसी इंसान में प्रगति के लिए उत्साह नहीं है, तो उसे छोटी सी समस्या भी पहाड़ जैसी लगेगी। यदि कोई सही मायनों में लक्ष्य तक जाने के लिए प्रेरित है, तो कठिन से कठिन चुनौती भी सरल जान पड़ेगी। इसे होंडा ऑटोमोटिव एंपायर के संस्थापक, सोइचिरो होंडा के जीवन में देखा जा सकता है।

सोइचिरो होंडा का जन्म किसी धनी-मानी परिवार में नहीं हुआ था। वे मध्यम वर्गीय परिवार से थे। उनके पिता एक लोहार थे, और उनकी साइकिल मरम्मत करने की छोटी सी दुकान थी। नन्हा सोइचिरो अक्सर पिता के काम में हाथ बँटाया करता। जब वाहनों के प्रति उसके मन में लगाव बढ़ा, तो पंद्रह वर्षीय सोइचिरो स्कूल छोड़ कर, टोक्यो के नामी ऑटो रिपेयर गैराज में नौकरी करने लगा। उसने एक प्रशिक्षु के तौर पर छह साल उस जगह काम किया। उसने अपने ज्ञान और कौशल को निखारा और फिर अपना ऑटो रिपेयर का काम चालू कर लिया। काम अच्छा चल निकला पर कुछ नया करने की इच्छा अभी अधूरी थी। उन्होंने पिस्टन रिंग के कुछ नए नमूने टोयोटा कार्पोरेशन को भेजे। नमूने अस्वीकृत हुए, क्योंकि पचास में से केवल तीन पिस्टन रिंग ही गुणवत्ता जाँच में खरी उतरीं, पर इससे उनका मनोबल नहीं टूटा। उन्होंने शोध आरंभ किया, अनेक निर्माणकर्ताओं के पास गए और इंजीनियरिंग संस्थान में दाख़िला भी लिया। वे अपने मित्रों के बीच उपहास के पात्र बने। वे अक्सर चिढ़ाते, 'तुम टोयोटा कार्पोरेशन को पिस्टन रिंग बेचने का सपना देखते थे?'

हालाँकि होंडा के भीतर प्रेरणा का ऐसा गहरा स्रोत था कि उन्होंने हार मानने से इंकार कर दिया। वे अपनी नई जानकारी के बल पर, फिर से अपने नमूने पर काम करने लगे। कुछ ही समय बाद, उनका नमूना चुन लिया गया। टोयोटा कार्पोरेशन ने पिस्टन बनाने का भारी ऑर्डर दिया और कारख़ाना बनाने के लिए पूँजी का निवेश भी किया। उन्होंने अपने कुछ मित्रों के साथ मिल कर निर्माण इकाइयाँ आरंभ कीं। उनकी कंपनी चल निकली और एक समय में उनके पास दो हज़ार से अधिक लोग काम कर रहे थे।

इसी दौरान, पर्ल हार्बर की बमबारी वाली घटना हुई और नतीजतन, जापान और अमेरिका में युद्ध होने लगा। होंडा के कारख़ाने को बमबारी ने लील लिया। उन दिनों सारे सीमेंट की आपूर्ति जापान के युद्ध से जुड़े कामों के लिए की जा रही थी और संयंत्र को दोबारा बनाने के लिए सीमेंट नहीं मिल रहा था।

कारख़ाने पर बम गिरा था, परंतु श्रीमान होंडा का उत्साह ज्यों का त्यों था। उन्होंने सीमेंट बनाने का नया तरीक़ा खोज निकाला और दूसरी बार सारा कारख़ाना तैयार हुआ। उन्होंने गैसोलीन के ख़ाली डिब्बों को कच्चा माल बनाया, जो अमेरिका के विमानों ने बमबारी के दौरान गिराए थे। दुर्भाग्य से, कारख़ाना तैयार होते ही जापान में भारी भूकंप आया। होंडा का सारा व्यवसाय तहस-नहस हो गया।

उसी वर्ष आगे चल कर, जापान की पराजय के साथ युद्ध का अंत हुआ। पूरे जापान में ईंधन की कमी थी। लोगों के पास कार चलाने को ईंधन नहीं था; इसलिए टोयोटा कारों की बिक्री शून्य पर आ गई। बेचारे श्रीमान होंडा के पास भी कार का ईंधन नहीं था। उन्होंने अपनी साइकिल में ही मोटर लगाई और पहली मोटरसाइकिल तैयार हुई। उनके पड़ोसी यह देख कर हैरान हुए और उनसे आग्रह किया कि वे उनकी साइकिल में भी ऐसी मोटर लगा दें। जब उन्होंने कुछ दर्जन मोटरसाइकिल तैयार कर लीं, तो उन्हें लगा कि यह तो कमाल का उपाय था; जिसे बाज़ार में बेचा जा सकता था।

उनका उत्साह देखने योग्य है! उन्होंने जापान के आठ हज़ार साइकिल डीलरों की सूची निकाली। फिर उनमें से पाँच हज़ार डीलरों को अपने हाथों से व्यावसायिक प्रस्ताव लिख कर भेजा। उनमें से अठारह सौ लोगों ने प्रत्युत्तर दिया और काम के लिए पूँजी लगाने को मान गए। उन्होंने प्लांट लगाया और फ़ैक्ट्री में मोटरसाइकिल तैयार की गईं। वह बहुत अच्छी नहीं चली, क्योंकि उसका आकार बड़ा था। फिर भी श्रीमान होंडा ने हिम्मत नहीं हारी। उन्होंने उसका छोटा संस्करण तैयार किया और वह ख़ूब सफल रहा। इसके बाद, उन्होंने कभी पीछे मुड़ कर नहीं देखा। उनका एंपायर वैश्विक हो गया और उनके ही जीवनकाल में, उनके संगठन में, दुनिया भर से लाख आदमी रोज़गार पा रहे थे। इसके बाद यह संख्या और भी बढ़ी।

होंडा की सफलता का रहस्य यही था कि उनके पास उत्साह की मानसिकता थी। यह वही रवैया है, जो किसी भी इंसान को कठिनाइयों के बीच चलना सिखाता है। अगर इंसान जीवन में प्रेरणा के सिवा सब कुछ खो दे, तो भी वह सब कुछ वापस पा सकता है, परंतु जीवन में प्रेरणा नहीं रही, तो सब समाप्त हो जाएगा। इस प्रकार यह अमृत ही मनुष्य को कठिन समय में बल प्रदान करता है।

आध्यात्मिक उन्नति का पथ भी कोई कम कठिनाइयों से नहीं भरा है। हमें इन सभी विशाल पर्वतों जैसी कठिनाइयों को लाँघ कर ऊँचाइयों तक जाना होगा। इसके दौरान, प्रेरणा ही वह जीवन बीमा है, जो सुनिश्चित करता है कि हम हार नहीं मानेंगे। वैदिक दर्शन के महानतम ऋषियों में से एक, महर्षि पतंजलि ने कहा है :

तीव्र संवेगानामासन्नः (*पतंजलि योग दर्शन* 1.21)

'आध्यात्मिक उन्नति के लिए पूरी ऊर्जा के साथ प्रयत्न करें।' बाइबल में भी जीसस ने अपने अनुयायियों को यही परामर्श दिया है :

> तो चूँकि तुम हल्के गरम हो - ना बहुत ठंडे और ना तेज़ गरम - अब मैं तुम्हें अपने मुख से बाहर फेंकने वाला हूँ।
>
> (रिवेलेशन्स 3.16)

हमने भौतिक व आध्यात्मिक लोक की गतिविधियों के बीच सफलता के लिए प्रोत्साहन के महत्त्व को देखा। आइए, अब प्रोत्साहन के विज्ञान को समझें।

क्या प्रेरणा एक ऐसा उपहार है, जो जन्मजात है?

हम स्वयं को इस उपहार से जोड़ कर, अपने भीतर छिपे असीम भंडार को कैसे पा सकते हैं? क्या कुछ लोग प्रेरित मानसिकता के साथ जन्मते हैं या इसे विकसित कर सकते हैं? निम्नलिखित कहानी से आपके प्रश्न का उत्तर मिल सकता है :

कारख़ाने में काम करने वाला एक मज़दूर रोज़ अपने काम पर पैदल जाता था। उसका प्लांट घर से एक घंटे की दूरी पर था। वह शाम की पाली में, 4 बजे से आधी रात 12 बजे तक काम करता था। पाली पूरी करने के बाद रात को एक घंटा पैदल चल कर, वह एक बजे सुबह घर पहुँचता।

कारख़ाने और घर के बीच का रास्ता एक क़ब्रिस्तान से हो कर गुज़रता था। एक रात, छोटे रास्ते से जाने के ख़याल से, वह क़ब्रिस्तान से हो कर निकला और इस तरह वह बीस मिनट पहले घर पहुँच गया। इस दौरान कुछ भी अवांछित नहीं हुआ। उसे कोई भूत-प्रेत भी नहीं मिले। उसने तय किया कि वह रोज़ उसी छोटे रास्ते से आया-जाया करेगा। वह तो एक बढ़िया उपाय था। इसी तरह वह रोज़ रात को वहीं से वापसी करने लगा।

एक दिन, रास्ते के बीच एक नई क़ब्र खोदी गई थी। अमावस की अंधियारी रात थी, जब वह क़ब्रिस्तान से हो कर निकला, तो अनजाने में ही वह उस गहरे गड्ढे में जा गिरा। उसमें गिरने के बाद उसे अहसास हुआ कि वह ताज़ा खोदी हुई क़ब्र में गिरा है। उसने बाहर निकलने की बहुत कोशिश की। हालाँकि उसकी दीवारें आठ फ़ीट ऊँची थीं और वह ख़ुद को इतना नहीं उठा पा रहा था। फिर उसने तय किया कि कोई सहायता मिलने तक रात वहीं काटनी होगी, वह सुबह के समय किसी राहगीर के गुज़रने की प्रतीक्षा कर लेगा।

लगभग बीस मिनट बाद एक और राहगीर उस क़ब्र के पास से निकला। वह पियक्कड़ भी क़ब्र को नहीं देख सका और उसमें आ गिरा। जब उसे बात समझ आई, तो उसके रोंगटे खड़े हो गए। ओह! अगर उसके आसपास भूत-प्रेत हुए तो क्या होगा? वह किसी तरह बाहर निकलने की कोशिश करने लगा पर सफल नहीं हो पाया।

क़ब्र के दूसरे कोने में बैठा मज़दूर देख रहा था कि कैसे वह पियक्कड़ भी क़ब्र में गिरा और अब बाहर निकलने की नाकाम कोशिश कर रहा था। उसने उसे दिलासा और सलाह देने के लिए पीछे से अपना हाथ उसके कंधे पर रख कर कहा, 'दोस्त, कोशिश बेकार है, तुम अपने-आप इस जगह से नहीं निकल सकते...'

यह पियक्कड़ के जीवन का सबसे डरावना क्षण था। वह तो क़ब्र से बाहर निकलने की कोशिश में था और जाने कहाँ से कोई अनजान जीव उसके कंधे पर हाथ रख कर कह रहा था कि वह बाहर नहीं आ सकता। उसे अहसास हुआ कि वह गहरी मुसीबत में है और उसकी मदद के लिए कोई नहीं है। उसे अचानक ही भीतर से असीम शक्ति उमड़ती महसूस हुई और एक ही क्षण में, पीछे वाले व्यक्ति का वाक्य पूरा होने से पहले, वह क़ब्र से बाहर हो गया।

यह प्रसंग हमें सिखाता है कि किस तरह परिस्थितियों के साथ प्रोत्साहन में भी परिवर्तन आ जाता है। कारख़ानों के प्रबंधक भुनभुनाते हैं कि उनके कर्मचारी उत्साह हीन हैं, परंतु उन्हीं लोगों को शुक्रवार की शाम वापस घर जाते हुए देखें। उनके क़दमों में एक अलग ही अदा और होंठों पर एक गीत होता है। जो यह दिखाता है कि उनके भीतर भी जोश और उमंग भरा हुआ है, परंतु वह उनके काम के लिए नहीं है। अक्सर माता-पिता बच्चों के प्रोत्साहित नहीं होने की शिकायत करते हैं, परंतु क्या यह तब भी सच होता है, जब वे सप्ताह के अंत में अवकाश मनाने के लिए अपना बैग तैयार करते हैं? उनके भीतर उमंग और जोश है, परंतु अपनी पढ़ाई के लिए नहीं है।

इस तरह, हम और हमारे संपर्क में आने वाले दूसरे लोग, अगर इस रहस्य को जान लें, तो वे भी प्रेरित हो सकते हैं :

एक भक्त अपनी समस्या ले कर मेरे पास आया। उसने कहा, 'स्वामीजी, मैं अपने व्यवसाय में मानवीय संबंधों से जुड़ी समस्या से बहुत परेशान हूँ। मेरे नीचे काम करने वाले कर्मचारी का प्रदर्शन दोयम दर्जे का है, और यह हमारी कंपनी को प्रभावित कर रहा है। मैं अक्सर उसे काम से निकालने की धमकी देता हूँ, पर वह अपने बूढ़े माता-पिता का हवाला देने लगता है और कहता है कि अगर नौकरी नहीं रही तो उनका पेट कैसे भरेगा। मैं उसकी इन्हीं बातों में आ जाता हूँ। मन दुविधा में है। मुझे क्या करना चाहिए?'

मैंने कहा, 'उसे काम से फ़ायर करने के बजाए काम के लिए प्रेरित करो। उसे काम के लिए उत्साह और उमंग से भर दो।' मैंने उसे कुछ बातें सिखाईं, जिनसे वह अपने अधीनस्थ के मन में काम के लिए ललक जगाने में क़ामयाब रहा। एक महीने बाद, वह भक्त मेरे पास वापस आया और बोला, 'स्वामीजी, आपने ठीक कहा था।

वह बहुत बदल गया। अब वह जिस स्तर पर काम कर रहा है, वह पूरी कंपनी के लिए आदर्श बन गया है। मैं उसे किसी भी हाल में नहीं खोना चाहूँगा।'

अब हम देखेंगे कि हम दूसरों के और अपने जीवन में ऐसी प्रेरणा का भाव कैसे पैदा कर सकते हैं?

ऐसी कौन-सी बातें हैं, जो हमें निरुत्साहित करती हैं?

संगठनात्मक मनोविज्ञानियों ने उन कारणों का अध्ययन किया, जो कार्पोरेशनों में काम के लिए लोगों के उत्साह पर नकारात्मक प्रभाव डालते हैं। उन्होंने निम्नलिखित कारण खोजे :

- किसी ऐसे व्यक्ति को पुरस्कृत होते देखना, जिसका प्रदर्शन बेहतर नहीं हो
- असफलता का भय
- नकारात्मक आलोचना
- दिशा का अभाव
- अधिकार के बिना उत्तरदायित्व
- गुणवत्ता के बुरे मापदंड
- माप योग्य उद्‌देश्यों का अभाव
- प्राथमिकताओं का अभाव
- अन्यायपूर्ण व्यवहार
- निर्देशों में बार-बार बदलाव
- सार्वजनिक अपमान

यह सूची पूरी तरह से समझ आती है। अनुभव हमें बताता है कि ये सभी कारण लोगों पर नकारात्मक असर डालते हैं। इसी वजह से निजी प्रबंधन में इनसे बचा जाना चाहिए।

जो भी हो, प्रोत्साहन का विज्ञान इतना सरल नहीं है। ये सभी कारण, जो कुछ लोगों के लिए निरुत्साह का कारण हो सकते हैं, ये ही दूसरों में प्रेरणा का संचार भी कर सकते हैं। यही कारण है कि आपको सभी प्रकार के लोगों की बातें सुननी चाहिए :

- 'मेरे बजाए मेरे सहकर्मी को ग़लत तरीक़े से पदोन्नित दी गई। अब मैं उन्हें दोगुना काम करके दिखा दूँगा कि वह मुझसे बेहतर नहीं है।'

- 'उसने मेरे प्रदर्शन की आलोचना की। अब मैं उसे इतना सफल बन कर दिखाऊँगा कि उसे अपने शब्द वापस लेने होंगे।'
- 'संगठन को मेरे काम की क़द्र नहीं है। अब मैं इन्हें और मेहनत करके दिखा दूँगा कि मैं क्या हूँ।'
- 'मुझे सार्वजनिक रूप से अपमानित किया गया। मैं अपने जीवन को बदल कर, उन सबको जवाब दूँगा, जो मेरा उपहास कर रहे थे।'

जो हालात कुछ लोगों के लिए प्रेरणा का अभाव थे, वही कुछ लोगों को प्रेरित कर गए। क्या प्रेरणा का विज्ञान अस्पष्ट है? हमें इस विषय की गहराई में जाना होगा।

दो भाइयों पर हुए शोध से कुछ ऐसे ही नतीजे सामने आए :

दो भाई कनाडा के टोरंटो नामक शहर में रहते थे। बड़े भाई का जीवन बर्बाद हो चुका था। वह नशेड़ी था। दिन-रात नशे में खोया रहता। वह अपनी पत्नी से मार-पिटाई करता था। किसी भी काम-धंधे में नहीं टिक सका। अपने बॉस पर हमला करने के चक्कर में जेल की हवा भी खा चुका था।

वहीं दूसरी ओर, उसका छोटा भाई अपना जीवन अच्छी तरह जी रहा था। उसकी सेहत अच्छी थी। बच्चे अच्छी तरह पेश आते थे। नौकरी में वेतन अच्छा मिलता था, बॉस संतुष्ट था, और पड़ोसी सहायक थे।

समाज विज्ञानी यह जानने को उत्सुक थे कि वे दोनों भाई एक ही माहौल में पले, पर वे इतने अलग कैसे थे। उन्होंने बड़े भाई से पूछा कि वह जीवन में असफल क्यों रहा।

'मैं और कर भी क्या सकता था? मेरे पिता एक पियक्कड़ थे और अड़तीस साल की उम्र में जिगर की बीमारी से चल बसे। मैं उन्हें बचपन से शराब पी कर हल्ला करते और परिवार के सदस्यों पर हाथ उठाते देखते आया था। ऐसे ख़राब पारिवारिक माहौल में पल कर, मेरा उनकी तरह पेश आना स्वाभाविक ही था।

समाज विज्ञानी ने कहा? 'यह सही कह रहा है। इसके लालन-पालन में ही कमी थी।' उन्होंने उसके छोटे भाई से पूछा कि उसका जीवन इतना सफल क्यों रहा।

'मैं पियक्कड़ कैसे बन सकता था? जब मैं बड़ा हो रहा था, तो पिता को रोज़ शराब पीते देखता था। वे बीमार हुए, नौकरी नहीं रही और घर की शांति जाती रही। उनकी ग़लतियों को देख कर मैंने सबक़ लिया कि जीवन में ये भूलें नहीं दोहराऊँगा।'

समाज विज्ञानी बोला, 'यह ठीक कह रहा है। इसने अपने पिता की भूलों से सबक़ लिया।'

दोनों भाई एक ही परिवार में पले-बढ़े और एक जैसे ही हालात का सामना किया। फिर भी बड़ा भाई मायूस रहा और छोटे को एक बेहतर जीवन जीने की प्रेरणा मिली।

तो प्रेरणा का रहस्य क्या है? अगर आप इस प्रश्न को गूगल करें, तो आपको खोखले से उत्तर मिलेंगे; जो व्यवहार से जुड़े निर्देशों - क्या करें? व क्या नहीं करें? पर आधारित होंगे। ये सभी सहायक हैं, परंतु कृत्रिम हैं। दुर्भाग्य से, ऐसा लगता है कि प्रोत्साहन का यह इतना महत्त्वपूर्ण विज्ञान, संसार के लिए अब भी एक रहस्य ही है। आइए, एक-एक चरण को पूरा करते हुए इस रहस्य को खोलें। यह ध्यान रखें कि आप तर्कशक्ति का प्रयोग करते चलेंगे।

आंतरिक बनाम बाहरी प्रोत्साहन

लोग अलग-अलग तरीक़ों से प्रेरित होते हैं। कुछ लोगों के लिए बाहरी इनाम काफ़ी होता है। मिसाल के लिए, अगर उनका बॉस तारीफ़ करे, तो वे प्रेरित होते हैं; अगर उनके प्रयास समाज को दिखें, तो वे प्रेरित होते हैं। इस तरह उनके लिए प्रोत्साहन बाहरी होता है। ऐसी मानसिकता के साथ परेशानी यही है कि अगर कल को उनका बॉस उनकी निंदा करेगा, तो वे हतोत्साहित होंगे। अगर उनकी उपलब्धियों को समाज में नहीं सराहा गया, तो वे काम नहीं कर सकेंगे।

दूसरे शब्दों में, बाहरी इनाम ही उनके उत्साह की कुंजी है। उनके लिए पूरी तरह से प्रोत्साहित होने के लिए, बाहरी तौर पर कुछ घटना आवश्यक है। हालाँकि इसी कुंजी का विपरीत दिशा में भी प्रयोग किया जा सकता है, उनके आवेग पर ताला लग सकता है।

इसके विपरीत कुछ लोग आंतरिक रूप से प्रोत्साहित होते हैं। वे अपने भीतर प्रेरक विचार, मूल्य, विश्वास और लक्ष्य पैदा करते हैं। बाहरी हालात अनुकूल हों या प्रतिकूल, इससे उन्हें कोई अंतर नहीं पड़ता। उनके पास अपने भीतरी स्रोत को जगाने की क्षमता होती है, जिसके बल पर वे स्वयं को उत्कृष्टता, उन्नति और सफलता की ओर ले जाते हैं।

ऐसे आंतरिक रूप से प्रोत्साहित लोगों पर बाहरी परिस्थितियों का कोई प्रभाव नहीं होता। विपरीत परिस्थितियाँ और नकारात्मक व्यक्ति उनका मनोबल नहीं तोड़ पाते। वे सदा उत्साह से भरपूर रहते हैं, वे बहुत आसानी से जीवन की सागर रूपी लहरों से पार हो जाते हैं।

इस बिंदु को विस्तार से समझाने के लिए, मैं आपके साथ आंतरिक प्रेरणा का निजी पाठ बाँटना चाहूँगा, जो मुझे मेरे आध्यात्मिक गुरु ने सिखाया था।

जगद्गुरु श्री कृपालुजी महाराज के शिष्यत्व में, मैंने वैदिक ग्रंथों का पारायण आरंभ किया। वे चाहते थे कि मैं भविष्य में इस ज्ञान को दूसरों के कल्याण हेतु प्रसारित करूँ।

उनके प्रति समर्पित भाव के साथ मैंने विवेक और प्रज्ञा के प्राचीन ग्रंथों के अध्ययन में स्वयं को डुबो दिया, और उपनिषद और पुराण आदि मनोयोग से पढ़ने लगा। मेरे पास भाषण कला का कोई अनुभव नहीं था; इसलिए मुझे लगा कि सब लोगों के आगे बोलने का अभ्यास करना भी हितकर होगा। दरअसल, समस्या यह थी कि हमारे आश्रम में श्रोता नहीं थे। मैं दीवार को सुनाते हुए अपना अभ्यास करता। परंतु केवल एक सूनी दीवार के आगे वैदिक दर्शन के गूढ़ रहस्यों को प्रकट करने से अधिक निरुत्साहित करने वाली बात क्या हो सकती थी।

मैंने गुरु के पास जा कर आग्रह किया; 'महाराजजी, क्या आप आश्रम से किसी को नियुक्त कर सकते हैं कि वह रोज़ आधा घंटा बैठ कर मुझे सुने?' यह तो बहुत नाजायज़ माँग थी, क्योंकि उस जगह आश्रम में थोड़े ही लोग रहते थे, जो हमेशा अपने कामों में व्यस्त रहते।

हालाँकि महाराजजी ने इस अवसर का सदुपयोग करते हुए मुझे जीवन का एक अनमोल पाठ दिया। वे बोले, 'मेरे बच्चे, प्रेरणा का अभाव या लापरवाही बाहर से नहीं आती। यह आपके भीतर से उपजते हैं, और इन्हें भीतर से ही दूर कर सकते हैं।'

महाराजजी ने, मुझे वेदों से एक मंत्र भी दिया :

सा यथा कामो भवति, तत क्रतुर भवति
यत क्रतुर भवति, तत कर्म कुरुते
यत् कर्म कुरुते, तद् अभिनिषपद्यते।

यह मंत्र कहता है कि अगर आप अपने भीतर तीव्र इच्छा पैदा कर लेते हैं, तो आप दृढ संकल्प कर सकेंगे। फिर आप भरपूर प्रयत्न करते हुए प्रगति करेंगे। परंतु यदि आपकी इच्छा मंद हुई, तो संकल्प भी दुर्बल होगा। संकल्प दुर्बल होगा, तो आपका प्रयत्न भी पूरा नहीं पड़ेगा और आपकी प्रगति अच्छी नहीं हो सकेगी।

महाराजजी ने मुझे निर्देश दिया कि मैं आजीवन इस सूत्र को याद रखूँ। तब मैं समझ गया कि मैं जो निरुत्साहित होने का अनुभव कर रहा था। उसका मूल मेरे भीतर था और उसे समाप्त करने की क्षमता भी मेरे पास ही थी। नतीजतन, मैंने एक दृढ़ संकल्प के साथ स्वयं को कार्य में लगा दिया और एक दीवार को भी ऊर्जा से भरपूर सार्थक व्याख्यान देने में सफल रहा। इसके बाद मैंने पाया कि मैं

आश्रम के पास मक्का के खेतों, पेड़ों, भेड़ों, गौओं, सिंचाई की नहर और धरती की हर चीज़ के आगे बड़ी आसानी से अपनी बात रख सकता था। ऐसा लगता था कि भीतर से अनंत प्रेरणा का स्रोत फूट पड़ा हो। मैं पूरा एक वर्ष आश्रम में अध्ययनरत रहा, उस दौरान मैं प्रतिदिन पूरे उत्साह के साथ उन श्रोताओं को प्रवचन देता रहा, जो वहाँ थे ही नहीं।

इस तरह, हम देख सकते हैं कि आंतरिक प्रेरणा, बाहरी प्रेरणा से कहीं अधिक विश्वसनीय हो सकती है। इस पर परिवेश का प्रभाव नहीं होता और हम इसे अपनी इच्छा से कभी भी जाग्रत कर सकते हैं। अगर हम इसे पा सकें, तो हम पाएँगे कि यह हमारे भीतर ऊर्जा का कभी नहीं समाप्त होने वाला अनंत और अक्षय कोष है।

अपने-आप को आंतरिक रूप से प्रोत्साहित करने के लिए क्या किया जा सकता है?

आंतरिक प्रोत्साहन की कुंजी

जब हमारे पास अपने लक्ष्य तक जाने के लिए ठोस तर्क व कारण होते हैं, तो हमें उन्हें पूरा करने के लिए भीतर से प्रेरणा मिलती है, जैसे - 'मुझे यह सब क्यों करना है?', 'ऐसा करने से क्या हासिल होगा?' या 'अगर यह लक्ष्य पूरा नहीं किया, तो क्या हानि होगी?' यह सभी लक्ष्यों के लिए सत्य है, चाहे वे काम से जुड़े हों, आहार से संबंधित हों या आपके आत्म-सुधार से संबंध रखते हों। इस नियम को समझाने के लिए एक प्रसंग सुनाया जा रहा है :

दिल्ली का एक सेल्समैन अपना माल बेचने के लिए शिमला गया। उसने राह में एक सराय में रात काटी। अगली सुबह उसने देखा कि बाहर, तो भारी बर्फ़बारी हो चुकी थी और सारी सड़क सफ़ेद हुई पड़ी थी।

सेल्समैन ने सराय वाले से पूछा, 'क्या तुम्हें लगता है कि मैं ऐसे हालात में बाहर जा कर अपना माल बेच सकता हूँ?'

सराय वाले ने उत्तर दिया, 'श्रीमान, इस बात पर निर्भर करता है कि आप वेतन पर काम करते हैं या आपको कमीशन मिलता है?

यह वास्तव में हालात का सच्चा विश्लेषण है। एक सेल्स मैन वेतन के आधार पर काम करता हो, तो वह बर्फ़बारी के बीच काम करने के लिए प्रेरित नहीं होगा। वह संभावित ग्राहकों तक नहीं जाना चाहेगा। परंतु कमीशन पर काम करने वाले को हर बिकी हुई वस्तु पर कमीशन मिलता है; इसलिए वह किसी भी हालात में बाहर जा कर अपना काम करना चाहेगा। एक दूसरे प्रसंग में भी इसी नियम को रेखांकित किया गया है :

मध्य यूरोप के एक राजा को यह जान कर सदमा लगा कि उसकी पत्नी उससे विश्वासघात कर रही थी। उसका संबंध महल के ही एक नौकर से था। राजा ने सोचा कि इस मामले को कूटनीति से सुलझाना होगा। उसने रानी को दंड देने के बजाए नौकर को बुलाना बेहतर समझा।

उसने नौकर को बुलवाया और उसका किया, सबके सामने लाया गया। फिर राजा ने अपना फ़ैसला सुनाया। 'मैंने तय किया कि तुम्हें जान बचाने का एक मौक़ा दिया जाएगा। तुम और मैं आपस में मुक़ाबला करेंगे। अगर मैं हारा, तो तुम्हें मरना होगा; वरना तुम मेरी तलवार की धार से मरोगे।' राजा ने सोचा कि नौकर को हथियार चलाना नहीं आता; इसलिए उसे हराना तो बच्चों का खेल होगा।

दोनों ने तलवारें और ढाल लीं और लड़ने लगे। राजा ने देखा कि नौकर में ग़ज़ब की मानसिक तीक्ष्णता थी। वह राजा के दाँव आसानी से भाँप कर, उनसे अपना बचाव कर रहा था। उसने अपने पैरों की गति और तेज़ी से राजा को चकित कर दिया। उसके वार में भी बड़ी शक्ति थी।

धीरे-धीरे राजा हारने लगा। पंद्रह मिनट बाद, उसे अहसास हो गया कि वह हारने वाला है। उसने अपना अधिकार जताते हुए लड़ाई रोक दी और बोला, 'बस, बहुत हुआ। मैं तुम्हें क्षमा करता हूँ। तुम मेरा महल छोड़ कर जा सकते हो। पर आज के बाद मेरे राज्य में पैर मत रखना।'

बाद में राजा ने अपने सेनापति से पूछा, 'वह नौकर मेरा मुक़ाबला कैसे कर सका, उसे तो युद्ध कला भी नहीं आती थी? मुझे तो लगा था कि उसे पराजित करना बच्चों का खेल होगा?'

सेनापति ने कहा, 'महाराज, मुझे तो पहले से ही संदेह था। आपके लिए तो यह एक खेल था। आपके मन में प्रदर्शन के लिए कोई प्रेरणा नहीं थी। परंतु नौकर के लिए तो जीवन-मरण का प्रश्न था। उसे तो अपनी ओर से पूरा ज़ोर लगाना ही था। वरना उसकी जान पर बन आती; इसलिए मैंने अनुमान लगा लिया था कि उसे पराजित करना आपके लिए सरल नहीं होगा।'

यह प्रसंग हमें प्रोत्साहन के रहस्य की अंतर्दृष्टि देता है। नौकर के पास जीतने के लिए सशक्त कारण था। यह उसके लिए उत्तरजीविता का प्रश्न था और वह इसे गँवा नहीं सकता था। वहीं दूसरी ओर राजा के पास अपनी ओर से बेहतर प्रयत्न करने के लिए कोई प्रेरणा नहीं थी। उसके लिए यह एक खेल भर था।

आंतरिक प्रेरणा पानी है, तो आपके पास किसी काम को करने के लिए एक 'क्यों?' होना चाहिए। अगर आप एक स्वस्थ डाइट का पालन करना चाहें, तो आपको उसके लाभों के प्रति आश्वस्त होना चाहिए। आपको यह भी यक़ीन होना चाहिए कि

आपको उससे कोई हानि नहीं होगी। एक मजबूत 'क्यों?' होने से आपको उस कड़ी डाइट को अपनी दिनचर्या का हिस्सा बनाने में परेशानी नहीं होगी।

इसी तरह अगर आप कड़ी व्यायाम दिनचर्या के लिए प्रेरित होना चाहते हैं, तो उसके लिए एक उद्‌देश्य की खोज करें। यह लिखें कि नियमित व्यायाम करने से आपको क्या-क्या लाभ होंगे। इसके अलावा यह भी लिखें कि अगर आपने व्यायाम नहीं किया, तो आपको क्या-क्या हानि हो सकती है। अगर आपके पास भरपूर कारण होंगे, तो आप उसे निभाने के लिए पूरी तरह से उत्साहित होंगे।

अब ऐसा लगता है कि हमने प्रेरणा के रहस्य को जान लिया है। क्या आप जानते हैं कि वह क्या है? हम किसी भी काम को करने के लिए तब प्रेरित होते हैं, जब हमारे पास उसे करने के लिए कोई 'ठोस कारण' होता है। साथ ही हम उससे मिलने वाले लाभों से भी अच्छी तरह 'परिचित' होते हैं।

परंतु अभी ऐसा लगता है कि यह जानकारी अधूरी है। 'क्यों?' का उत्तर जानना ही काफ़ी नहीं है। अक्सर हम जानते हैं कि संतुलित आहार करना कितना ज़रूरी है, हमें यह भी पता है कि नियमित व्यायाम करने से क्या लाभ होगा, परंतु हम फिर भी उसका पालन नहीं करते। तथ्यों को जानने के बाद भी हम आलस्य से घिरे रहते हैं या ग़ैर-सेहतमंद भोजन करते हैं।

क्या ऐसा हमेशा नहीं होता? हम जो जानते हैं और जो करते हैं, इन दोनों के बीच गहरी खाई है। इस तरह किसी काम को करने के लिए एक सशक्त कारण ही बहुत नहीं है। क्यों? जाहिर है इस प्रोत्साहन की पहेली को सुलझाने के लिए कोई और तथ्य भी होगा।

बुद्धि में समुचित ज्ञान को सक्रिय करना

हमें समझना होगा कि मनुष्य की बुद्धि कैसे काम करती है? यह उस पात्र की तरह है, जिसमें किसी विषय पर बहुत सारी जानकारी भरी है। हम जो भी सुनते, पढ़ते या देखते हैं; वह सब इसमें जमा हो जाता है। इस तरह बुद्धि में किसी भी विषय पर जानकारी के बहुत सारे अंश भरे होते हैं। हम जो भी अंश उठाते हैं, ज्ञान का वही भाग सक्रिय हो जाता है।

मिसाल के लिए, हम ध्यान के लाभ जान सकते हैं, फिर भी हो सकता है कि अभ्यास के लिए मन में उत्साह नहीं हो, क्योंकि वह ज्ञान सुप्त अवस्था में है। अब अगर हम ज्ञान को सचेतन अवस्था में ले आएँ, तो प्रेरणा का स्रोत खुल जाएगा। इसे एक ख़ूबसूरत उदाहरण के साथ समझने का प्रयास करें, जिसे बाँटना मुझे बेहद प्रिय है :

दस वर्षीया ललिता के माता-पिता बहुत परेशान थे, क्योंकि उनकी बच्ची का ध्यान पढ़ाई में नहीं लगता था। वे उससे इसका कारण पूछते, तो वह कहती कि वह पढ़ाई में मन नहीं लगा पाती - उसका मन इधर-उधर भटकता रहता है। ललिता और उसके माता-पिता, सभी उसके लिए बहुत चिंतित थे।

हालाँकि जब वही ललिता परीक्षा देने गई, तो उसने अपने मन को अपने अधीन कर लिया। उसने पूरे तीन घंटे तक अपना ध्यान भटकाए बिना प्रश्नों के उत्तर दिए। जब समय समाप्त हुआ, तो परीक्षक को उससे उत्तर पुस्तिका छीननी पड़ गई।

ललिता का मन इतना एकाग्र कैसे हो गया? जबकि वह पूरा साल यही शिकायत करती रही थी कि उसका पढ़ाई में मन नहीं रमता था। ऐसा इसलिए हुआ, क्योंकि उसकी बुद्धि गहराई में कहीं सचेत थी कि वे तीन घंटे बहुत ही महत्त्व रखते थे। वह अच्छी तरह जानती थी कि उन तीन घंटों की लापरवाही के कारण पूरा साल फिर से उसी कक्षा में बिताना होगा। इसी ने उसके मन को पूरी गहराई से ध्यान लगाने के लिए प्रेरित किया।

अगर एकाग्रता का वही स्तर पूरा वर्ष बना रहता, तो शायद वह लड़की नैशनल मैरिट स्कॉलर कहलाती। हालाँकि सारा साल उसकी बुद्धि इसी तरह के विचारों में लगी रही, 'पढ़ना इतना ज़रूरी नहीं है। मेरे माता-पिता को ऐसा लगता है, पर वे कुछ नहीं जानते। वे नहीं समझते कि मेरे लिए सहेलियों के साथ खेलना ज़्यादा ज़रूरी है।'

जब बुद्धि का निर्णय ही कुछ अलग था, तो मन के पास केंद्रित रहने का उपाय ही नहीं था। भले ही वह कुछ देर को एकाग्र भी होता, तो बुद्धि उसे दूर झटक देती। 'इस बात में कोई प्रसन्नता नहीं है। अपनी सहेलियों के बारे में सोच। उनके साथ से ही तुम्हें सच्ची प्रसन्नता मिलेगी।'

यह उदाहरण दिखाता है कि बुद्धि किस सीमा तक मन को निर्देशित कर सकती है। भगवद् गीता ने बार-बार इसे *बुद्धि योग* कहा है। भगवान श्रीकृष्ण कहते हैं :

बुद्धि-योगम उपाश्रित्य मच्चित्तं सततं भव (18.57)

'बुद्धि के योग में शरण ले कर, अपनी चेतना को सदा मुझमें लगाए रख।'

यही नियम तब भी लागू होता है, जब हम प्रलोभनों को रोकने के लिए भी प्रेरणा पा लेते हैं। मिसाल के लिए, हम भले ही कम चीनी खाना चाहें, पर पता लगता है कि हमारे भीतर आत्म-संयम का अभाव है। इस तरह जब हमारी जीभ वह स्वाद पाना चाहती है, तो हम स्वयं को रसगुल्लों और गुलाब जामुनों के स्वाद से दूर नहीं रख पाते।

हमारे आत्म-संयम को बढ़ाने का एक ही उपाय है - हमें यक़ीन होना चाहिए कि सफ़ेद चीनी विष के समान है, और फिर हमें इस जानकारी को अपनी सचेतन अवस्था में रखना होगा। तब हमें मीठी वस्तुओं के सामने रखे होने पर भी उन्हें त्यागने की प्रेरणा मिलेगी।

निष्कर्ष यही है कि प्रेरित होने के लिए हमें दो कार्य करने होंगे : 1. हमारी बुद्धि को किसी चीज़ के लिए आश्वस्त करना होगा 2. ज्ञान को बार-बार दोहराते हुए सक्रिय रखना (चिंतन)।

स्वयं को आध्यात्मिक पथ पर प्रेरित कैसे करें?

लोग अक्सर अपने प्रोत्साहन के अभाव को मेरे आगे समस्या की तरह पेश करते हैं। वे कहते हैं, 'स्वामीजी, इन दिनों भक्ति साधना में मन नहीं लगता। इस लापरवाही से उबरने का क्या उपाय हो सकता है?'

इस आलस्य को आसानी से भगाया जा सकता है। पहले हमें यह समझना होगा कि भक्ति साधना में रुचि घटने और बढ़ने का कारण क्या है? कारण यह है कि हमारा भौतिक मन तीन गुणों के अधीन है- सात्विक, राजसिक और तामसिक।

जब मन सात्विक होता है, तो हम सोचते हैं, 'मैं धन्य हूँ कि मनुष्य जन्म पाया और मुझे इस सुनहरे अवसर का प्रयोग करना चाहिए। मुझे अनुशासन, साधना और भक्ति की ओर प्रवृत्त होना चाहिए।'

हालाँकि कुछ समय बाद मन राजसिक प्रवृत्ति में आ जाता है। तब हमें लगता है, 'मुझे साधना का अभ्यास करना चाहिए, परंतु इतनी ज़ल्दी क्या है? फिर कभी कर लेंगे।' इस तरह बेपरवाही का भाव आ जाता है।

फिर कुछ समय बाद हम स्वयं को अपने सांसारिक मित्रों, टी.वी. और फ़िल्मों के तामसिक परिवेश में पाते हैं। तब हम सोचते हैं, 'दूसरे सांसारिक सुखों का आनंद ले रहे हैं। मैं स्वयं को इनसे दूर क्यों रखूँ? मैं वृद्धावस्था में भक्ति का अभ्यास कर सकता हूँ, अभी नहीं।'

अगर आप भी इन्हीं भावों के सागर में गोते लगाते हैं, तो जान लें कि ऐसा होना स्वाभाविक है। हर किसी के मन में सारे दिन में और दिन-प्रतिदिन भक्ति भावना के विभिन्न स्तर उमड़ते रहते हैं। परंतु इसका अर्थ यह नहीं कि हमारे भीतर का उत्साह मंद ही रहना चाहिए। हमें अपनी बुद्धि का प्रयोग करते हुए मन का आलस दूर करना चाहिए और यह एक लंबी प्रक्रिया नहीं है। **हम अपने मन को एक क्षण में दूसरी ओर प्रवृत्त कर सकते हैं। बस हमें बुद्धि को उचित ज्ञान देना होगा, फिर मन को प्रवृत्त करना होगा कि वह वैसे ही भाव पैदा करे।**

उदाहरण के लिए, हमारे मनुष्य रूप के बारे में सोचें। जीवन में चौरासी लाख योनियों का अस्तित्व है। हमारी आत्मा अलग-अलग जीवन काल में विभिन्न शरीर धारण करती रहती है।

कबहुँक करि करुना नर देहि देत ईस बिनु हेतु सनेही

(रामचरित मानस)

'यह एक दुर्लभ अवसर होता है, जब प्रभु अपनी करुणावश आत्मा को मानुष का जन्म देते हैं।' इसका अर्थ है कि इस जन्म में हमें एक दुर्लभ वरदान मिला है, जो कई जन्मों के बाद आता है।

हमें जो मिला है, उसकी विशेषता को जानें। सभी जीव अपनी जेनेटिक संरचना के अनुसार ही होते हैं। जब सर्दियों का मौसम होता है, तो दक्षिण वाले पंछी उत्तर की ओर उड़ान भरते हैं। तब वे पूर्व या पश्चिम की ओर नहीं जाते। क्यों? क्योंकि उनके जीन्स इसी तरह प्रोग्राम किए गए हैं। परंतु हम इंसानों के पास यह चुनाव है कि हम पूर्व, पश्चिम, उत्तर या दक्षिण; कहीं भी जा सकते हैं। ईश्वर ने हमें चुनाव की क्षमता दी है।

इसके अलावा, हमारे पास ज्ञान का विशेष भंडार है। यह हमारे विवेक को जाग्रत करता है, जो पशुओं के पास नहीं होता। मनुष्य परम सत्य की खोज कर सकता है, परंतु पशुओं के पास जीवन के उद्देश्य के बारे में विचार का भी चुनाव नहीं है।

मनुष्य के पास एक ऐसा गुण है, जो स्वर्गिक देवों के पास भी नहीं होता। वे पुरुषार्थ कर सकते हैं, जिसके बारे में हम पिछले अध्याय में चर्चा कर चुके हैं। हम अपना कार्मिक खाता बना कर अपनी नियति रच सकते हैं, जबकि स्वर्गिक जीव केवल अपने पिछले कर्मों का ही पुरस्कार पा सकते हैं। इस प्रकार चौरासी लाख योनियों में से केवल मनुष्य को ही यह अवसर मिलता है कि वह ईश्वर का बोध पा सके।

हमें यह नहीं मान लेना चाहिए कि अगले जन्म में भी हमें यही देह मिलेगी। अगला जन्म इस जन्म के कर्मों और चेतना के स्तर पर आधारित होगा। इस तरह उपनिषदों में लिखा है :

इह चेदवेदीदथा सत्यमस्ति
न चेदिहावेदीन्महती विनष्टथिः

(केनोपनिषद 2.5)

'मनुष्य का जन्म एक दुर्लभ अवसर है। अगर आप अपना लक्ष्य पाने के लिए इसका प्रयोग नहीं करते, तो आपको भारी कष्ट का सामना करना होगा।' फिर उन्होंने यह भी कहा है :

इह चेद्शकद बोद्धुंप्राक्षरीरस्य विस्रसः
ततः सर्गेषु लोकेषु शरीत्वाय कल्पते!! (*कठोपनिषद* 2.3.4)

'अगर आप इस जन्म में प्रभु को पाने का जतन नहीं करते, तो आप कई जन्मों तक जन्म-मरण के चक्र में उलझे रहेंगे।' श्रीमद् भागवत में कहा गया है :

नायं देहो देह-भाजां नृलोके
कष्टान् कामान अर्हते विद्-भुजां ये
तपो दिव्यम् पुत्रका येन सत्त्वं
शुद्धयेद् यस्माद् ब्रह्म-सौख्यं त्वनन्तम् (5.5.1)

'मनुष्य जन्म लेने के बाद, व्यक्ति को इंद्रियों के भोग में नहीं रमना चाहिए, जो उन जीवों को भी उपलब्ध है, जो मलभक्षी हैं। इसके बजाए, व्यक्ति को तप और संयम का अभ्यास करना चाहिए। ताकि वह अपने हृदय को पवित्र कर, प्रभु के असीम दिव्य परमानंद को अनुभव कर सके।'

सुनहरा अवसर हाथ से जा रहा है

हालाँकि मनुष्य का जन्म एक अद्भुत अवसर है, जो आत्मा को इस जन्म में मिला है। हमें अहसास होना चाहिए कि यह सदा ऐसा नहीं रहेगा। यह मृत्यु के रूप में हमसे छीना जा सकता है। यह अस्थायी है। मनुष्य के जीवन का हर क्षण कीमती है, और इसका सदुपयोग किया जाना चाहिए। चाणक्य ने कहा है :

सा हानिस्तन्महाछिद्रंस मोहाः स विभ्रमः
यन्मुहूर्तम् क्षणं वापि वासुदेवं न चिंतयेत

'हमारे जीवन में सबसे बड़ी हानि, सबसे बड़ा दुर्भाग्य, अधंकारमयी भ्रम और महानतम अज्ञानता, जीवन का वह क्षण है, जिसे भगवान श्रीकृष्ण के स्नेही स्मरण में समर्पित नहीं किया गया।'

अगर हम अपने सुनहरे अवसर के लिए सचेत हों और देख सकें कि यह किस तरह हमारे हाथों से निकला जा रहा है, तो हम सहज ही प्रेरित होंगे कि हम अपने जीवन के प्रत्येक क्षण का बेहतर सदुपयोग कर सकें। राजा जनक भी इसी

पद्धति का प्रयोग करते थे, जो स्वयं को आध्यात्मिकता के उच्चतम स्तर तक ले गए थे।

एक समय की बात है, राजा जनक के राज्य में दो पंडितों के बीच राजा जनक की महानता का वर्णन हो रहा था। 'हमारे प्रिय महाराज को पूरे संसार में विदेह कहा जाता है।' पहले पंडित ने कहा।

दूसरे पंडित ने उत्तर दिया, 'हम बहुत ही भाग्यशाली हैं कि हम ऐसे विवेकवान और आध्यात्मिक रूप से उन्नत महाराज के राज्य में हैं।'

'हालाँकि मैं यही सोचता हूँ कि वे इतने वैभव के मध्य भी विदेह कैसे रह पाते हैं?' पहले पंडित ने कहा। 'उनका इतना विशाल परिवार है, और सुख-संपन्नता का भी अभाव नहीं है।'

दूसरे पंडित ने कहा, 'चलो, जा कर उनसे ही उनकी आध्यात्मिक शक्ति का रहस्य पूछ लें।'

दोनों पंडित राजसी महल में पहुँचे और महाराज को प्रणाम कर बोले, 'हम आपकी राजधानी जनकपुरी में वास करने वाले पंडित हैं। हम यह जानना चाहते हैं कि आप इतने वैभव के बीच भी "विदेह" होने की उपाधि कैसे धारण करते हैं। क्या आप अपना रहस्य हमें बता सकते हैं?'

राजा जनक ने इस तरह उत्तर दिया, मानो उन्हें किसी सर्प ने डस लिया हो। 'तुम दोनों में इतना साहस आ गया कि अपने राजा से इस तरह बात कर सकते हो? दोनों को इस अपराध के लिए सूली पर लटकाया जाएगा। कल तुम्हें दंड मिलेगा। आज की रात मेरे नौकर तुम्हारी सेवा करेंगे; इसलिए आज का भरपूर आनंद लो।'

दोनों पंडितों को अनुचर अपने साथ ले गए। उन्हें तेल मालिश व स्नान आदि करवाने के बाद, पहनने को राजसी वस्त्र दिए गए। फिर उन्हें भव्य राजसी भोजन करवाया गया। अंत में उन्हें सोने के लिए जो पलंग दिया गया, वह वास्तव में दर्शनीय था। परंतु नींद तो आँखों से कोसों दूर थी, क्योंकि उनके सामने तो कल आने वाली मौत नाच रही थी।

अगली सुबह उन्हें राजा जनक के दरबार में ले जाया गया। राजा ने गरजते स्वर में संबोधित किया, 'मैंने तुम दोनों को अपनी प्राण रक्षा का एक और अवसर देने का निर्णय लिया है। तुम्हें तेल से भरा एक पात्र दिया गया जाएगा। तुम्हें उसे मेरे राज्य के बाज़ार में ले कर घूमना होगा, अगर तुम्हारे पात्रों से तेल की एक भी बूँद नहीं छलकी, तो सज़ा माफ़ कर दी जाएगी।'

दोनों पंडित बाज़ार भेजे गए। उनके हाथों में तेल से भरे पात्र थे। वे हर क़दम इतनी कोमलता से रख रहे थे कि धरती को भी पता नहीं चले। उन्होंने बुद्धि को

पीछे किया और मन को एकाग्र करते हुए, जनकपुरी के व्यस्त बाज़ार की प्रदक्षिणा करने लगे। वे अपने अभियान में सफल रहे।

उन्हें महाराज जनक के सामने ले जाया गया। इस बार राजा मुस्करा रहे थे। वे बोले, 'तुम दोनों को क्षमा किया जाता है। परंतु एक बात कहो। कल रात इतनी विलासिता में बीती। तुम्हारे आसपास सुख और वैभव की कमी नहीं थी। क्या तुम्हारे मन प्रलोभन में आए?'

'महाराज, मन में प्रलोभन कैसे आता। सिर पर तो मौत नाच रही थी।' दोनों पंडितों ने हाथ जोड़ कर उत्तर दिया।

महाराज बोले, 'अच्छा कोई बात नहीं। आज तुम्हें जनकपुर के प्रमुख बाज़ार में भेजा था। क्या इतने प्रकार की वस्तुएँ देख कर भी मन नहीं ललचाया?'

'महाराज, हमें ऐसा कैसे कर सकते थे? पूरा ध्यान तो पात्र पर लगा था। अगर एक बूँद भी छलक जाती, तो हमारी मौत निश्चित थी।'

राजा जनक बोले, 'यही तो तुम्हारे प्रश्न का उत्तर है। तुमने पूछा कि इतनी विलासिता के बीच भी मैं विदेह कैसे हो सकता हूँ? उत्तर यही है कि मैं हमेशा अपनी मृत्यु के ध्यान को अपने सामने रखता हूँ। मुझे स्मरण रहता है कि जीवन छोटा है, और मनुष्य के रूप में बड़े भाग्य से जन्म मिलता है। यही कारण है कि मैं हर क्षण में पूरी तरह से एकाग्र रहता हूँ। मेरा मन कामना, वासना, भौतिक सुखों और मेरी आसपास की विलासिता में नहीं भटकता।'

राजा जनक की तरह हम भी इसी तरह प्रेरित रह सकते हैं। जब हम मनुष्य के जीवन और इसकी अस्थायी प्रकृति पर विचार करते हैं, तो स्वयं ही भीतर से कुछ करने की प्रेरणा आती है। इस प्रकार जगद्गुरु श्री कृपालुजी महाराज कहते हैं :

अरे मन अवसर बीत्यो जात (प्रेम रस मदिरा)

'ओ मेरे प्रिय मन, तुझे जो सुनहरा अवसर मिला है, वह हाथों से जा रहा है। जब तक यह है, इसका लाभ उठा ले।' संत कवि नारायण कहते हैं :

दो बातन को भूल मत, जो चाहसि कल्याण
नारायण इक मौत को, दूजे श्री भगवान

यह दोहा संकेत देता है कि अगर आप जीवन को सफल करना चाहें, तो दो बातें नहीं भूलें। हमें किसे नहीं भूलना चाहिए, भगवान को। नहीं, पहले, अपनी मौत को मत भूलो। फिर प्रभु को स्मरण करो। अन्यथा तुम इसी भ्रम में रह जाओगे कि क्या करना चाहिए।

काम को टालना एक ऐसा रोग है, जो आपसे आपके सारे वरदान छीन लेगा। हमें संत और ग्रंथ बताते हैं कि हमें क्या करना चाहिए? हमें अपने कल्याण के लिए क्या करना है? हम ऐसा करने का संकल्प भी लेते हैं, पर फिर बहाने बनाने लगते हैं। 'बाद में कर लेंगे, समय आने पर करेंगे, बूढ़े होने पर साधना होगी' आदि। इस तरह हम बहाने बनाते हैं, और सारी कृपा के बावजूद प्रगति नहीं होती।

हमें दृढ़ संकल्प ले कर मानना होगा कि प्रभु की असीम कृपा पहले से ही हम पर बनी हुई है। बस हमारी अपनी कृपा नहीं है यानी हम उस कृपा का प्रयोग नहीं कर पा रहे। इसलिए हमें अपने हर क्षण का सदुपयोग करना होगा। स्वर्ग में बसने वाले नारद मुनि कहते हैं :

क्षणार्धमपि व्यर्थं न नेयम्   (नारद भक्ति दर्शन सूत्र 77)

'मनुष्य जन्म का आधा क्षण भी मत गँवाओ।' अपने अनंत कल्याण के प्रत्येक अवसर का प्रयोग करो। एक प्यारी सी कहानी से इन पंक्तियों का अर्थ अच्छी तरह जान सकते हैं :

एक बार मछुआरा अपना जाल ले कर भोर के समय मछली पकड़ने निकला। वह धारा के पास गया और इंतज़ार करने लगा कि रोशनी होने पर ही जाल नदी में डालेगा। वह वहीं एक बड़े पत्थर पर जा बैठा। वह पानी में पैर डाले भोर का आनंद उठा रहा था।

मछुआरे को अहसास हुआ कि पानी में, उसके पैरों के नीचे कोई पोटली सी है। उसने उसे उठा कर हाथ में रखा। उसमें कोई गोल और कठोर चीज़ थी। उसे लगा कि वे कंकड़ थे। उसने यूँ ही कंकड़ निकाला और नदी में उछाल दिया। कंकड़ गिरने से पानी में छपाक की आवाज़ आई।

वह आवाज़ उसके कानों को बहुत अच्छी लगी। मछुआरे ने दूसरा कंकड़ उठाया और उसे भी नदी में वैसे ही उछाल दिया। फिर वैसी ही आवाज़ आई। उसने तीसरी बार भी यही किया। फिर यह उसके लिए खेल की तरह हो गया। वह नदी किनारे बैठा-बैठा यही करता रहा। इस तरह उसने पोटली से चौबीस कंकड़ पानी में डाल दिए।

अंत में, आख़िरी कंकड़ उसके हाथ में था। तब तक इतनी रोशनी हो गई थी कि वह उसे देख सकता था। उसने अपने हाथ में रखे कंकड़ को देखा तो वह हक्का-बक्का रह गया। उसे पता चला कि वह तो एक अनमोल रत्न था। वह इतनी देर से रत्नों को ही कंकड़ समझ कर पानी में उछाल रहा था। वह अपने किए पर पछताने लगा, 'ईश्वर ने कितने रत्न दिए और मैंने अपने अज्ञान से उन्हें गँवा दिया। मैं कितना बदक़िस्मत हूँ!' फिर वह फूट-फूट कर रोने लगा।

इस कहानी में मछुआरे को अंत में एक रत्न तो मिल ही गया। परंतु यदि हम सावधान नहीं रहे, तो प्रमादवश वह आख़िरी रत्न भी हाथ से निकल जाएगा। ईश्वर ने हमें मनुष्य का जन्म दिया है, यह तो उस रत्न से भी बढ़ कर है, हम इसे अंधाधुंध गतिविधियों में नष्ट कर रहे हैं। रामचरित मानस में लिखा है :

नर तनु पाई विषय मन देहि
पलटि सुधा ते सठ विष लेहिं
ताहिं कबहुँ भल कहई न कोई
गुंजा ग्रहई पारस मणि खोई
आकर चारि लच्छ चौरासी
जोनि भ्रमत यह जीव अबिनासी
फिरत सदा माया कर प्रेरा
काल कर्म सुभाव गुन घेरा

'हे मनुष्यों! तुम्हें यह अनमोल मनुष्य जन्म मिला है, और तुम इसे इंद्रियों के भोगों में नष्ट कर रहे हो? मानो अमृत त्याग कर विष पान कर रहे हो। जब तुम काँच के टूटे टुकड़ों के लिए पारस को त्यागते हो, तो तुम्हें ज्ञानी कैसे कह सकते हैं? परिणामवश, तुम इन चौरासी लाख योनियों में ही भटकते रहोगे। और चाहे तुम एक शाश्वत आत्मा हो, परंतु तुम अपने तीनों गुणों तथा पिछले कर्मों के अंबार तले, भौतिक बंधन में जकड़े रहोगे।'

हमें स्वयं को उत्साहित करने के लिए इस ज्ञान पर विचार करना चाहिए। इस अध्याय में हमने देखा कि किस प्रकार प्रेरणा ही वह ईंधन बनती है, जो हमारे काम को उत्कृष्ट बना सकती है। यह चीज़ों को देखने के लिए हमारे नज़रिए में बदलाव लाते हुए, जीवन के अनुभवों को संपन्न करती है। इसी तलवार के बल पर हम कठिनाइयों को काट सकते हैं, और पराजय के मुहाने पर जा कर भी जीत सकते हैं। हमने यह चर्चा भी की कि हम बुद्धि के प्रयोग से आंतरिक रूप से प्रोत्साहित कैसे हो सकते हैं?

फिर भी केवल प्रेरणा ही पर्याप्त नहीं है। चोर, हत्यारे और आतंकवादी भी प्रेरित होते हैं, परंतु उनके पास समुचित उद्देश्य नहीं होता। इस प्रकार, अब हम सफलता की चौथी मानसिकता की ओर चलते हैं, जो है – 'अभिप्राय की शुद्धता।'

4

अभिप्राय की शुद्धि की मानसिकता

पिछले अध्याय में हमने उत्साह, अपने भीतर छिपी शक्ति के स्रोत के बारे में बात की, यह संभावित ऊर्जा हमें उल्लेखनीय कर्म करने को प्रवृत्त करती है। हालाँकि केवल ऊर्जा ही पर्याप्त नहीं है, यह सही दिशा में निर्देशित भी होनी चाहिए। कुख्यात अपराधी अल केपोन बहुत अधिक प्रेरित था, और ऐसा ही भारतीय डकैत वीरप्पन भी था। दुर्भाग्य से उनका उत्साह ग़लत दिशा में और हानिकारक था। दिशा हीन उत्साह किसी तीव्र गति से चलती कार की तरह है, जिसका स्टीयरिंग टूटा हुआ है, और ब्रेक नहीं है। इस प्रकार प्रेरणा की चर्चा के बाद, सफलता की सामग्री के रूप में हम 'अभिप्राय की शुद्धि' के बारे में बात करेंगे।

चलिए एक अशुद्ध अभिप्राय के विषय में बात करते हैं :

कुछ वर्ष पूर्व, सत्यम कांड ने भारतीय कार्पोरेट जगत को हिला कर रख दिया था। यह शायद देश का सबसे बड़ा कार्पोरेट कांड था, जो सबकी नज़र में आया। सत्यम कंप्यूटर्स, कई सालों से भारत की आईटी क्रांति में पहले मोर्चे पर थे। इसके चेयरमैन रामलिंग राजू, कंपनी में लगभग 1.3 बिलियन डॉलर्स की हेरा-फेरी के दोषी पाए गए। एक उच्च-स्तरीय पड़ताल के बाद पता चला कि वे सालों से, छल-कपट से, कंपनी के साथ धोखा करते आ रहे थे, जैसे - कंपनी में ऐसे कर्मचारियों के नाम, जिनका कोई अस्तित्व नहीं था। अपने बच्चों व संबंधियों के नाम ऋण, अंदर ही अंदर सौदेबाज़ी और अनुचित अधिग्रहण आदि। उनके पास इतनी संपदा थी कि उन्होंने साठ देशों में विला और संपत्ति खरीदे थे। सोलह लक्ज़री कारें और तीन सौ जोड़ी जूते, उनके घर से बरामद हुए। इस जालसाज़ी ने 2009 में कार्पोरेट दुनिया को हिला कर रख दिया और सत्यम कंप्यूटर्स तबाह हो गया। रामलिंग राजू को 2015 में अपराधी क़रार दिया गया।

निःसंदेह रामलिंग राजू के पास प्रतिभा और बुद्धिमता की कमी नहीं थी। उसने एमबीए ओहियो से किया था, और हार्वर्ड बिज़नेस स्कूल में प्रेजीडेंट मैनेजमेंट प्रोग्राम में दाख़िला लिया। उसके प्रबंधन कौशल, दूरदृष्टि और सफलता पाने की तीव्र इच्छा ने सत्यम को पूरी दुनिया में सूचना तकनीक में अग्रणी बना दिया। परंतु उसकी मंशा शुद्ध नहीं थी। उसने ईश्वर की दी प्रतिभा का दुरुपयोग किया। अपने स्वार्थ और इच्छाओं की पूर्ति के लिए संपर्कों व संसाधनों का ग़लत प्रयोग किया। अंशधारकों, कर्मचारियों और उन निवेशकों को धोखा दिया, जो उस पर भरोसा करते थे।

रामलिंग राजू का मामला अशुद्ध अभिप्राय या मंशा का चरम उदाहरण था। परंतु अगर उसने कुछ भी ग़ैर क़ानूनी नहीं किया होता और केवल अपनी प्रतिभा के बल पर सांसारिक सुख और क़ानूनी तौर पर एक सुख-सुविधा युक्त जीवन जीता? क्या तब भी उसे अशुद्ध मंशा रखने वाला कहा जाता? किसी की मंशा को अशुद्ध कब माना जाता है? यह अशुद्ध मंशा या बदनीयती हमें कैसे हानि दे सकती है? आइए, इन सभी प्रश्नों के उत्तर चरण दर चरण जानने की कोशिश करें।

अगर रामलिंग राजू से पूछा जाता कि यह सब करने के पीछे उसकी मंशा क्या थी, तो उसका उत्तर यही होता कि वह सफलता पाना चाहता था। या फिर यह कह सकता था कि वह उस सफलता का बचाव करना चाहता था, जिसे वह जीवन में पा चुका था। उसके लिए सफलता का अर्थ वित्तीय प्रचुरता, कार्पोरेट वर्चस्व और सामाजिक प्रतिष्ठा से था। क्या तब हम उसकी मंशा को दोष देते? उसकी मंशा पूरी तरह से साफ़ थी। वह जीवन में सफल होना चाहता था। समस्या थी कि उसकी सफलता की परिभाषा विकृत थी, और यही उसके पतन का कारण भी बनी।

हमारी मंशा तभी शुद्ध मानी जाएगी, जब हमारी सफलता की परिभाषा शुद्ध हो, और हम इसे पाने के लिए पूरी गंभीरता से प्रयास करें। विशुद्ध मंशा की प्रकृति को जानने के लिए, पहले हमें सच्ची सफलता की परिभाषा की चर्चा करनी होगी।

जीवन में सफलता क्या है?

हम सभी अपने जीवन को सफल बनाना चाहते हैं? मनोवैज्ञानिक असंतुलन से ग्रस्त व्यक्ति को छोड़ दें, तो कोई भी असफल नहीं होना चाहता। इस प्रकार मानवजाति की सार्वभौमिक मंशा यही है कि उसे सफल होना है। समस्या यह है कि अगर हमारी सफलता की अवधारणा ग़लत है, तो हमारे प्रयत्न भी ग़लत दिशा में ही होंगे। फिर हम अपनी सफलता को सही रूप में कैसे परिभाषित कर सकते हैं?

कई लोगों का मानना है कि वे स्वयं को सफल तभी कह सकते हैं, जब उनके पास बहुत सा धन हो, फिर उनके पास अपनी लीमोज़ीन कार, निजी विमान, बोट

और आलीशान घर होगा। परंतु यदि वित्तीय सपन्नता ही सफलता की परिभाषा है, तो क्या अरब-खरबपति लोगों को संसार का सबसे खुशहाल इंसान नहीं होना चाहिए? अगर आप धनी लोगों के जीवन को ध्यान से देखें, तो आप पाएँगे कि असलियत तो इसके बिलकुल विपरीत है। इनमें से कई लोग तो ऐसे हैं, जिन्हें रात को नींद की गोली लिए बिना नींद नहीं आती। एक अमेरिकी व्यवसायी और फ़िल्म निर्देशक हॉवर्ड ह्यूग्स को इसका एक उदाहरण माना जा सकता है। वह अपने समय में संसार के धनी लोगों में एक से था, परंतु उसकी मौत मानसिक कष्ट के कारण हुई, उसने स्वयं को अवसाद और मानसिक पागलपन के चलते समाज से काट लिया था। सच तो यही है कि लोगों के पास भले ही संसार की सारी संपदा क्यों नहीं हो? परंतु यदि उनका मन व्याकुल है, तो वे कभी प्रसन्न नहीं हो सकते।

कई लोग दावा करते हैं कि अगर वे यश कमा सकते, तो निःसंदेह उनका जीवन सफल हो जाता। वे जीवन की उपलब्धि और जीत को लोकप्रियता से जोड़ते हैं। हालाँकि ऐसे जाने-माने लोगों के भी बहुत से उदाहरण मिलते हैं, जो भीतर से इतना दुखी थे कि उन्होंने प्राण त्याग दिए। रॉक ऐंड रोल के राजा एल्विस पर्सली की ही मिसाल लें। अमेरिकी गायक, अभिनेता और नई पीढ़ी की सांस्कृतिक पहचान बने, जाने-माने एकल कलाकार ने भारी संख्या में अलबम रिकॉर्ड किए। उसके अलबमों की बिक्री आसमान को छूती थी। फिर भी उन्हें अवसाद का सामना करना पड़ा और वह अल्पायु में ही नशीले पदार्थों की ज़्यादा मात्रा लेने के कारण मारा गया।

कुछ और ऐसे लोग भी हैं, जो अपनी सफलता को शक्तिशाली ओहदे और उपाधियों से जोड़ते हैं। वे उच्च पद पाने के लिए बेचैन रहते हैं। उन्हें लगता है कि एमएलए सफल है, एमपी निश्चित तौर पर सफल है। एक मुख्यमंत्री तो बहुत सफल है, और प्रधानमंत्री सुपर-डुपर सफल की श्रेणी में आते हैं। परंतु उन्हें यह अहसास नहीं होता कि भले ही कोई कैसा भी पद क्यों नहीं पा ले? मन हमेशा अगले स्तर तक जाने के लिए तरसता रहता है। एमएलए अप्रसन्न है, क्योंकि वह एमपी बनना चाहता है। एमपी असंतुष्ट है, क्योंकि वह मुख्यमंत्री बनने की इच्छा रखता है, और मुख्यमंत्री को प्रधानमंत्री का पद चाहिए। प्रधानमंत्री को यह चिंता सवार है कि वह पुनः कैसे चुना जा सकता है? इस तरह हम जिस भी स्तर को पा लें, प्रसन्नता उसी तरह हमें छलती है, जैसे किसी रेगिस्तान में मृग मारीचिका भटकाती है।

बेशक़, केवल वित्तीय संपदा, सामाजिक लोकप्रियता और शक्तिशाली पद ही सफलता के उचित मापदंड नहीं हैं। इसके अतिरिक्त, एक उन्नत जीवन की इन परिभाषाओं में आनंद और शांति का स्थान कहाँ है? यदि कोई व्यक्ति मानसिक शांति नहीं रखता, तो सफलता कभी उसे संतोष नहीं दे सकती।

जोशुआ लिबमैन, एक अमेरिकी यहूदी रबी हैं, वे अपनी पुस्तक पीस ऑफ़ माइंड में एक सुंदर कथा कहते हैं। उन्होंने कहा है, जब वे किशोर थे, तो उन्होंने एक सूची तैयार की थी कि उन्हें जीवन से क्या-क्या पाना है। फिर वे अपनी सूची को एक सयाने पड़ोसी के पास ले गए। सयाने पड़ोसी ने सूची को देख कर कहा, 'नौजवान, यह सूची बहुत सोच-समझ कर बनाई गई है, परंतु एक चीज़ की कमी है। इसके बिना तो सब बेकार है।

जोशुआ ने पूछा, 'ऐसा क्या है, जो इतना अधिक महत्त्व रखता है?'

पड़ोसी ने कहा, 'मन की शांति!' 'अगर तुम्हारे पास मन की शांति नहीं होगी, तो तुम दुखी व अप्रसन्न रहोगे। ऐसे में तुम्हारी उपलब्धियाँ किस काम की?'

जोशुआ के पड़ोसी ने समझाया कि जीवन की उपलब्धियों की, किसी भी परिभाषा में अगर 'मन की शांति' को शामिल नहीं किया जाता, तो वह खोखली और अधूरी है। ऐसे में सफलता की उचित और संपूर्ण परिभाषा क्या हो सकती है?

द ऑक्सफ़ोर्ड डिक्शनरी में हमें सफलता की दो परिभाषाएँ मिलती हैं : 1. यश, धन व स्तर की प्राप्ति 2. किसी उद्देश्य या लक्ष्य की प्राप्ति। पहली परिभाषा पर हम विचार कर चुके हैं कि धनी-मानी और लोकप्रिय लोगों के जीवन में इसने क्या रंग दिखाया।

अब हमें कुछ प्रसिद्ध लेखकों और विचारकों को भी देखना चाहिए, उन्होंने सफलता को कैसे परिभाषित किया है?

- दीपक चोपड़ा, प्रसिद्ध लेखक और वेलनेस कोच लिखते हैं : 'जीवन में सफलता को प्रसन्नता के निरंतर विस्तार और सार्थक लक्ष्यों के निरंतर चलने वाले बोध के रूप में जाना जा सकता है।'
- उद्यमी और बिज़नेस टाइकून वारेन बफ़े के शब्दों में, 'मैं सफलता को इस बात से मापता हूँ कि मुझसे कितने लोग प्रेम करते हैं।'
- आत्म-विकास पुस्तकों के लेखक स्टीफ़न कवी सफलता को गहराई से देखते हुए कहते हैं, 'अगर आप इस बात पर गहराई से सोचें कि आप अपनी शोकसभा में लोगों के मुख से अपने लिए क्या सुनना चाहेंगे? तो आपको अपनी सफलता की परिभाषा मिल जाएगी।'
- विंस्टन चर्चिल ने कहा है, 'उत्साह खोए बिना एक से दूसरी असफलता की ओर जाना ही सफलता है।'
- अरबपति रिचर्ड ब्रॉनसन के शब्दों में, 'आप जितना अधिक सक्रिय और व्यावहारिक रूप से लिप्त होते हैं, उतना ही अधिक सफल अनुभव करेंगे।'

इन सभी परिभाषाओं से सफलता का आभास तो मिलता है, परंतु वे भी इसे पूर्ण रूप से नहीं दर्शातीं। इंटरनेट पर भी सफलता की कोई उपयुक्त परिभाषा नहीं मिलती। वैदिक ग्रंथों के आधार पर, मैंने सफल जीवन के लिए एक विस्तृत परिभाषा तैयार की है।

हम सभी तीन इच्छाएँ समान रूप से रखते हैं 1. अच्छा होना, 2. अच्छे काम करना और 3. बेहतर महसूस करना। इनके अनुसार, जीवन की सफलता को इन तीनों के पैमाने पर ही परखा जाना चाहिए :

1. उतना बेहतर बनना, जितने हम यथासंभव बन सकें
2. अपने कामों में यथासंभव बेहतर प्रदर्शन
3. जीवन में प्रसन्नता और संतोष अनुभव करना

आइए, इन तीनों बिंदुओं पर विस्तार से चर्चा करें :

उतना बेहतर बनना, जितने हम यथासंभव बन सकें

हम सभी बेहतर बनने की इच्छा क्यों रखते हैं? इसका कारण यह है कि हमारी आत्मा स्वभाव से ही दिव्य तथा ईश्वर का अनंत अंश है। इस प्रकार हम सभी सहज भाव से दैवीय गुणों को चाहते हैं, जैसे करुणा, न्याय, निर्दोषिता और सच्चाई। कपट, निर्दयता, झूठ और पाखंड, जैसे अपवित्र गुण हमारी अंतर्जात प्रकृति से मेल नहीं खाते। इस प्रकार हम सदा दूसरों से यही अपेक्षा रखते हैं कि वे भी हमारे साथ उचित और उपयुक्त रूप से पेश आएँगे।

कई लोग उक्त कथन को नहीं मानते हुए आपत्ति प्रकट करते हैं, 'आप यह दावा कैसे कर सकते हैं कि हर कोई दैवीय गुणों से प्रेम करता है? इस संसार में ऐसे अनेक लोग हैं, जो झूठ और कपट पर ही चलते हैं।'

मैं यह नहीं कहता कि संसार में कोई भी बेईमान या झूठा नहीं है। परंतु यदि आप उन लोगों से अनुपयुक्त व्यवहार करते हैं, जिन्होंने आपसे छल किया है, तो क्या वे इसे पसंद करेंगे? बेशक़, वे नहीं करेंगे। वे आपत्ति करेंगे। इस वार्तालाप पर ध्यान दें :

'तुमने मुझसे झूठ क्यों कहा?'

'तुम भी तो खुद से झूठ बोलते हो। अगर मैंने एक झूठ बोल दिया, तो इसमें कौन सी बड़ी बात हो गई?'

'इससे कोई अंतर नहीं पड़ता कि मैं झूठ बोलता हूँ, पर मैं यह नहीं चाहता कि कोई दूसरा मुझसे झूठ कहे।'

यह चोरों के बीच की ईमानदारी कहलाती है। लुटेरों के किसी दल का नेता भी यही अपेक्षा रखता है कि उसके दल के सदस्य उससे सच ही कहेंगे।

दूसरे शब्दों में, हमारे व्यवहार और रवैयों के बावजूद, हम सदा दूसरों से न्याय और करुणा मिलने की अपेक्षा रखते हैं। महाभारत की एक कथा से इसे बहुत अच्छी तरह प्रकट कर सकते हैं :

जब कर्ण का रथ धरती में धँसा, तो वह रथ से उतर कर उसे बाहर निकालने लगा। उस समय भगवान श्रीकृष्ण ने अर्जुन को निर्देश दिया, 'उसकी पीठ पर वार करो। जब उसकी छाती तुम्हारी ओर होगी, तो तुम उसका वध नहीं कर सकोगे।'

कर्ण ने श्रीकृष्ण के शब्द सुने। उसने उत्तर दिया, 'हे कृष्ण, आप तो परमात्मा हैं, और आप ही अर्जुन को छल करना सिखा रहे हैं। आपने वेदों को प्रकट किया, उसमें आपने योद्धाओं के धर्म के विषय में कहा है - सूर्यास्त के पश्चात् वार नहीं करें, किसी की कमर के नीचे प्रहार नहीं करें और शत्रु की पीठ पर वार नहीं करें? फिर भी आज आप अर्जुन को अधर्म की शिक्षा दे रहे हैं?'

क्षत्र धर्ममवेक्षस्व

'हे श्रीकृष्ण, योद्धाओं का धर्म क्या है? विचारें, विचारें।'

भगवान श्रीकृष्ण ने उत्तर दिया,

क्व धर्मस्ते तद गतः

'हे कर्ण, उस समय तुमने कौन से धर्म का पालन किया था?'

अगर कर्ण धर्मप्रिय था, तो उसने इस युद्ध में दुष्ट कौरवों की ओर से युद्ध क्यों किया? जब द्रौपदी भरी सभा में अपमानित हो रही थी, तो उसका धर्म कहाँ गया था? उसका धर्म तब कहाँ गया था; जब कौरवों ने पांडवों की सच्चा हक़ देने की माँग ठुकरा दी थी? वह दुष्ट कौरवों के पक्ष में था, और फिर भी पांडवों से न्यायोचित व्यवहार की आशा रखता था।

यह प्रसंग दर्शाता है कि जो दूसरों को छलते हैं, वे लोग भी यही चाहते हैं कि कोई दूसरा उनसे छल नहीं करे। हम सदा दूसरों से धर्मनिष्ठ आचरण की अपेक्षा रखते हैं। एक और प्रसंग से इस नियम की पुष्टि होती है :

एक चोर किसी के घर से कुछ चुरा कर वापस अपने घर आ रहा था। वह बहुत प्रसन्न था। उसने स्वयं से कहा, 'मैंने आज बड़ा हाथ मारा है।' अपना धन गिनने के बाद, वह सोने चला गया।

रात को एक और चोर उसके घर में घुसा और सब लूट लिया। जब सुबह चोर सो कर उठा, तो उसके गुस्से की सीमा नहीं रही। 'यह सब किसने किया? क्या उसे पता नहीं कि मैं कौन हूँ? अगर वह कहीं मिल गया, तो उसे ख़त्म कर दूँगा?'

अब अगर पहले चोर से पूछें, 'तुम इतना क्यों बिलबिला रहे हो? तुम तो स्वयं ही चोर हो। अगर किसी ने तुम्हारा कुछ चुराया है, तो तुम्हें तो प्रसन्न होना चाहिए कि तुम्हारे इलाक़े में एक और चोर हो गया है। पहले केवल तुम ही थे, और अब तुम दो हो। तुम्हारा दल दोगुना हो गया है।'

पहला चोर उत्तर देगा, 'नहीं, मुझे दूसरों को लूटने का अधिकार है, परंतु किसी को मेरे यहाँ चोरी नहीं करनी चाहिए।'

हम सदा दूसरों से दयालुतापूर्ण, न्यायोचित और ईमानदारी से भरे बर्ताव की अपेक्षा रखते हैं। ये सभी दैवीय गुण हैं, और ईश्वर की संतान होने के नाते हमें इनसे प्रेम है। हम सभी अपने दोषों से उबर कर दैवीय गुण विकसित करना चाहते हैं।

इस प्रकार सद्गुणों के बीच विकसित हो कर, श्रेष्ठ मनुष्य बनना एक सार्वभौमिक इच्छा है। इसके अनुसार, जीवन में सफलता का पहला मापदंड यही है कि हम अच्छे, नेक और गुणी हों।

यहाँ यह उल्लेख भी करना होगा कि कोई भी एक दिन में पापी से संत नहीं बन सकता। विकास की प्रक्रिया धीमी और क्रमशः होती है। महत्त्वपूर्ण बात यह है कि हम विकसित होने के लिए अपनी ओर से पूरी कोशिश कर रहे हैं। हम इस विषय में एडमंड हिलेरी से प्रेरणा ले सकते हैं।

हम सभी जानते हैं कि 1953 में एडमंड हिलेरी और शेरपा तेनज़िंग, दुनिया के सबसे ऊँचे पर्वत माउंट एवेरस्ट पर पहुँचने वाले लोग बने। यह एक ऐसा क़दम था, जिसके लिए अदम्य साहस, संकल्प और शारीरिक सहनशीलता की आवश्यकता थी। हालाँकि बहुत कम लोग जानते हैं कि कुछ समय पहले एडमंड और तेनज़िंग ने अकेले इसी शिखर तक जाना चाहा था, परंतु असफल रहे।

इंग्लैंड में पर्वतारोहियों के एक एसोसिएशन को हिलेरी के 1951 के एवरेस्ट अभियान का पता चला और उन्होंने उन्हें सम्मानित करने के लिए कार्यक्रम आयोजित किया। पर्वतारोहियों के बीच हिलेरी को मंच पर वक्ता के रूप में बुलाया गया। मंच पर एवरेस्ट का एक चित्र था।

एडमंड हिलेरी चित्र के पास गए और अपनी मुट्ठी लहरा कर बोले, 'एवरेस्ट, इस बार तुमने मुझे हरा दिया पर अगली बार मैं तुम्हें हरा दूँगा, क्योंकि तुम अपनी अधिकतम संभावना के साथ विकसित हो चुके हो, पर मैं अभी विकसित हो रहा हूँ।'

विकसित होते रहने की इच्छा, हमारी आत्मा का अंतर्जात स्वभाव है। यह तब तक संतुष्ट नहीं होती, जब तक हम ईश्वर को अनुभव करने की अवस्था तक नहीं आ जाते। इन पंक्तियों के साथ, स्वामी विवेकानंद ने कहा है :

> ये पैगंबर अनूठे नहीं, वे भी आपकी और मेरी तरह मनुष्य थे। वे महाचेतना पा चुके थे, मैं और आप भी ऐसा कर सकते हैं। एक व्यक्ति उस अवस्था को पा सकता है। यह इस बात का सूचक है कि सभी ऐसा कर सकते हैं, और यही अंततः धर्म है।

ठीक इसी तरह बाइबल में लिखा है :

> संपूर्ण बनो, ठीक उसी तरह जिस तरह तुम्हारे स्वर्गिक पिता संपूर्ण हैं।
>
> (मैथ्यू 5.48)

धर्म का उद्देश्य यही है कि हम गुणों व भलाई के मामले में अपने परमात्मा जैसे बन सकें। निःसंदेह ऐसा केवल प्रभु की कृपा से हो सकता है, परंतु वे सदा अपने अनुग्रह के लिए प्रस्तुत हैं। यही वजह है कि वेदों में उन्हें ब्रह्म कहा गया है। जगद्गुरु श्री कृपालुजी महाराज ने ब्रह्म का अर्थ बताते हुए कहा है :

> *ब्रह्म वृहत्वात् अस बड़ा, जाको आदि न अंत।*
> *बड़ा बृंहणत्वात् अस, औरन करे अनंत।।*
>
> (*भक्ति शतक* श्लोक 51)

इस श्लोक के अनुसार ब्रह्म शब्द के दो अर्थ हैं। पहला अर्थ है, 'जो अनंत रूप से विशाल है - जिसका कोई आदि या अंत नहीं है।' दूसरे अर्थ के अनुसार, 'जो दूसरों को विशाल बनाता है - अपने समान।' दूसरे शब्दों में, ईश्वर आत्माओं को महानता देने में संकोच नहीं करता। वह उन्हें चाहता है, वह चाहता है कि उसके वे अंश, सद्गुणों से ओत-प्रोत हो कर उसके समान ही संपूर्ण हों।

इस प्रकार मनुष्य की यात्रा का लक्ष्य यही है कि वह सद्गुणी बने। निःसंदेह कोई भी यात्रा पूर्ण किए बिना संपूर्ण नहीं हो सकता। परंतु यदि हम श्रेष्ठ बनना चाहें, तो वर्तमान में भी ऐसा कर सकते हैं, इस प्रकार हम एक सफल जीवन जी सकेंगे।

आइए, अब सफलता के दूसरे पहलू की चर्चा करें।

अपने कामों में यथासंभव उत्कृष्ट प्रदर्शन

केवल अच्छा बन कर ही हमारी आत्मा की तृप्ति नहीं होती। हम उत्पादक होना चाहते हैं। हम चाहते हैं कि हमारी प्रतिभा का सार्थक सदुपयोग हो, जैसा कि निम्नलिखित प्रसंग से स्पष्ट होता है :

कर्नाटक में एक लकड़हारा, प्रति घंटे की दर से लकड़ी के आरे पर काम करता था। मानवीय मनोविज्ञान का अध्ययन करने वाला एक व्यक्ति उसके पास आया और कहा कि वह उसे दोगुने वेतन पर अपने पास काम देना चाहता है। अगले दिन, लकड़हारा उसके पास काम करने आ गया। उसने मनोविज्ञानी से पूछा, 'मुझे क्या करना होगा?'

'यह कुल्हाड़ी लो और हर रोज़ आठ घंटे तक इससे उस वृक्ष पर प्रहार करना होगा। मैं नहीं चाहता कि वह वृक्ष कटे। केवल कुल्हाड़ी की उल्टी मूठ से वृक्ष पर प्रहार करना है, उस पर धार से नहीं मारना।'

'सचमुच! पर इससे क्या लाभ होगा? यह तो कभी नहीं कट सकेगा और मैं रोज़ या कई महीनों तक एक ही पेड़ पर कुल्हाड़ी चलाता रहूँगा।'

'तुम्हें इससे क्या फ़र्क पड़ता है कि आगे क्या होगा? तुम्हें तो दोगुना वेतन मिल रहा है। बस वही करो, जो कहा जा रहा है।'

दोगुने वेतन के लोभ से प्रेरित लकड़हारा काम पर लग गया। वह रोज़, सुबह से शाम तक प्रति घंटे वृक्ष पर कुल्हाड़ी उल्टी धार से क़रीब पाँच सौ प्रहार करता। ना तो उस प्रहार से लकड़ी की छाल उतरती और ना ही वह कटती। पर उसे परवाह नहीं थी, क्योंकि उसे तो अपने काम का पैसा मिल ही रहा था।

पर कुछ ही दिन बाद वह ऊबने लगा। दसवें दिन, वह कुल्हाड़ी ले कर अपने मालिक के पास गया और कहा, 'मैं काम नहीं करना चाहता। अपनी कुल्हाड़ी वापस ले लो।'

'तुम काम क्यों छोड़ रहे हो? क्या इससे तुम्हें लाभ नहीं हो रहा?'

'लाभ तो है, पर काम में आनंद नहीं आ रहा। जब पेड़ पर कुल्हाड़ी चलने से उसकी छाल के टुकड़े उड़ते दिखते हैं, तो लगता है कि मैंने वाकई कुछ किया और अब ऐसा कुछ नहीं हो रहा।'

यही मनुष्य के स्वभाव की वास्तविकता है। हम सभी अपने कामों में तरह-तरह के अनुभव पाना चाहते हैं। यही कारण है कि हम अलग-अलग तरह के काम करते हैं। हम सभी प्रतिभाओं से भरपूर हैं, परंतु सृष्टि के पास भी तो इसी विविधता का गुण है। प्रकृति में हम हमिंगबर्ड को देखते है, जो वज़न में एक औंस का दसवाँ हिस्सा होता है। इसकी खोखली हड्डियों के कारण ही इसका भार इतना होता है।

यह सभी पक्षियों में हल्का होता है। प्रकृति में ही हम शुतुरमुर्ग को भी देखते हैं, जो लगभग तीन सौ पाउंड वज़न के साथ सबसे अधिक भार वाला पक्षी है। रोचक बात यह है कि दोनों पक्षियों की अपनी ही अनूठी विविधता है।

हमिंगबर्ड एक सेकेंड में अपने पंख पचहत्तर बार हिलाता है, ताकि फूलों से मकरंद पीने के बाद हवा में तेज़ी से उड़ान भर सके। यह सब इसके हल्के भार के कारण ही संभव होता है। वहीं दूसरी ओर, शुतुरमुर्ग भारी होने के कारण उड़ नहीं सकता। यह धरती पर अपनी लंबी छलाँगों की मदद से लंबी दूरी तय कर सकता है। यह प्रति घंटा अस्सी किलोमीटर की गति से दौड़ता है जो वर्ल्ड चैंपियनों की गति से भी कहीं अधिक है। इसी तरह कुदरत ने हर जीव को अपनी ही अनूठी विशेषता व गुण दे रखे हैं।

हम सभी मनुष्य भी अलग-अलग होते हैं। हम सभी को अपनी व्यक्तिगत प्रतिभा का उपहार मिला हुआ है। हो सकता है कि कोई किसी देश का राष्ट्रपति बनने की योग्यता रखता हो, जबकि दूसरा किसी कार्यालय का प्रतिभाशाली और उल्लेखनीय क्लर्क बनने के लायक हो। पर दोनों ही चाहते हैं कि उनके भीतर छिपी प्रतिभा का सार्थक सदुपयोग हो, और दुनिया में कुछ करके दिखा सकें। वे दोनों ही अपने आसपास के संसार का कल्याण चाहते हैं। वे चाहते हैं कि लोगों के जीवन को प्रभावित कर सकें। इस तरह सफल जीवन का दूसरा मापदंड यही है कि हम अपने कामों में यथासंभव बेहतर प्रदर्शन करें।

अब हम सफलता के तीसरे आयाम की चर्चा करेंगे।

जीवन में प्रसन्नता और संतोष अनुभव करना

अंततः यह जीवन प्रसन्नता पाने के लिए ही बना है। हम सभी प्रसन्न होना चाहते हैं। हम जीवन से जो भी चाहते हैं, उसका अंतिम लक्ष्य प्रसन्नता ही है। उदाहरण के लिए एक व्यक्ति अच्छी नौकरी चाहता है, दूसरा अच्छा जीवनसाथी चाहता है, और तीसरा एक आलीशान घर पाने की इच्छा रखता है। देखने में लग सकता है कि उनकी इच्छाएँ अलग-अलग हैं, परंतु वे सभी प्रसन्नता पाने की कामना के साथ ही यह सब चाहते हैं। इस प्रकार प्रसन्नता की खोज हमारा सामान्य लक्ष्य है और दिन में चौबीसों घंटे, हमारी सभी गतिविधियाँ इसके लिए ही निर्देशित होती हैं।

ग्रीक के महान दार्शनिक और विद्वान अरस्तू ने इस नियम को अच्छी तरह समझा था। उन्होंने ढाई हज़ार वर्ष पूर्व कहा था :

> हम संपदा, सम्मान और प्रतिष्ठा चुनते हैं, क्योंकि इनसे हमें प्रसन्नता प्राप्त होती है। परंतु प्रसन्नता को उसके लिए चुनते हैं, और किसी चीज़ के लिए ऐसा नहीं करते।

हैरानी की बात है, अरस्तू से ढाई हज़ार वर्ष पूर्व, ऋषि वेद व्यास पहले ही कह चुके थे :

सर्वेषामपि भूतानां नृप स्वात्मैव वल्लभः
इतरेऽपत्यवित्ताद्यास्तद्वल्लभतयैव हि

(श्रीमद् भागवतम 10.14.50)

'हर किसी को अपनी प्रसन्नता से प्रेम है। केवल आत्म-प्रसन्नता के लिए ही वे अपनी संतान या धन आदि चाहते हैं।'

अब इस प्रश्न पर विचार करें : क्या किसी ने हमें प्रसन्नता की इच्छा रखना सिखाया है? जैसे हमें बाक़ी सब सीखना होता है? जब हम बच्चे थे, तो हमें सिखाया गया था, 'मेरे बच्चे, तुम्हें सदा सच बोलना चाहिए।' 'बच्चे, तुम्हें हमेशा अपने से बड़ों का आदर करना चाहिए', 'मेरी बच्ची! तुम्हें कभी किसी चीज़ की चोरी नहीं करनी चाहिए' आदि। परंतु हमें यह नहीं सिखाया गया, 'तुम्हें हमेशा प्रसन्नता की चाह रखनी चाहिए। यह सब उस बिंदु तक नहीं आना चाहिए कि तुम दुख की खोज करना आरंभ कर दो।' हमें कभी यह निर्देश नहीं दिया गया। इसका अर्थ है कि सिखाए बिना भी, हम अपने भीतर से जानते थे कि हमें परमानंद चाहिए।

दरअसल, ज्यों ही हमारा जन्म हुआ, तो सबसे पहले हमने यही सोचा होगा, 'मैं इस संसार में आया हूँ और अब मैं प्रसन्नता चाहता हूँ।' हमने यह बात शब्दों में नहीं कही होगी, क्योंकि हम बोलना नहीं जानते थे, परंतु हम अपनी पूरी शक्ति से रोते थे। हम जन्म लेते ही क्यों रोते हैं? दरअसल, जन्म की प्रक्रिया के दौरान हमें दुख का अनुभव होता है, और हम रोते हुए अपना स्वभाव प्रकट करते हैं, 'मैं दुख पाने के लिए धरती पर नहीं आया। मैं परमानंद पाना चाहता हूँ। मुझे कष्ट नहीं, आनंद चाहिए।'

तब से आज तक, हम जो भी करते आए हैं, वह प्रसन्नता की खोज में ही था। इसी संदर्भ में, हम यह निष्कर्ष निकाल सकते हैं कि प्रसन्नता ही सभी जीवों का परम लक्ष्य है।

हम सभी प्रसन्नता की चाहत क्यों रखते हैं? इस प्रश्न का उत्तर वैदिक ग्रंथों में मिलता है। उन्होंने कहा है कि हम सभी आनंद प्राप्त करना चाहते हैं, क्योंकि प्रभु आनंद का सागर हैं।

आनंदो ब्रह्मेति व्यजानात् (*तैत्तिरीय उपनिषद* 3.6)

आनंदमयोऽभ्यासात् (*वेदांत दर्शन* 1.1.12)

आनंद सिंधु मध्य तव वासा (रामचरित मानस)

आनंद यानी परमानंद। वैदिक ग्रंथों के इन उदाहरणों से पता चलता है कि परमात्मा अनंत आनंद का सागर हैं। हम आत्माएँ, ईश्वर का सूक्ष्म अंश हैं; इसलिए हम सब भी इसी आनंद सागर के नन्हे कण हैं।

प्रत्येक कण, अपने स्रोत से स्वभाविक आकर्षण रखता है। माटी का लोंदा धरती का अंश है, और इसकी ओर खिंचता है। अगर आप इसे ऊपर फेंकते हैं, तो यह धरती की गुरुत्वाकर्षण शक्ति से खिंच कर नीचे की ओर आता है। इसी तरह जब न्यूटन के सिर पर सेब गिरा, तो उन्होंने गुरुत्वाकर्षण शक्ति की खोज की। ठीक इसी प्रकार हमारी आत्मा भी आनंदरूपी सागर का कण है और प्रसन्नता की चाहत रखती है।

अच्छा महसूस करने की भावना भी सब में समान रूप से पाई जाती है। भले ही भौतिक सुख कितने भी लुभावने क्यों नहीं दिखें? ये हमारी उस तड़प को दूर नहीं कर सकते, जो सुखरूपी सागर के लिए है, यह उस परमात्मा से मिलने वाले अनन्त आनंद के लिए है। अपने मन की शुद्धि के बाद ही हम उस तृप्तिदायक आनंद का अनुभव पा सकते हैं। हम जिस प्रसन्नता की खोज में हैं, वह कहीं बाहर नहीं, हमारे ही भीतर समाई है, जिसे हम अपने मन को शुद्ध करके पा सकते हैं।

रामचरित मानस में लिखा है : निर्मल मन जन सो मोहि पावा; 'विशुद्ध हृदय वाले जन ही मुझे पा सकते हैं।'

ठीक इसी प्रकार बाइबल में लिखा है: 'विशुद्ध हृदय वाले धन्य हैं, क्योंकि वे ही परमात्मा को देखेंगे।' (मैथ्यू 5:8)

निष्कर्ष यही है कि एक सफल जीवन के लिए हमें इन तीनों बिंदुओं को संतुष्ट करना होगा :

1. उतना बेहतर बनना, जितने हम यथासंभव बन सकें
2. अपने कामों में यथासंभव बेहतर प्रदर्शन
3. जीवन में प्रसन्नता और संतोष अनुभव करना

इन तीनों बिंदुओं को निम्नलिखित रूप में संक्षिप्त कर सकते हैं। **जीवन में सफलता पाने का अर्थ है,** अच्छे बनें, अच्छे काम करें और अच्छा महसूस करें।

सफलता का गहरा अर्थ जानने के बाद आइए, अब शुद्ध बनाम अशुद्ध अभिप्राय की चर्चा करें।

शुद्ध अभिप्राय क्या है?

लोग अलग-अलग कारणों से काम करते हैं। यह अभिप्राय अपनी महिमामंडन और अहं की तुष्टि के लिए भी हो सकता है। यह जलन या दूसरों को नीचा दिखाने की इच्छा या फिर इंद्रियों के संतुष्ट करने की इच्छा भी हो सकती है। कुछ लोग अच्छे मूल्यों से प्रेरित होते हैं, दूसरे विश्वास और ग्रंथों के दिव्य ज्ञान से प्रेरित होते हैं, और यह सिलसिला जारी रहता है। संभावित अभिप्राय की विविधता अंतहीन है, जो इस प्रसंग से स्पष्ट होती है :

वृंदावन नगरी में एक मंदिर बनाया जा रहा था, और कारीगर अपने सिर पर ईंटें ढो कर ला रहे थे। एक संत ने पहले मजदूर से पूछा, 'क्या कर रहे हो?'

उसने उत्तर दिया, 'दिखाई नहीं देता? सिर पर ईंटें ढो रहा हूँ।'

दूसरे मजदूर से पूछा गया कि वह क्या कर रहा था। उसने उत्तर दिया, 'परिवार के लिए रोजी-रोटी कमा रहा हूँ।'

तीसरे मजदूर से उसके काम के बारे में पूछा गया। उसने जवाब दिया, 'भगवान श्रीकृष्ण का मंदिर बना रहा हूँ।'

हालाँकि वे सभी एक ही काम कर रहे थे, पर उनके रवैए आपस में कितने अलग थे।

वैदिक साहित्य के अनुसार लोग चार प्रकार के होते हैं, और उसके अनुसार ही उनकी प्रवृत्ति पाई जाती है :

1. **तामसिक लोग (अज्ञान रूपी) :** वे दूसरों से छल-कपट करते हुए, उन्हें लूट कर अपनी ज़रूरतें पूरी करते हैं। वे ईश्वरीय नियमों, ग्रंथों या समाज की परवाह नहीं करते। अगर उन्हें कुछ अच्छा लगता है, तो वे बिना विचारे, उसे कर लेते हैं, उन्हें यह परवाह नहीं होती कि ऐसा करने से दूसरों को हानि हो सकती है। जैसा कि बताया गया, रामलिंग राजू का अभिप्राय इसी श्रेणी में आता है।
2. **राजसिक लोग (उन्माद रूपी) :** वे क़ानूनी रूप से आय अर्जन करते हैं, और अपने सुख व ज़रूरतों के लिए उसे प्रयोग में लाते हैं। राजसिक लोग भले ही नियम नहीं तोड़ें, परंतु वे अपने मन और इंद्रियों का भोग शांत करने के लिए भौतिक इच्छाओं के अधीन होते हैं। यदि वे समाज का कल्याण करते भी हैं, तो इसके पीछे सम्मान पाने की भावना होती है। वे समाज में नाम और यश पाने के लिए दान करते हैं। राजसिक लोग तामसिक लोगों को कपटी और नियम भंजक मानते हैं। परंतु उन्हें स्वयं अहसास नहीं होता कि वे भी दैवीय नियमों का उल्लंघन कर रहे हैं, जिसके बारे में आगे विस्तार से बताया जाएगा।

3. **सात्विक लोग (नेकी की प्रवृत्ति)** : वे करुणा और उदारता, जैसे गुणों से भरपूर होते हैं। वे दूसरों और समाज के लिए सेवा कार्यों में संलग्न होते हैं। ईमानदार समाजसेवी, परोपकारी, ज्ञानी और शोधकर्ता आदि व्यक्ति इसी श्रेणी के अंतर्गत आते हैं। सात्विक लोगों के भाव शुद्ध होते हैं, और वे राजसिक लोगों की तुलना में अधिक निःस्वार्थ होते हैं। हालाँकि दैवीय ज्ञान के प्रकाश में, वे अब भी अशुद्ध हैं, क्योंकि उनमें ईश्वरीय चेतना का अभाव है।
4. ***गुणातीत* लोग (भौतिक प्रकृति के तीनों रूपों से परे)** : वे ईश्वर के साथ स्नेहपूर्ण संबंध स्थापित करते हैं। उनका प्रत्येक कार्य दैवीय प्रेम के अधीन होता है और परिणामवश, उनके हर कर्म के पीछे छिपी मंशा भी, प्रभु की प्रसन्नता के लिए ही होती है। ऐसी मंशा ही विशुद्ध मंशा कहलाती है।

इसे आप एक मनुष्य के हाथ के उदाहरण से समझ सकते हैं। यह शरीर का अभिन्न अंग है, और इसका सहज कार्य यही है कि यह शरीर को अपनी सेवा दे। हाथ तश्तरी से भोजन उठा कर, मुख तक लाता है; यह पानी का प्याला उठा कर होंठों तक लाता है; यह ब्रश ले कर दाँत साफ़ करता है। इस तरह दिन और रात हाथ, शारीरिक व्यक्तित्व को अपनी सेवा देता है। अब मान लेते हैं कि हाथ सेवा करके थक गया है और यह कहता है, 'सेवा, सेवा, सेवा... बस बहुत हुआ। मुझे शरीर से काट दो। मैं अपना ध्यान स्वयं ही रख लूँगा।'

क्या हाथ शरीर से कटने के बाद अपनी ज़रूरतें पूरी कर सकता है? नहीं। शरीर से संपर्क के अभाव में, यह मांस का लोथड़ा भर रह जाएगा। हाथ की भलाई इसमें ही है कि वह शरीर की सेवा करे। ऐसा करने से इसे स्वचालित रूप से रक्त, पोषण और अपनी उत्तरजीविता के लिए ऑक्सीजन मिलती है। दूसरे शब्दों में, हाथ को स्वयं अपना पेट नहीं भरना होता। इसका धर्म ही शरीर की रक्षा करना है, जिसका यह अखंड अंश है।

ठीक इसी तरह हम आत्मा के रूप में ईश्वर के छोटे अंश हैं। कटे हुए हाथ की तरह हमने अपनी चेतना को अपने स्रोत से काट दिया है। इसी संपर्क रहित अवस्था में हम कहते हैं, 'मुझे ईश्वर की सेवा क्यों करनी चाहिए? मैं उनसे अलग हो कर भी अपना आनंद पा सकता हूँ।' यह भौतिक चेतना है - जिसमें आत्मा ईश्वर से विमुख हो जाती है। विस्मरण की इस अवस्था में, हम असंख्य जीवनकालों से जीवन और मरण के चक्र में भटक रहे हैं और कभी सच्चा प्रेम, सच्चा ज्ञान या सच्ची प्रसन्नता नहीं पा सकेंगे।

जब हम स्वयं को स्रोत से पुनः जोड़ लेते हैं, तो हम सभी काम उसके आनंद के लिए करने लगते हैं। तभी हमारी आत्मा उस आनंद को अनुभव कर पाती है, जिसे वह असंख्य जन्मों से खोज रही थी। इस प्रकार, **अभिप्राय की शुद्धि यही है**

कि हमारे भीतर मन, वचन व कर्म से ईश्वर को प्रसन्न रखने की इच्छा विद्यमान हो। भगवद् गीता में भी लिखा है :

यत्करोषि यद अश्नासि यज् जुहोषि ददासि यत्
यत् तपस्यसि कौंतेय तत्कुरुष्व मद-अर्पणम् (9.27)

भगवान श्रीकृष्ण ने अर्जुन से कहा, 'तुम जो भी करते हो, जो भी खाते हो, जो भी अर्पित करते हो, जो भी दान देते हो, तप अथवा अभ्यास करते हो, उन सबको इस प्रकार करो, मानो मुझे समर्पित कर रहे हो।'

इसी विषय को आगे ले जाते हुए, मराठा योद्धा छत्रपति शिवाजी महाराज के जीवन का एक प्रसंग बताया जा रहा है :

शिवाजी के गुरु, समर्थ रामदास नामक विरक्त संन्यासी थे। एक बार शिवाजी महल की छत पर खड़े थे और उन्होंने वहीं से अपने गुरु को मार्ग से आते देखा। समर्थ रामदास के हाथों में भिक्षा पात्र था और वे आते-जाते लोगों से भिक्षा की याचना कर रहे थे : 'भिक्षां देहि... भिक्षां देहि...'

शिवाजी बहुत लज्जित हुए। उन्होंने सोचा, 'मैं इस धरती का राजा हूँ और मेरे गुरु भिक्षा की याचना कर रहे हैं। मेरे लिए कितनी लज्जा की बात है।'

अचानक शिवाजी के मन में एक विचार आया। उन्होंने काग़ज़ के टुकड़े पर कुछ लिखा और महल की सीढ़ियों की ओर भागे। वे समर्थ रामदास के पास गए और उस काग़ज़ को उनके भिक्षा पात्र में डाल दिया।

गुरुदेव ने उसे पढ़ा, शिवाजी की लिखाई में लिखा था, 'मैं यह राज्य और इसका सब कुछ आपको दान में देता हूँ।'

समर्थ रामदास मुस्कराए। वे बोले, 'मेरे बच्चे, यह तुम्हारी ओर से समर्पण का बहुत सुंदर भाव है, परंतु मैं तो संन्यासी ठहरा। मैं भिक्षा, इसलिए नहीं चाहता कि मुझे इसकी आवश्यकता है। मैं ऐसा इसलिए करता हूँ कि मुझे गृहस्थजनों से मिलने का अवसर मिल सके और मैं उनके साथ ज्ञान और विवेक की बातें करते हुए, उन्हें एक साधु की सेवा करने का अवसर दे सकूँ। मैं तुम्हारे राज्य का क्या करूँगा? इसे तुम्हें ही वापस कर रहा हूँ। परंतु याद रखना, आज से यह तुम्हारा नहीं रहा; यह तुम्हारे गुरु का है और तुम केवल इसके प्रतिनिधि हो। मेरी ओर से इस पर राज्य करो, सब कुछ ईश्वर और गुरु की सेवा मान कर पूरा करो।'

समर्थ रामदास ने अपने राजसी शिष्य को अभिप्राय की शुद्धि का सबसे अच्छा सबक़ दे दिया था। शिवाजी अपना राज-काज सँभालते रहे, परंतु उनकी चेतना में

बदलाव आ गया था। पहले वे सब कुछ अपने लिए करते थे। इस घटना के बाद वे अपने कर्म ईश्वर की सेवा में अर्पित करने लगे।

अभिप्राय या मंशा अशुद्ध होने पर हमारी आत्मा चेताती है

लोग अक्सर यह प्रश्न पूछते हैं : 'मुझे कैसे पता चलेगा कि मेरी मंशा अच्छी नहीं है?'

इसका उत्तर है कि हमारी आत्मा हमें चेताती है। जब हमारी मंशा ठीक नहीं हो, तो आत्मा को प्रभु के दिव्य आनंद का अनुभव नहीं होता। हमारा अनुभव कहता है, 'मैं वास्तव में प्रसन्न नहीं हूँ।' इसके विपरीत जब हम अच्छी मंशा के साथ काम करते हैं, तो हमें भीतर से दैवीय आनंद मिलता है और हमारी भावना कहती है, 'मुझे आंतरिक आनंद का अनुभव हो रहा है।'

मिसाल के लिए हमें कैसे पता चलता है कि हमें भूख लगी है? इसका कोई बाहरी प्रमाण नहीं है। हमारी इंद्रियों से सूचना मिलती है कि हमें भूख लगी है। ठीक इसी प्रकार जब हम भोजन कर लेते हैं, तो यह कैसे पता चलता है कि हमारा पेट भर गया है? हमारा पेट भरा हुआ महसूस करता है, और भूख शांत हो जाती है।

ठीक इसी तरह हमारा अनुभव हमें बताता है कि हमें प्रभु का दैवीय आनंद आया या नहीं। नारद मुनि से पूछा गया था, 'भक्ति का प्रमाण क्या है?' उन्होंने उत्तर दिया :

प्रमाणान्तरस्यानपेक्षत्वात् स्वयं प्रमाणत्वात्

(*नारद भक्ति दर्शन* सूत्र 59)

'भक्ति के लिए किसी बाहरी प्रमाण की आवश्यकता नहीं है। जब आप सच्ची भक्ति में लीन होते हैं, तो आपका आंतरिक संतोष ही आपके लिए प्रमाण बन कर सम्मुख होगा।' कई बार ऐसा होता है कि आप साधना करने बैठते हैं, परंतु तनाव, उद्वेग और उत्कंठा के कारण आपका मन नहीं रमता। उस समय आपको अपने भीतर से इस कमी का अनुभव होता है, और संतोष नहीं होता। कई बार जब आपका मन स्नेही और नेक विचारों से पूर्ण होता है, तो आप पूरी तरह से ईश्वर की भक्ति में लीन हो जाते हैं, तब आपकी आत्मा गहराई तक तृप्त होती है। आपका अनुभव स्वयं ही भक्ति की पूर्णता का प्रमाण बनता है।

इसकी तुलना टेनिस या क्रिकेट के खेल से भी कर सकते हैं। क्रिकेट में जब आप बल्ले से बढ़िया सा शॉट मारते हैं, तो आपको यह देखने की ज़रूरत नहीं होती कि गेंद किस ओर गई। आपको अपने भीतर से पता होता है कि गेंद निश्चित रूप से सीमा के पार गई होगी। इसी तरह जब आपका शॉट अच्छा नहीं होता है, तो

आपको एक अच्छा शॉट खेलने की संतुष्टि नहीं मिलती। गेंद की ओर देखे बिना ही आपको पता होता है कि आपका शॉट अच्छा नहीं खेला गया।

इसी तरह हमारी आत्मा जो संतोष चाहती है, वह अभिप्राय की शुद्धि, प्रयास और भावनाओं की पवित्रता से आता है। अगर कहीं कोई अशुद्धि होगी, तो हमारे भीतर से असंतोष उभर आएगा।

आपको यह जान कर आश्चर्य होगा कि तनाव, उत्कंठा और अप्रसन्नता आदि नकारात्मक भाव भी अशुद्ध मंशा का ही नतीजा हैं। आइए, देखते हैं कि यह कैसे होता है?

तनाव की आधुनिक महामारी

वर्तमान में तनाव प्रबंधन चिंता का बड़ा विषय बनता जा रहा है, परंतु वास्तव में तनाव क्या है? एक इंजीनियर के शब्दों में यह मशीन के किसी हिस्से पर लगने वाला बल है, जो इसे झटक कर तोड़ना या दबाव देना चाहता है। इसी तरह हम मनुष्य भी जब बाहरी जगत से पेश आते हैं, तो हमें अपने भावात्मक व्यक्तित्व में तनाव का सामना करना पड़ता है। मनोचिकित्सकों का कहना है कि जब हमें लगता है कि सामने दिख रहे हालात, हमारी सीमा से कहीं अधिक वित्तीय, आध्यात्मिक, भौतिक या बौद्धिक संसाधन चाहते हैं, तो हम तनावग्रस्त हो जाते हैं।

बचपन में जब हम अगले दिन होने वाले सालाना पेपर की पूरी तैयारी नहीं कर पाते थे, तो हमें तनाव होता था। अब बड़े होने पर, हमें तब तनाव हो जाता है, जब हमारा प्रबंधक कहता है कि हमारे काम का प्रदर्शन असंतोषजनक था और हमारी नौकरी ख़तरे में है। तनाव से जुड़े हालात भिन्न-भिन्न और असंख्य हो सकते हैं।

तनाव की दशा में हमारे तन और मन पर क्या प्रभाव होता है? 1915 में, हार्वर्ड मनोविज्ञानी, वाल्टर केनन ने 'फ़ाइट या फ़्लाइट प्रतिक्रिया' को लक्ष्य किया। उन्होंने पाया कि जब पशु किसी ऐसी तनावग्रस्त स्थिति में आते है, जब उनकी जान के लिए जोखिम पैदा हो जाता है, तो उनका शरीर इस तरह पेश आता है, जिससे उनके जीवित रहने की संभावना बढ़ सके। उनका दिल तेज़ी से धड़कते हुए शरीर को रक्त की अधिक आपूर्ति करने लगता है। रक्त का प्रवाह त्वचा से मांसपेशियों की ओर होने लगता है, ताकि चोट लगने की दशा में रक्त की हानि कम हो। स्वेद ग्रंथियाँ क्षमता से अधिक काम करती हैं, जिससे मांसपेशियों को ठंडा किया जा सके। मन उस संकट के विषय पर केंद्रित हो जाता है। इस तरह पशु दो काम कर सकता है - सामने खड़े ख़तरे का सामना करे या अगर हमलावर अधिक बलशाली है, तो वह भाग जाए। अपना अस्तित्व बचाने के लिए पशुओं में यही सहज वृत्ति पाई जाती है।

यह तथ्य पूरी तरह से स्थापित है कि मनुष्य का शरीर तंत्र भी ख़तरा सामने होने पर 'फ़ाइट या फ़्लाइट प्रतिक्रिया' को मानसिक और शारीरिक तौर पर महसूस करता है। रक्त में एड्रेनलिन का स्तर बढ़ता है, दिल तेज़ी से धड़कने लगता है। रक्त चाप बढ़ता है, और पसीना छूटने लगता है। अब इक्कीसवीं सदी मेंबेशक़ हमें जान का जोखिम नहीं रहा। ये वित्तीय दबाव, सामाजिक मोर्चे या फिर भावात्मक विवाद हो सकते हैं। इन सभी के लिए एक शांत मन और शांत शरीर की ज़रूरत है, ताकि इन्हें बेहतर तरीक़े से सँभाला जा सके। अगर हमारा दिल ज़ोरों से धड़कने लगेगा, तो इससे कोई मदद नहीं होगी। दुर्भाग्य से मनुष्य का तंत्र भी पशुओं की तरह संभावित जोखिम में 'फ़ाइट या फ़्लाइट प्रतिक्रिया' को अपनाता है। यह तार्किक रूप से सोचने के स्थान पर, जोखिम के वश में हो जाता है, और इस तरह इसके लिए हालात को सँभालना और भी कठिन होने लगता है।

इसके बाद, तनाव हमारी सेहत पर बुरा असर डालता है। प्रतिरोध तंत्र के नियमित कार्यों में बाधा आती है, और पाचन तंत्र पर दबाव बनता है। आधुनिक समाज में एक तनावपूर्ण हालात कुछ क्षणों के लिए नहीं होते। ये कई दिन और महीनों तक बने रहते हैं। जो काम की आने वाली डेडलाइनों, ऋणों के भुगतान आदि के रूप में हो सकते हैं। तनाव की यह अवस्था लगातार बनी रहने के कारण शरीर में कोर्टिसोल और अन्य तनाव जनित हार्मोनों की संख्या बढ़ने लगती है, जिससे शरीर की सामान्य कार्यविधि में अवरोध आता है। इस तरह सेहत से जुड़ी कई समस्याओं का ख़तरा बढ़ जाता है; जैसे अवसाद, अपच, सिर में दर्द, दिल के रोग, नींद में कमी, वज़न बढ़ना, याददाश्त में कमी आना आदि। यही वजह है कि हमें तनाव प्रबंधन की आवश्यकता होती है।

तनाव का मूल कारण

हम जिस तनाव को अनुभव करते हैं, उसका मूल कारण क्या है? शायद इसका उत्तर कोई नहीं जानता। अगर आप इंटरनेट पर तनाव के कारणों की ख़ोज करें, तो सर्च इंजन बहुत से कृत्रिम कारण दिखाते हैं। लोकप्रिय मेडिकल वेबसाइट, *वेबएमडी* ने तनाव के निम्नलिखित कारणों की सूची दी है :

- काम से अप्रसन्न होना
- काम का बोझ अधिक होना या ज़िम्मेदारी अधिक होना
- काम के लंबे घंटे
- निर्णय निर्धारण प्रक्रिया में कोई हाथ नहीं होना
- प्रगति की संभावना के लिए असुरक्षित महसूस करना

- काम से निकाले जाने का भय
- सहकर्मियों के आगे भाषण देने का काम
- काम के दौरान भेदभाव या उत्पीड़न

तनाव प्रबंधन की अन्य वेबसाइट भी तनाव के ऐसे ही कारण प्रस्तुत करती हैं। हालाँकि वे सभी इसके मूल कारण को जानने में असफल रही हैं। लोग यही नहीं समझ पाते कि यह पैदा क्यों होता है? इसलिए वे तनाव प्रबंधन के जो तथाकथित उपाय देते हैं, वे केवल लक्षणों पर आधारित हैं, जैसे योग, ताई ची, ध्यान, शांत संगीत सुनना, समय प्रबंधन, परिस्थिति प्रबंधन आदि।

इसकी तुलना आप मलेरिया के कारण हुए तेज़ ज्वर से कर सकते हैं। अगर कोई पैरासिटामोल लेगा, तो लक्षण दब सकते हैं - बुखार कम हो जाएगा - परंतु रोग का इलाज नहीं होगा। इसी तरह योग, ध्यान व ताई ची आदि तनाव के लक्षणों का उपचार है, परंतु इनमें से कोई भी तकनीक समस्या की जड़ पर प्रहार नहीं करती। तो हमारे भीतर तनाव का मूल कारण क्या है?

तनाव तब पैदा होता है, जब हम किसी निश्चित परिणाम से जुड़ाव महसूस करते हैं, और हमें चिंता सताने लगती है कि शायद नतीजे हमारी पसंद के हिसाब से नहीं हों। मिसाल के लिए अगर कोई पेशेवर व्यवसायी, लाभ कमाना चाहता है, पर घाटे से डरता है, तो उसके मन में तनाव पैदा होगा। अगर कोई सेल्स प्रतिनिधि अपने लिए एक निश्चित लक्ष्य पाना चााहता है, परंतु ऐसा करने से चिंतित है, तो तनाव पैदा होगा। इसका अर्थ है कि किसी निश्चित परिणाम से हमारा मोह ही तनाव का मूल कारण है, और अन्य संभावित नतीजों को भी स्वीकार नहीं करना चाहते।

इस बिंदु को गहराई से समझना होगा। तनाव कड़ी मेहनत से नहीं होता। अक्सर हमें लगता है कि हमें ज़्यादा काम करने से तनाव हो रहा है। परंतु यह एक ग़लत सोच है। आप सुबह से शाम तक काम कर सकते हैं, और फिर भी आपको तनाव नहीं होगा।

एक छात्र ने मेरे पास आ कर कहा, 'स्वामीजी! तीन माह में एक महत्त्वपूर्ण परीक्षा है, और अभी से तनाव हो रहा है।'

मैंने उससे पूछा, 'क्या तुम्हें बहुत ज़्यादा पढ़ाई करने से तनाव हो रहा है?'

उसने कहा, 'जी हाँ।'

मैंने उसे समझाया, 'फिर से सोचो। यह पढ़ाई तुम्हारी व्याकुलता का कारण नहीं है। तुम एक निश्चित परिणाम से जुड़े हो। यही बात तुम्हें खाए जा रही है।

जब स्कूल में आंतरिक परीक्षाओं का समय होता है, तब भी तुम इसी तरह तैयारी करते हो, पर तब कोई तनाव नहीं होता। ऐसा इसलिए है, क्योंकि तुम जानते हो उन नतीजों से कोई ख़ास फ़र्क़ नहीं पड़ेगा। परंतु इन बाहरी परीक्षाओं में तुम नतीजों से भावात्मक तौर पर जुड़ गए हो, यही तुम्हारे तनाव की वजह है।'

लोग अक्सर मुझसे पूछते हैं, 'आप साल में तीन सौ पैंसठ दिन, दिन में पंद्रह घंटे काम करते हैं। आप हज़ारों लोगों से मिलते हैं, कई केंद्रों व दर्जनों आश्रमों का प्रबंधन करते हैं, पर फिर भी कभी आपको परेशान या चिंतित नहीं देखा।' इसकी वजह यह है कि जब मैं कड़ा परिश्रम करते हुए, अपनी ओर से पूरी कोशिश करता हूँ, तो इसके बाद का परिणाम उस परमात्मा को सौंप देता हूँ। मैं परिणामों से आसक्ति नहीं रखता; इसलिए मुझे कोई तनाव भी नहीं होता।

निष्कर्ष यही है, हमें अपने कड़े श्रम से नहीं, परिणामों के प्रति लगाव से तनाव होता है।

तनाव निदान के उपाय

एक बार हमें तनाव का कारण समझ आ जाए, तो उपाय बहुत सरल है - परिणाम के प्रति मोह त्याग दो। केवल कर्म पर ध्यान दो, फल की इच्छा मत रखो। भगवद् गीता में आज से पाँच हज़ार वर्ष पूर्व कर्म का यह विज्ञान समझा दिया गया था :

कर्मण्येवाधिकारस्ते मा फलेषु कदाचन (2.47)

भगवान श्रीकृष्ण अर्जुन से कहते हैं, 'तुम्हें अपने कर्म पर पूरा अधिकार है, परंतु तुम फल की इच्छा मत रखो।' अपने कर्म का आनंद लो और इसका फल ईश्वर के हाथों में छोड़ दो।

किसी भी दशा में, हमारे कर्मों का परिणाम हमारे हाथ में नहीं है। यह कई बातों पर निर्भर करता है; जैसे परिस्थिति, दूसरों से सहयोग, प्रतिस्पर्धियों के प्रयास, भाग्य, संयोग और ईश्वर की इच्छा। इस प्रकार विवेक बुद्धि यही चाहती है कि हमें अपनी ओर से पूरा प्रयत्न करने के बाद, जो भी परिणाम मिलें, उनसे संतुष्ट होना चाहिए। ऐसे अनेक प्रेरक भारतीय नेता हुए हैं, जिन्होंने भगवद् गीता के कर्म के विज्ञान का अभ्यास किया है।

बाल गंगाधर तिलक, महात्मा गाँधी से पूर्व भारतीय स्वतंत्रता संग्राम के नेता थे, जो कर्मयोगी के नाम से जाने जाते थे। काम के लिए उनकी सोच से उनके श्रम के परिणाम के प्रति अनासक्ति का पता चलता था। बाल गंगाधर तिलक को एक बार, अंग्रेज़ पुलिसकर्मी ने उनके घर आ कर, क़ानून की धारा 124 के अधीन उन्हें

बंदी बना लिया। उन्होंने पुलिस को पाँच मिनट प्रतीक्षा करने को कहा। फिर उन्होंने अपने मित्र से कहा कि किसी वकील से पता करे कि धारा 124 के अधीन उनके अधिकार क्या हैं। उन्होंने मित्र से कहा कि वह जेल आ कर, उन्हें यह जानकारी दें। फिर तिलक को जेल ले जाया गया और वे बिना किसी चिंता के सो गए। जब उनका मित्र जेल आया, तो तिलक को किसी बालक की तरह सोते हुए पाया। वे अपने काम के लिए पूरी तरह से समर्पित थे, पर उसके परिणाम से अनासक्त थे।

एक और घटना में तिलक अपने कार्यालय में काम कर रहे थे कि उनके घर से एक क्लर्क आया। उसने कहा, 'आपका बड़ा पुत्र बुरी तरह से बीमार है।' तिलक ने उससे कहा कि वह डॉक्टर का प्रबंध कर दें।

आधे घंटे बाद एक मित्र ने आ कर कहा, 'बच्चा बीमार है, और तुम्हें ज़रा भी चिंता नहीं है?'

तिलक ने उत्तर दिया, 'चिंता करने से क्या होगा? मैंने डॉक्टर भिजवा दिया है। इसके अलावा और क्या कर सकता हूँ?'

उनसे पूछा गया कि जब भारत आज़ाद होगा, तो वे क्या बनना चाहेंगे – विदेश मंत्री या प्रधानमंत्री। उन्होंने उत्तर दिया, 'मेरी महत्त्वाकांक्षा थी कि मैं डिफ़रेंशियल कैलकुलस पर किताब लिखूँ। मैं उसे पूरा करूँगा।' वे एक राष्ट्रीय आंदोलन का नेतृत्व कर रहे थे, और फिर भी इतने अनासक्त थे।

हम देख सकते हैं कि कैसे तिलक अपने और अपने काम के प्रति शांत भाव बनाए रखते थे, जबकि वे एक औपनिवेशिक सरकार के ख़िलाफ़ राष्ट्रव्यापी आंदोलन चला रहे थे। उनके रवैए का रहस्य यही था कि वे केवल अपना बेहतरीन देने पर ही केंद्रित रहते और फिर बाक़ी सब प्रभु के हाथों में सौंप देते थे।

कुछ लोग संदेह प्रकट करते हैं, 'अगर हम परिणाम से मोह नहीं रखेंगे, तो क्या इससे हमारा प्रदर्शन प्रभावित नहीं होगा? हम पेशेवर क्षमता में पीछे नहीं रह जाएँगे?'

इसके विपरीत, सत्य तो पूरी तरह से अलग है। जब हम तनाव, उत्कंठा और घबराहट जैसे भावों से परे होते हैं, तो हमारी क्षमता में बढ़ोतरी ही होती है। मिसाल के लिए, अधिकतर पेशेवर लोग जानते हैं कि अगर वे सौदेबाज़ी के दौरान परेशान हुए, तो वे ग़लती कर बैठेंगे। 'अपना आपा बनाए रखो,' इसका अर्थ यही है कि नतीजे के लिए मोह नहीं रखते हुए, शांत भाव से काम करो।

अगर हम नतीजों के लिए ही चिंतित रहे, तो मन भटकेगा और हम अपने काम से विमुख हो सकते हैं। इसके बजाए, हमें अपने प्रयासों पर केंद्रित होना चाहिए। इस तरह हमें स्वचालित रूप से ही सबसे श्रेष्ठ संभावित परिणाम मिलेंगे।

आइए, आगे बढ़ते हैं। हम अपने प्रयासों से जुड़े मोह से कैसे बचाव कर सकते हैं? इसके लिए हमें कर्म योग का अभ्यास करना होगा।

कर्म योग - दैवीय चेतना के साथ कर्म करने की कला

कर्मयोग का शब्दिक अर्थ है, 'कर्म' और 'योग।' इसे जानने के लिए हमें सबसे पहले योग के सच्चे अर्थ को जानना होगा। आजकल, योग शब्द का पश्चिमी जगत में बहुत प्रचलन है। विकसित दुनिया के हर प्रमुख नगर में कुकरमुत्तों की तरह योगा स्टूडियो खुल गए हैं। ताज़ा अध्ययनों से पता चला है कि अमेरिका में बत्तीस मिलियन लोग योगाभ्यास करते हैं, यानी हर दस में से एक व्यक्ति। कहा जाता है कि निकट भविष्य में इतने ही और लोग इस अभ्यास को अपना लेंगे।

भारत के प्राचीन विज्ञान की यह लोकप्रियता देख कर मन को सुख मिलता है। परंतु अधिकतर योग साधकों ने इसे अच्छे स्वास्थ्य के रूप में शामिल किया है, वे इसे सौंदर्यवर्द्धक या फिर वज़न कम करने का साधन मानते हैं। यह सब तो सच ही है, परंतु वे योग के विज्ञान की आध्यात्मिक गहराई से अनभिज्ञ हैं। योग के आसन, योगासन कहलाते हैं। आसन, अष्टांग योग का एक अंग भर है, इसके अन्य सात अंग भी हैं। पूरा क्रम है :

यम-नियमासन-प्राणायाम-प्रत्याहार-धारणा-
ध्यान-समाधयो अष्टावांगानि

(*पतंजलि योगदर्शन* 2.29)

योग के आठ अंग हैं -यम (संयम), *नियम* (आचार संहिता), *आसन* (मुद्रा), *प्राणायाम* (श्वास नियंत्रण), *प्रत्याहार* (भीतर की ओर मुड़ना), *धारणा* (एकाग्रता), *ध्यान* (ध्यान करना) व *समाधि* (प्रभु में पूर्ण रूप से लीन होना)।

ये आठों अंग हमें योग के लिए प्रस्तुत करते हैं। योग का अर्थ है- 'जुड़ना।' उदाहरण के लिए, आयुर्वेद में जब दो दवाओं को मिलाया जाता है, तो इसे योग कहते हैं। आध्यात्मिक संदर्भ में योग का संबंध व्यक्तिगत आत्मा व परमात्मा के संबंध से जुड़ा है। इस प्रकार यौगिक तंत्र का परम लक्ष्य यही है कि ईश्वर से संपर्क स्थापित किया जा सके।

संयोगो योग इत्युक्तो जीवात्मा परमात्मानोः (*गरुड़ पुराण*)

'व्यक्तिगत चेतना का महाचेतना से संयोग ही योग है।' यह संयोग तब संभव होता है, जब मन, प्रभु के स्नेही स्मरण में लीन हो।

जब हम अपने मन को दिव्य चेतना में रखते हुए सांसारिक कर्म करना जारी रखते हैं, तो यही कर्म योग है। भारतीय इतिहास में अनेक कर्मयोगी हुए हैं। ध्रुव, प्रह्लाद, अंबरीश, पृथु, युधिष्ठिर आदि सभी महान सम्राट थे। वे सदा प्रजा से घिरे रहते और उन्हें राज्य के प्रशासन के लिए कई तरह के कठिन काम करने पड़ते थे। परंतु भीतर ही भीतर उनकी चेतना सदा परम पिता में लीन रहती। संत कबीर गृहस्थ होते हुए भी कर्म योगी थे, वे कहते हैं :

जहाँ जहाँ चलूँ करूँ परिक्रमा, जो जो करूँ सो पूजा
जब सोऊँ करूँ दंडवत जानूँ देव न दूजा

'मैं जब भी चलता हूँ, तो यही सोचता हूँ कि मैं प्रभु की परिक्रमा कर रहा हूँ। जो भी कार्य करता हूँ, उसे अर्पित कर देता हूँ। जब भी सोता हूँ, तो यही सोचता हूँ कि प्रभु को साष्टांग दंडवत निवेदित कर रहा हूँ। इस प्रकार, मैं अपने हर कर्म से प्रभु की वंदना करता हूँ, मुझे तो कोई भी उससे भिन्न दिखाई नहीं देता।'

अधिकतर लोगों के लिए पूजा-पाठ, उनके दैनिक जीवन से अलग होता है। वे अपने पूजा कक्ष में कुछ क्षणों के लिए भक्ति-भाव में लीन होते हैं, परंतु जब वे उससे उबरते हैं, तो वे ईश्वर को भुला देते हैं। वे अशुद्ध मन से, वासना, लोभ, मोह, घमंड और उत्कंठा के बीच अपने दैनिक कार्यों में लिप्त हो जाते हैं।

कर्म योग का अभ्यास इसे बदल देता है। हम चाहे जो भी करें, जिस ओर भी जाएँ, हमारा मन ईश्वर में रमा रहता है। फिर हमारी ओर से किया गया हर कार्य, उसके प्रति एक अर्पण हो जाता है। इस प्रकार, कर्म योग में हम अपनी गतिविधियों को नहीं बाँटते, और ऐसा नहीं सोचते, 'यह मेरा काम है, और यह मेरे प्रभु का काम है।' चूँकि मन सदा प्रभु में लगा रहता है; इसलिए सभी काम उनके नाम अर्पित हो जाते हैं। जब हमारा प्रत्येक कार्य उस प्रभु की आराधना हो जाता है, तो हमारी मंशा स्वचालित रूप से तामसिक, राजसिक और सात्विक अवस्था से उठ कर, गुणातीत यानी दैवीय रूप से विशुद्ध हो जाती है।

आइए, देखते हैं कि हम अपने सारे सांसारिक कर्तव्यों को प्रभु के प्रति सेवा में कैसे रूपांतरित करते हुए अपनी मंशा को शुद्ध बना सकते हैं। मान लेते हैं, हमें अपने लिए धनार्जन करना है; धन कमाना एक सांसारिक कर्म है। परंतु यदि आप इस रूप में सोचें, तो यह भी आध्यात्मिक हो सकता है - 'मेरे परिवार के सभी सदस्य ईश्वर की संतान हैं, और उसने सबकी देख-रेख का भार मुझे सौंपा है। मुझे अच्छी तरह धनार्जन करना है, ताकि मैं उनका ध्यान रख सकूँ और मैं जो भी बचा सकता हूँ, उससे अपने प्रभु और गुरु की सेवा करूँगा।' इस प्रकार अपने पेशे से धन कमाना भी दैवीय सेवा हो जाता है।

ठीक इसी प्रकार भोजन करना भी एक सांसारिक कर्म है। हम अगर कुछ ऐसा सोचें, तो यह भी ईश्वर को समर्पित हो सकता है। 'यह शरीर एक माध्यम है, जिससे मैं प्रभु की सेवा करता हूँ। इसे सशक्त होना चाहिए, ताकि मैं भक्ति-भाव में लीन हो सकूँ। परिणाम स्वरूप, मुझे अपने शरीर की अच्छी देख-रेख करने के लिए स्वस्थ आहार लेना चाहिए।'

इसी तरह हम भोजन करते हुए भी ऐसा ही भाव रख सकते हैं; 'मैं यह भोजन प्रभु को अर्पित करता हूँ। उन्होंने इसका भोग लगा लिया है, और शेष मेरा प्रसाद है। यह मेरे इष्ट का झूठा प्रसाद है। मुझे उसके अनुग्रह को स्मरण करते हुए, इसे ग्रहण करना है; जिससे मेरी भक्तिभाव में वृद्धि होगी।'

इन्हीं पंक्तियों के साथ महान भक्त उद्धव ने श्रीकृष्ण से कहा :

त्वयोपभुक्त-स्रग-गंध-वासोऽलंकार-चर्चिताः
उच्छिष्ट-भोजिनो दासास तव मायां जयेमा हि

(श्रीमद भागवतम् 11.6.46)

'मेरे प्रभु, मैं आपको लगाए गए भोग का प्रसाद ग्रहण करूँगा। मैं आपको आभूषण और अलंकार अर्पित करूँगा और उन्हें आपके प्रसाद स्वरूप धारण करूँगा। मैं उस गंध को प्रसाद स्वरूप प्रयुक्त करूँगा, जिससे आपका पूजन होता है। इस प्रकार आपके अनुग्रह से मैं, इस माया से मुक्त हो जाऊँगा, जो आपकी है, और जिस पर विजय पाना कठिन है।'

एक अन्य उदाहरण लें : सोना, दिनचर्या का एक हिस्सा माना जाता है। परंतु कर्मयोगी इसे भी प्रभु के आगे अर्पित करते हुए सोचता है, 'मेरा शरीर क्लांत है। मैं नींद ले कर इसे तरो-ताज़ा कर लूँगा, ताकि कल पुनः भक्ति में लीन हो सकूँ।'

इसी तरह कर्म योगी चिंतन करता है, 'मुझे शरीर को भरपूर नींद देनी है। हे प्रभु! आप मेरे स्वप्न में पधारें और नींद में भी अपने स्मरण का वरदान दे कर मेरे भक्ति-भाव को बढ़ाएँ।'

इस प्रकार प्रत्येक कार्य दैवीय से जुड़ सकता है। जगद्गुरु श्रीकृपालुजी महाराज कहते थे कि हमें अपने आनंद के लिए खुजली तक नहीं करनी चाहिए। अगर हमें खुजली करनी ही पड़े, तो सोचना चाहिए, 'श्रीकृष्ण सम्मुख खड़े हैं, और मुझे देख कर हँस रहे हैं। ठीक है, हे प्रभु! आप आनंदित हों, मैं खुजली करता हूँ और आप इसे देख कर हँसें।'

आइए, घर की साफ़-सफ़ाई; जैसे नीरस कार्य का उदाहरण लें। इसे करने का एक भाव यह हो सकता है : 'ओह, यह कितना नीरस काम है। मेरा पति घर को

गंदा कर देता है। मेरा बच्चा अपने कमरे को कितना गंदा रखता है।' परंतु यदि हम इस नज़रिए के साथ काम करेंगे, तो यह एक सासांरिक कार्य रहेगा और इससे हमारे मन की शुद्धि नहीं होगी।

हमें ऐसा सोचने के स्थान पर, भक्तिपूर्ण भावों को मन में लाना चाहिए : 'मेरे आत्मीय भगवान श्रीकृष्ण मेरे घर आएँगे। मुझे इसे साफ़ करके, उनके लिए उपयुक्त बनाना होगा।' इस भाव से आपके घर की साफ़-सफ़ाई का काम भी प्रभु सेवा में अर्पित हो जाएगा।

रामायण में भील स्त्री शबरी भी यही करती थी। वह रोज़ सुबह उठ कर सोचतीः 'आज भगवान श्रीराम निश्चित रूप से मेरे घर आएँगे। मुझे उन्हें कहाँ बिठाना चाहिए? क्या यह स्थान ठीक रहेगा? नहीं! वह स्थान उपयुक्त है। क्या उन्हें इस तरह भोग लगाना है? नहीं! उन्हें ऐसे भोजन परोसना है।' इस तरह का चिंतन ही उसका भक्तिभाव था। वह हर रोज़ मार्ग बुहार कर अपनी झोपड़ी साफ़ करती। जब श्रीराम वन से जा रहे थे, तो वे मार्ग में उसके पास रुके। जब उन्होंने ऐसा किया, तो प्रभु के प्रेम में बावरी शबरी अपनी सुध खो बैठी। वह एक-एक बेर चख कर देखने लगी कि कहीं प्रभु श्रीराम को खट्टा बेर नहीं खाना पड़े और इस तरह वह उन्हें झूठे बेर खिलाने लगी। परंतु अपने भक्त के भाव के भूखे प्रभु ने वे अधखाए बेर भी स्नेह से खाए और कहा, 'मैंने आज तक इतने स्वादिष्ट बेर नहीं खाए!'

कर्म योग के अभ्यास के लिए एक महत्त्वपूर्ण दशा पूरी होनी आवश्यक है, मन में प्रभु का निरंतर स्मरण रहना चाहिए। भगवद् गीता तथा अन्य ग्रंथों में इसी निर्देश पर बार-बार बल दिया गया है। श्रीकृष्ण ने अर्जुन ने कहा था :

सर्वेषु कालेषु माम अनुस्मर युद्धय च

(भगवद् गीता 8.7)

'मुझे हर क्षण स्मरण रखते हुए कर्म करते रहो।' जगद्गुरु श्रीकृपालुजी महाराज अपनी शिक्षाओं में भी निरंतर इसी स्मरण के विषय में कहते हैं :

मन हरि में, तन जगत में, कर्म योग यही जान

(*भक्ति शतक* श्लोक 84)

'यदि शरीर संसार में तथा मन ईश्वर में लगा हो, तो यही कर्म योग है।' संत कबीर ने भी सरल भाषा में यही सिखाया है :

सुमरिन की सुधि यों करो, ज्यों सुरभि सुत माहिं
कहे कबीर चारो चरत बिसरत कबहुँक नाहिं

'प्रभु को उसी प्रकार याद करें, जिस प्रकार एक गाय अपने बछड़े को याद रखती है। यह सारा दिन मैदान में घास चरती है, परंतु इसका मन अपने बछड़े की ओर लगा रहता है।'

पर हम अपनी दैनिक गतिविधियों के बीच निरंतर प्रभु का स्मरण कैसे कर सकते हैं? बस आपको आगे बताई गई विधि अपनानी होगी।

प्रभु की उपस्थिति का अभ्यास

जब तक हम जागते रहते हैं, हमें अपने बारे में सजगता बनी रहती है : 'मैं खा रहा हूँ, मैं चल रहा हूँ, मैं सोच रहा हूँ, मैं बोल रहा हूँ आदि।' अब हमें ईश्वर की उपस्थिति के बोध को भी अपनी चेतना में शामिल कर लेना चाहिए। मैं अकेला नहीं हूँ; ईश्वर सदा मेरे साथ है। श्रीकृष्ण मुझे देख रहे हैं। वे मेरे साक्षी और रक्षक हैं। दरअसल, ईश्वर हर ओर व सर्वव्यापी है, परंतु हम उनकी उपस्थिति का आभास कर पाना भूल गए हैं। अब हमें अपनी चेतना में उनके लिए स्थान बनाना होगा और अभ्यास करना होगा कि उनकी निरंतर और शाश्वत उपस्थिति को अनुभव कर सकें।

हममें से अधिकतर लोग प्रभु की उपस्थिति को तभी मान देते हैं, जब हम किसी मंदिर, मस्जिद, गुरुद्वारे, चर्च या सिनेगॉग में जाते हैं। उस जगह से बाहर आते ही हम उसे भुला देते हैं। यह आंशिक अवधारणा - ईश्वर केवल पूजन स्थल पर उपस्थित है - हमारे रवैए को प्रभावित करता है। यह हमारे मन में दोहरे मापदंड पैदा करता है - मंदिर में सद्गुणी और भक्त होते हैं, परंतु बाहर आते ही मनमानी करते हैं। क्योंकि हमने अपने ईश्वर के अनुभव को मंदिर तक सीमित कर रखा है, हम अपने अच्छे बर्ताव के मापदंड को घटा देते हैं। यदि हमें यह अनुभूति हो जाए कि सारा संसार ही प्रभु का मंदिर है, तो हम कहीं पाप करेंगे ही नहीं। हम हर समय अपनी नैतिकता और मूल्यों को ध्यान में रख सकेंगे।

हम इस विधि को अपने दैनिक जीवन में कैसे लागू रख सकते हैं? मान लेते हैं कि आप सुबह के समय ऑफ़िस जा कर अपनी कुर्सी पर बैठते हैं। काम आरंभ करने से पूर्व, कुछ क्षण की प्रतीक्षा करें। पहले मानसिक चित्रण करें कि प्रभु आपके कमरे के एक कोने में कुर्सी पर विराजमान हैं। सोचें, 'श्रीकृष्ण मुझे देख रहे हैं। मैं जो भी करता हूँ, वह उनके आनंद और सेवा के लिए है।' इसके बाद अपना काम करना आरंभ करें।

चूँकि अभी तक आप सिद्ध कर्मयोगी नहीं हैं, तो आपके लिए अपने काम में लीन होने के बाद प्रभु का विस्मरण होना सहज है। कोई बात नहीं। एक घंटे बाद, कुछ क्षण के लिए काम से ध्यान हटा कर, फिर से सोचें, 'वे मुझे देख रहे हैं। वे

कह रहे हैं कि अरे... तुम्हें तो अपना मन मुझमें लगाए रखना था। तुम क्या सोचने लगे?' इस तरह आपकी चेतना, पुनः उन्नत हो उठेगी। मन में निरर्थक विचारों का प्रवाह स्वयं ही थम जाएगा।

हर घंटे के बाद इसी तरह अभ्यास करते रहें। जब आप एक बार, एक घंटे के अंतराल में अभ्यास के अभ्यस्त हों, तो इसे हर आधे घंटे बाद करना आरंभ कर दें। जब वह प्राप्त हो जाए, तो इस अंतराल को पंद्रह मिनट पर कर लें। निरंतर अभ्यास से आप उस अवस्था में आ सकेंगे, जहाँ आप निरंतर प्रभु की उपस्थिति को अपने संग अनुभव करेंगे।

हम इस तकनीक की तुलना क्रिकेट के खेल से कर सकते हैं। जब कोई टेस्ट क्रिकेटर मैदान में बल्ला ले कर उतरता है, तो वह मैदान का निरीक्षण करता है। इसकी वजह यह है कि तेज़ गेंदबाज़ की गेंद पिच की बाइस यार्ड पार करने में आधे सेकेंड से भी कम समय लेती है। जब गेंदबाज़ गेंद डालता है, तो बल्लेबाज़ के पास यह देखने का समय नहीं होता कि गेंद फेंके जाने से पहले क्षेत्ररक्षक किस ओर खड़े हैं। यही वजह है कि वह सारे मैदान पर पहले एक नज़र डाल कर देखता है कि दूसरी टीम के कप्तान ने उसके लिए कैसा मैदान तैयार किया है।

फिर मैदान में ग्यारह खिलाड़ियों की अवस्था को ध्यान में रखते हुए, वह गेंदबाज़ का सामना करता है। जब गेंद उसके पास आती है तो वह पूरे कौशल से उसे दो क्षेत्ररक्षकों के बीच उछालता है। कमेंटेटर चिल्लाता है, 'बल्लेबाज़ ने मैदान के बीच ख़ाली जगह खोज ली। उसने गेंद को मिड विकेट और मिड ऑन के बीच उछाला है, और गेंद चार रन के लिए बाउंड्री पार कर रही है!'

बल्लेबाज़ ऐसा उल्लेखनीय काम कैसे कर सका? उसने ग्यारह खिलाड़ियों की मैदान में स्थिति को अपने दिमाग़ में रखा और फिर अपना शॉट चला। कर्म योग का अभ्यास उससे कहीं अधिक सरल है। इसके लिए हमें किन्हीं ग्यारह व्यक्तित्वों को अपने दिमाग़ में रखने की आवश्यकता नहीं है। बस एक को ही याद रखें, हमेशा अपने परम पिता परमात्मा का स्मरण रखते हुए अपना काम करें।

अभिप्राय की शुद्धता से तनाव मिटता है

हमने पहले भी चर्चा की है कि परिणाम से मोह ही तनाव का प्रमुख कारण है। कर्म योग का अभ्यास सहज भाव से, तनाव को मिटाते हुए, इसके मूल कारण को नष्ट करता है। इसमें हम सब कुछ ईश्वर की प्रसन्नता के लिए करते हैं। हमारे बेहतरीन प्रयत्नों के बाद, यदि हमें वांछित परिणाम नहीं मिलते, तो हम सोचते हैं, 'यह संभवतः प्रभु की इच्छा नहीं रही होगी। मुझे उसकी इच्छा को अपनी इच्छा जान कर प्रसन्न

रहना चाहिए।' परिणाम से यह अनासक्ति ही हमें तनाव, व्यग्रता, व्याकुलता और भय से मुक्त करती है।

मैं इस बिंदु को विस्तार से समझाने के लिए एक निजी उदाहरण देना चाहूँगा :

मैं अपनी अमेरिका की यात्राओं से पूर्व, भारत में ही 15-20 दिन की व्याख्यान माला दिया करता था। मेरे पास स्वयं सेवकों का एक दल था, जिन्होंने स्वयं को प्रभु और गुरु की सेवा में पूरी तरह से समर्पित कर दिया था। वे मेरे साथ रहते हुए, अपनी साधना का अभ्यास करते, और अभियान में सहायक होते।

दल का नेता एक जोशीला नवयुवक था। वह पहले ही उस शहर में चला जाता, जहाँ प्रवचन होने वाला होता था। फिर वह सारी तैयारी करते हुए, प्रचार सामग्री बनवाता। लगभग पाँच हज़ार श्रोताओं के हिसाब से पंडाल लगवाया जाता। सारा दल कार्यक्रम से एक सप्ताह पहले उस शहर में पहुँच जाता। वे लोग बहुत सारे बिलबोर्ड लगवाते और हज़ारों की संख्या में दीवारों पर पोस्टर चिपकाए जाते। हमारी ओर से हज़ारों-लाखों की संख्या में पर्चे भी वितरित होते, ताकि अधिक से अधिक संख्या में लोगों तक हमारे कार्यक्रम की जानकारी जा सके।

अक्सर यह कार्यक्रम सफल रहता और हमारे पास भारी संख्या में श्रोता पहुँचते। परंतु कई बार बात नहीं भी बनती थी। जब कार्यक्रम में श्रोताओं की संख्या भरपूर नहीं होती, तो मेरे दल का नेता निराश हो जाता। वह रोने लगता। मेरे लिए इतने जोशीले नौजवान को इस तरह रोते देखना कठिन था। मैं उससे पूछता, 'तुम इतने उदास क्यों हो?'

वह उत्तर देता, 'स्वामीजी, हमने इतनी कोशिश की, परंतु फिर भी लोग नहीं आए।'

एक दिन मैंने उसे समझाया, 'तुमने किसके लिए इतनी कोशिश की? क्या वह तुम्हारे लिए था या फिर प्रभु के आनंद के लिए था? अगर तुम प्रभु के प्रति सेवा करते हुए इतना पुरुषार्थ कर रहे थे, तो अप्रसन्न होने का कारण नहीं पैदा होता। तुमने तो अपनी ओर से पूरा प्रयास किया और उसके बाद का परिणाम स्वयं ईश्वर के हाथों में था। अप्रसन्न होने का अर्थ है कि तुम परिणाम से आसक्त थे; दूसरे शब्दों में, तुम प्रभु के नहीं, अपने आनंद के लिए काम कर रहे थे। यदि तुम वास्तव में प्रभु की सेवा में अर्पित करते हुए काम कर रहे थे, तो सोचो कि अगर अपेक्षित परिणाम नहीं मिल रहे, तो यह उसकी ही इच्छा रही होगी। इसी तरह की सोच के साथ संतुष्ट रहो। निःसंदेह हमें यही अंतर्दृष्टि रखनी चाहिए कि क्या हम किसी काम को और बेहतर तरीक़े से कर सकते थे। परंतु अपने सबक़ सीखो और आगे बढ़ो।'

इस तरह जब हम अपने पुरुषार्थ का फल प्रभु को सौंप देते हैं, तो सारा तनाव छूमंतर हो जाता है और हम अपने कार्य को उसकी सेवा के रूप में देखने लगते हैं। नतीजतन, हम ईश्वर की प्रसन्नता के लिए यथासंभव प्रयत्न करते हैं। तब हमारा काम कोई बोझ नहीं, बल्कि आनंददायक हो जाता है।

जब हमारी मंशा नेक होती है, तो हम स्वयं को ईश्वर के सेवक के रूप में देखते हैं। इसी ज्ञान के आधार पर हम एक स्वस्थ आत्म-छवि विकसित करते हैं। पहचान का ऐसा भाव अहं से पैदा नहीं होता, यह इस सोच पर आधारित है कि हम एक छोटी सी आत्मा हैं, जो प्रभु की शाश्वत सेवक है। इस प्रकार हम स्वयं को नीचा दिखाए बिना अपना विनय भाव बनाए रख सकते हैं। इसके अलावा हमें अहसास होता है कि उसकी कृपा से ही सब संभव होता है और हम 'कर्ता के अहंभाव' से मुक्त होते हैं।

अभिप्राय की शुद्धता से हमारे अंतःपरस्पर संबंधों में भी सुधार होता है। दूसरों में बसी दिव्यता को पहचानने से हमें सबके प्रति एक स्वस्थ रवैया विकसित करने में मदद मिलती है। इससे भी महत्त्वपूर्ण बात यह है कि अपने सांसारिक कार्य करते हुए भी हमें ईश्वरीय बोध के लक्ष्य की ओर बढ़ सकते हैं।

उद्‌देश्य की यह शुद्धता ही प्रभु की कृपा को अपनी ओर आकर्षित करती है। ईश्वर की उस प्रचुरता से जुड़ने के लिए हमें उस असीम ब्रह्मांड को देखना होगा, जिसमें हम रहते हैं। केवल रात को तारों से भरे आकाश के नीचे खड़े हो कर उसे देखने से ही अनुमान लगाया जा सकता है कि हम उसकी सृष्टि के आगे कितने छोटे हैं। हमारा रूप कितना सूक्ष्म है फिर भी सृष्टि के कण-कण में विविधता छिपी है। लाखों प्रजाति के जीव हैं, जो अपनी अनूठी विशेषताएँ रखते हैं। लाखों-करोड़ों मनुष्यों के हाथों और पैरों की छाप, आवाज़ें और प्रवृत्तियाँ भी अलग-अलग हैं। दूसरे जीव-जंतुओं में भी इसी प्रकार की असीम विविधता पाई जाती है। किसी भी पेड़ पर दो पत्तियाँ तक एक सी नहीं होतीं।

भगवद् गीता में कहा गया है कि यह सब प्रभु की लीला का कण मात्र है। इससे ही ईश्वर के विराट व्यक्तित्व की कल्पना मात्र की जा सकती है। वे हर प्रकार से अनंत हैं, और सबसे महत्त्वपूर्ण बात यह है कि हमारे लिए उनकी कृपा भी अनंत है। केवल हम ही अपनी शुद्धता के अभाव में उस कृपा को ग्रहण नहीं कर पाते। जब हम अपनी मंशा को शुद्ध करते हैं, तो सहज ही उसकी दैवीय कृपा ग्रहण कर सकते हैं।

निष्कर्ष

इस अध्याय में, हमने चर्चा की कि जीवन में सफलता पाने के लिए हमारा इरादा

या मंशा अच्छी होनी चाहिए। इसके बिना, हम उस तेज़ गति से चलते वाहन की तरह होंगे, जिसमें ब्रेक नहीं हैं। हमने सीखा कि नीयत अच्छी नहीं हो, तो यही तनाव, व्यग्रता व भय आदि का कारण बनता है। इसके विपरीत विशुद्ध मंशा ही सभी नकारात्मक भावों का रामबाण है। हमने यह भी देखा कि किस तरह अभिप्राय की शुद्धता कर्म योग के अभ्यास में छिपी है। इसमें हम सब कुछ ईश्वर के आनंद के लिए करते हैं। यह हमें आंतरिक रूप से अपना मानसिक समत्व बनाए रखने में सहायक होता है, और बाहरी तौर पर सभी प्रकार के कठिन काम पूरे करने में मदद मिलती है।

यहाँ कर्म योग के अभ्यास के विषय में एक और महत्त्वपूर्ण बिंदु पर ध्यान देना होगा। कर्म योग की सफलता, उस स्नेह के अनुपात में होती है, जो हम दिव्य प्रभु के प्रति उत्पन्न करते हैं। हम उससे जितना प्रेम करते हैं, हमारे लिए उसमें अपना मन रमाना उतना ही सरल होता है।

तो प्रभु के प्रति प्रेम विकसित करने के लिए क्या करना चाहिए? किसी तकनीक को विकसित कर, लागू करने के लिए उचित ज्ञान और कार्यविधि की आवश्यकता होती है। भले ही यह कितना भी आश्चर्यजनक क्यों नहीं लगे, दिव्य ज्ञान के साथ प्रभु के प्रति प्रेम भी बढ़ता है। इसके बाद, अब हम सफलता, प्रसन्नता और संतोष की पाँचवीं मानसिकता की ओर आते हैं, जिसे 'ज्ञान विकसित करने की मानसिकता' कहते हैं।

5

ज्ञान को विकसित करने की मानसिकता

पिछले अध्याय में हमने देखा कि हम अपने अभिप्राय की विशुद्धि के साथ नकारात्मक भावों से मुक्त हो सकते हैं। परंतु केवल अभिप्राय ही काफ़ी नहीं है। जैसा कि कहा जाता है : 'नरक की ओर जाने का मार्ग अच्छी मंशाओं से पटा है।' भले ही कई लोगों की मंशा अच्छी थी, परंतु वे अच्छे कर्म करने में असफल रहे, क्योंकि उनके पास पर्याप्त ज्ञान नहीं था। कई काम हर वर्ष अच्छी मंशा या इरादे के साथ आरंभ होते हैं। खेद की बात है और आँकड़े बताते हैं कि ऐसे पाँच स्टार्ट-अप में से चार असफल हो जाते हैं। जो असफल हुए, वे भी सफल होना चाहते थे, परंतु उनके पास उस काम को सही तरह से करने की तकनीक - ज्ञान- का अभाव था। इस तरह हम उस उचित ज्ञान की मानसिकता को देख सकते हैं, जो सफलता, प्रसन्नता और संतुष्टि पाने के लिए चाहिए।

कुछ लोग कहते हैं कि ज्ञान वास्तव में अनिवार्य नहीं है, और मंशा की शक्ति अपर्याप्त है। वे इस बात पर बल देते हैं कि अगर हम किसी काम को गंभीरता से करेंगे, तो उसे निश्चित तौर पर पूरा कर लेंगे। फिर इस बात के अनुसार चलते हैं, 'आप जीवन में वहीं हैं, जिस जगह आप होना चाहते थे।' हालाँकि भले ही यह वाक्य पढ़ने में अच्छा लगे, परंतु यह सत्य से दूर है। मैं आपको इस विषय में अपने अनुभव बताना चाहूँगा।

एक बार, हम भारत के ओड़िसा राज्य में, एक से दूसरे नगर में जा रहे थे। हमने फूलबनी से यात्रा आरंभ की और हम भवानीपटना जाना चाहते थे। रास्ते में बोध के निकट गाड़ी के बेअरिंग्स ख़राब हुए और हमने पास के पेट्रोल पंप के मालिक से रास्ता जानना चाहा। वह एक दयालु आदमी था, उसने सब कुछ विस्तार

से बताया और एक नक़्शा भी बना दिया। परंतु दो-ढाई घंटों के बाद, हम संबलपुर में थे। क्या गड़बड़ हो गई?

हम तो भवानी पटना जाना चाहते थे और हमने अपनी ओर से पूरी कोशिश भी की। परंतु केवल जाने का इरादा ही काफ़ी नहीं था। समस्या यह थी कि उस व्यक्ति ने जो नक़्शा दिया था, वह ग़लत था। उचित ज्ञान के अभाव ने हमारे अभिप्राय में बाधा दी। 'आप जीवन में वहीं हैं, जिस जगह आप होना चाहते थे।' उस दिन यह कहावत हमारे लिए ग़लत साबित हो गई।

इस तरह कुछ हासिल करने के लिए केवल नेक इरादा होना ही ज़रूरी नहीं है। हमें ज्ञान की मानसिकता की मदद भी लेनी होगी। अगर आप गोल्फ़ खेलना चाहते हैं, तो सकारात्मक नज़रिया निश्चित रूप से आपके बेहतर प्रदर्शन के काम आएगा। हालाँकि अगर आपको शॉट लगाने की तकनीक नहीं आती, तो सकारात्मक सोच किसी भी दशा में आपकी गेंद को उपयुक्त स्थान तक नहीं ले जा सकती।

प्रति वर्ष कितने ऐसे लोग दिवालिया हो जाते हैं, जिनके पास सफलता के लिए आलीशान उपाय मौजूद थे। उनके इरादों में कहीं कोई कमी नहीं थी, और उनका दिल से यही मानना था कि वे अपने लक्ष्यों को पूरा कर सकते हैं। परंतु उनके पास तकनीक का अभाव था।

कुछ लोगों का दावा है कि अज्ञान ही आनंद है, परंतु यदि अज्ञान में आनंद है, तो अज्ञानी, अशिक्षित और मूर्ख लोग इतने दयनीय क्यों होते? अज्ञान कोई सुख नहीं है; यह दुख, पीड़ा, कष्ट व रोग है। मैं आपको इसे समझाने के लिए एक मज़ेदार प्रसंग बताना चाहता हूँ :

मैंने एक विवाहित जोड़े के बारे में सुना, जो अपने चाचा धर्मेंद्र के क्रिया कर्म से वापस आ रहा था। वे उनके साथ पिछले बीस सालों से रह रहे थे, और उन्होंने पति-पत्नी के बीच ज़हर घोलने में कोई कसर नहीं छोड़ी थी।

पति ने कहा, 'प्रिय, तुमसे कुछ कहना था। अगर मेरे मन में तुम्हारे लिए प्रेम नहीं होता, तो मैं तुम्हारे चाचा को एक दिन भी सहन नहीं कर पाता।'

पत्नी ने हैरानी से कहा, 'मेरे चाचा धर्मेंद्र! मुझे तो लगा कि वे तुम्हारे चाचा थे!' दोनों को अहसास हुआ कि वे अपने अज्ञान के कारण ही पिछले बीस सालों से दुख सहन करते आ रहे थे।

उस जोड़े के लिए अज्ञान में कोई सुख नहीं था। उन्होंने सत्य को जाने बिना ही झूठी धारण बना ली थी। उन्हें वह कष्ट सहते हुए बीस साल हो चुके थे। इस कष्ट का कारण क्या था? अज्ञान!

एक और कथा से आप अज्ञान की पीड़ा को समझ सकते हैं :

एक रोगी डॉक्टर के पास गया, वह भीषण पीड़ा में था। उसे क्लीनिक जा कर पता चला कि डॉक्टर अंदर नहीं है। वह उसके कक्ष में ही प्रतीक्षा करने लगा, परंतु पेट का दर्द सहन नहीं हो रहा था।

आख़िर में, एक घंटे बाद, डॉक्टर अंदर आया। उसने रोगी को दवा लिख कर दी और केमिस्ट से वह देने को कहा। रोगी बोला, 'ओह डॉक्टर! यह दवा तो पहले से ही केमिस्ट के पास थी। मैं उचित दवा के अज्ञान के अभाव में ही पिछले एक घंटे ये दर्द को सहता रहा और आपके आने की प्रतीक्षा करता रहा।'

डॉक्टर ने उत्तर दिया; 'अज्ञान ही हमारे कष्ट का कारण है। अगर हमें उचित ज्ञान मिल जाए, तो दुखों का अंत हो जाता है।'

डॉक्टर के शब्दों में महर्षि वेदव्यास के गहन शब्दों की गूँज शामिल थी :

अज्ञानमेवस्य हि मूल कारणम्   (अध्यात्म रामायण)

'सभी मनुष्यों में कष्ट का मूल कारण, उनमें ज्ञान का अभाव ही है।' इस प्रकार जीवन की यात्रा अज्ञान के अंधकार से ज्ञान के प्रकाश की ओर एक यात्रा है।

सैद्धांतिक ज्ञान, व्यावहारिक क्रियान्वयन की ओर ले जाता है

किसी भी तकनीक को समझने और लागू करने के लिए ज्ञान की आवश्यकता होती है। इसके बिना हम अंधकार में भटकने लगते हैं। एक बेहतर दिशा के अभाव में, हमें अपने अनुमान, प्रयोगशीलता और सुनी हुई बातों पर विश्वास करना होता है। इसके बजाए, यदि हमें उचित ज्ञान हो, तो यह हमें हमारा मनचाहा काम करने का सबसे बेहतरीन और प्रभावी तरीक़ा सुझा सकता है।

इस तरह सैद्धांतिक ज्ञान व्यावहारिक क्रियान्वयन की ओर ले जाता है; यह जीवन के सभी पक्षों पर लागू होता है। कुछ भी करने के लिए हमारे पास नियम व सिद्धांतों की जानकारी होनी चाहिए। हमारे ज्ञान की गुणवत्ता जितनी बेहतर होगी, हम किसी काम में उतना ही प्रभावी होंगे। यह भौतिक और आध्यात्मिक, दोनों तरह के कामों के लिए सच है।

आजकल अधिकतर लोग, अपने बच्चों को सबसे अच्छी शिक्षा देने की कोशिश करते हैं। जीवन का एक चौथाई हिस्सा, तो शिक्षा पाने में ही निकल जाता है। ऐसा इसलिए है, क्योंकि माता-पिता को अहसास होता है कि उनके बच्चों के जीवन

की गुणवत्ता, इस बात पर निर्भर होगी कि उन्होंने स्कूल और कॉलेज में क्या और कितनी शिक्षा ग्रहण की है।

इसी तरह विकासशील देशों में, विकसित देशों से तकनीकें ख़रीदने के लिए विशाल धनराशि व्यय की जाती है। उन्हें अपने लिए इस विशेषज्ञता की ज़रूरत है, और वे जानते हैं कि उन्हें इसके लिए क़ीमत अदा करनी होगी। वे विशेषज्ञता का भुगतान करते हैं, क्योंकि वे जानते हैं कि गुणवत्ता से भरपूर शिक्षा ही सफलता और असफलता का मूल अंतर होगी। विवेक का एक मोती भी उन्हें दूसरों से आगे लाने में सफल हो सकता है; जो कि इस प्रसंग से स्पष्ट होता है :

एक अल्पविकसित देश की कंपनी अल्फ़ाटेल, मोबाइल फ़ोन निर्माण करना चाहती थी। इसके अधिकारियों ने एक जर्मन कार्पोरेशन डॉयचे टेलीकॉम से तकनीक के लिए संपर्क किया। उन लोगों ने टर्न की परियोजना का प्रस्ताव रखा। जिसके अनुसार आपूर्तिकर्ता सारा संयंत्र लगाता है, और ग्राहक को उसे चालू करने के लिए केवल कुंजी दबानी पड़ती है। यह परियोजना संयंत्र चलने की पूरी एक साल की गारंटी के साथ दी जा रही थी।

एक साल तक सारा काम अच्छी तरह चला। परंतु ज्यों ही तेरहवाँ महीना आया, उत्पादन लाइन की सबसे बड़ी मशीन वहीं बंद पड़ गई।

अल्फ़ाटेल ने सेवा आपूर्ति के लिए गुहार लगाई। उन्हें कहा गया कि जर्मनी से एक सर्विस इंजीनियर आएगा, परंतु उसका सारा व्यय देना होगा, क्योंकि उनकी कंपनी के पास अब वारंटी नहीं थी।

इंजीनियर सर्विस करने आया। उसने सारा प्लांट देखा, कुछ मशीनों को थपथपाया और कुछ के पास कान लगा कर उनके स्पंदन सुने। आख़िर में उसे एक ढीला स्क्रू मिल गया, और ये

क्या...? कुछ ही देर में मशीन काम करने लगी।

सर्विस इंजीनियर ने कहा, 'एक लाख डॉयचे मार्क्स देने होंगे।'

'क्या? केवल एक पेंच कसने के इतनी रक़म?' अल्फ़ाटेल के अधिकारी भन्ना गए।

इंजीनियर ने कहा, 'ये रक़म केवल पेंच कसने की नहीं है। कौन सा पेंच कसना है, उसकी जानकारी और ज्ञान के लिए इतना पैसा लगेगा। उसी ज्ञान को पाने के लिए मैंने इंजीनियरिंग में पोस्ट-ग्रेजुएशन की डिग्री ली और मोबाइल तकनीक में विशेषज्ञता हासिल की। इसके अलावा, मेरे पास इस क्षेत्र में काम करने का पिछले पंद्रह वर्षों का अनुभव भी है।'

यह प्रसंग दर्शाता है कि एक छोटी सी जानकारी भी कितनी काम की हो सकती है। अक्सर, हमारी सोच या किसी काम को करने के तरीक़े में थोड़ा सा भी बदलाव हमारे प्रदर्शन में निखार ला सकता है। कई बार एक छोटा सा विचार लोगों के करियर या सारे उद्योग को बदल सकता है। खेल के क्षेत्र में एक उपयोगी टिप खिलाड़ी को शीर्ष पर ले जा सकती है। स्वास्थ्य से जुड़ा एक अहम टिप किसी व्यक्ति के जीवन को रूपांतरित कर सकता है। इस तरह जो लोग अपने क्षेत्र में निरंतर कुछ नया और उपयोगी करने की मानसिकता रखते हैं, वे ही सबसे आगे निकलते हैं।

सभी अपने लाभ के लिए ज्ञान की शक्ति का प्रयोग कर सकते हैं। परंतु खेद से कहना पड़ता है कि लाखों लोग इस सादे से सत्य को अनदेखा करते हैं। आँकड़ों से पता चलता है कि तैंतीस प्रतिशत अमेरिकी ऐसे हैं, जिन्होंने कॉलेज की पढ़ाई पूरी करने के बाद, एक भी किताब पूरी तरह से नहीं पढ़ी। वे यह मान लेते हैं कि वे कॉलेज से डिग्री ले चुके हैं; इसलिए अब उनके पास सफल जीवन जीने का ज्ञान आ गया है।

इसके विपरीत, ज्ञान की मानसिकता रखने वाले लोग, कोई भी अवसर मिलते ही सीखना जारी रखते हैं। वे अपनी ग्रहण करने की शक्ति के बल पर, विभिन्न स्रोतों से जानकारी जमा करते हैं, और जल्दी ही ऐसे कौशल विकसित कर लेते हैं, जो उन्हें उनके काम के क्षेत्र में निपुणता पाने के लिए आवश्यक हो सकते हैं।

आज की दुनिया में सूचना के प्रति लोगों की पहुँच इतनी अधिक हो गई है कि ज्ञान पाने के लिए वर्षों कड़ा परिश्रम करने की भी आवश्यकता नहीं रही। विविध ऑनलाइन मंचों पर कई तरह की सूचना व जानकारियाँ उपलब्ध हैं; केवल उस तक पहुँचना भर है। जो लोग ज्ञान के महत्त्व को समझते हैं, वे लगातार स्वयं को उन्नयन करते हुए, श्रेष्ठता के उच्चतम स्तरों तक पहुँचते रहते हैं।

आधुनिक समय में जानकारी का विस्फोट

आधुनिक इतिहास के पिछले दो हज़ार वर्षों में, पिछले कुछ दशकों के दौरान मनुष्य जाति के सामूहिक ज्ञान में असाधारण वृद्धि पाई गई। सात सौ वर्ष पूर्व, एक अंग्रेज़ दार्शनिक रॉजर बेकन को समाज में ऐसा व्यक्ति माना गया था, जो वह सब जानता था, जो कि जानने योग्य था। माना जाता था कि वह उस समय के सारे ज्ञान और विज्ञान का ज्ञाता था। हालाँकि आज के सूचना तकनीक के युग में, हर किसी के लिए केवल एक ही विषय में भी संपूर्ण ज्ञानी बनना लगभग असंभव है।

बहुसंख्यक बलों के एक साथ काम करने के कारण ही ज्ञान का ऐसा विस्फोट हुआ है। पहले, वर्ल्ड वाइड वेब के कारण सूचना क्रांति आई। इंटरनेट हमें पूरी दुनिया की लाखों वेबसाइट तक जाने की सुविधा प्रदान करता है, जिनमें लगभग आधा

मिलियन पुस्तकालयों, जितना ज्ञान संजोया गया है। इसके बाद मोबाइल तकनीक के विकास ने वह सारी जानकारी हमारी अँगुलियों पर जुटा दी है।

दूसरे, तकनीकी प्रगति ने तेज़ गति से काम करने वाले कंप्यूटरों ने मौजूदा सूचना को प्रोसेस करने के लिए प्रस्तुत कर दिया है। आज हर दूसरे व्यक्ति के पास अपना कंप्यूटर या लैपटॉप है और वह बहुत आसानी से पूरी गति के साथ कई सारे काम एक साथ करने की योग्यता रखता है।

तीसरे, संप्रेषण में वृद्धि के कारण जानकारी को द्रुत गति से साझा कर सकते हैं। 'सेंड' की सिंगल कमांड के बल पर आप अपने ई-मेल को दुनिया में हज़ारों लोगों तक पहुँचा सकते हैं। सोशल मीडिया ने इसे और अधिक विकसित कर दिया है। आप फ़ेसबुक, ट्विटर या इंस्टाग्राम के माध्यम से अपने संदेश को लाखों लोगों तक भेज सकते हैं।

नतीजतन, किसी एक क्षेत्र के शोधकर्ताओं का ज्ञान तुरंत दूसरे क्षेत्र के वैज्ञानिकों तक पहुँचाया जा सकता है। इसके बाद उनके पास ऐसी तकनीक है, जिसके बल पर वे इसे प्रोसेस करके, इस पर काम करते हैं, और अपनी विशेषज्ञता के क्षेत्र में इसका प्रयोग करते हैं। इस तरह मानवजाति का ज्ञान दुगनी और तिगुनी गति से बढ़ता जा रहा है।

ये तीनों बल - सूचना, तकनीक व संप्रेषण मिल कर लोगों के लिए,बिलकुल नई संभावनाएँ पैदा कर रहे हैं कि वे उस ज्ञान के बल पर अपने लक्ष्यों की प्राप्ति कर सकते हैं। यह केवल आरंभ है, क्योंकि पविर्तन की दर हर वर्ष बढ़ रही है। दरअसल, प्रति दिन बढ़ रही है। यह एक ग्लेशियर के समान है, जो बढ़ रहा है और तीव्र गति से आगे बढ़ता रहेगा। इसे रोकने का कोई विकल्प उपस्थित नहीं है। हमें केवल यही निर्णय करना है कि हम इस परिवर्तन के लिए अनुकूल बनना चाहेंगे या इसके शिकार होना चाहेंगे।

अगर हम बदलाव की लहर पर सवार होना चाहते हैं, तो हमें अप्रचलित विशेषज्ञता से उबरना होगा। हमें अपने भीतर अपने कौशल और विशेषज्ञता को उन्नयन करने की इच्छा पैदा करनी होगी और विविध मंचों पर उपस्थित साधनों का समुचित उपयोग करते हुए तेज़ी से आगे बढ़ना होगा।

हालाँकि हमें सूचना और ज्ञान के अंतर को भी भूलना नहीं है। केवल सूचना या जानकारी से हमें कोई लाभ नहीं हो सकता। हमें सूचना से अपने लिए उपयोगी ज्ञान पैदा करने की योग्यता से लाभ होगा। जो लोग इस कौशल में निपुण हैं, वे देश की नई अर्थव्यवस्था पर राज कर रहे हैं। इसके बारे में हम आगे चर्चा करेंगे।

नॉलेज इकोनॉमी

समाजशास्त्रियों ने विभिन्न युगों को नाम दिए हैं, जिनके माध्यम से होते हुए मानव समाज पिछले तीन सौ वर्षों में विकसित हुआ है। 1750 ई. तक, विश्व के अधिकतर देशों में कृषि युग था। समाज को कृषि पर आधारित अर्थव्यवस्था के अनुरूप बनाया गया था, जिसमें नब्बे प्रतिशत लोग गाँवों में रहते थे, और खेती-बाड़ी से जुड़े कामों में लगे थे।

इसके बाद औद्योगिक युग आया। वस्तुओं के उत्पादन के लिए कारख़ाने चलाए गए। शहरों में तेज़ी से जनसंख्या बढ़ी। इस विकास ने समाज को एक निर्माण पर आधारित अर्थव्यवस्था में बदल दिया। अब संसार का वर्चस्व उनके हाथों में था, जो निर्माण प्रक्रियाओं में बेहतर थे। राल्फ़ वाल्डो इमर्सन ने अपने प्रसिद्ध कथन में औद्योगिक युग की भावना प्रकट की है, जिसमें उन्होंने कहा कि अगर आप किसी आम समस्या का थोड़ा सा भी बेहतर हल निकाल सकते हैं, तो पूरी दुनिया आपके घर के द्वार का रास्ता तलाशने लगेगी।

परंतु समय बदलने के साथ निर्माण की प्रक्रियाएँ भी आम होती चली गईं। अधिकतर उत्पादकों की उत्पादित वस्तुओं की गुणवत्ता लगभग एक सी थी। इस तरह समाज में निर्माण का महत्त्व कम होने लगा। फिर संसार ने मार्केटिंग के युग में क़दम रखा। जो लोग प्रचार के लिए बेहतर उपाय रखते थे, वे अर्थव्यवस्था की सीढ़ियों पर तेज़ी से चढ़ने लगे।

1980 के दशक में निजी कंप्यूटरों के विकास के साथ समाज में पुनः तेज़ी से बदलाव आया। कंप्यूटरों ने लोगों को इस योग्य बना दिया कि वे डाटा को प्रोसेस कर भविष्य के लिए संजो सकते थे। अब वे लोग ख़ास हुए, जिनके पास गुणवत्तापूर्ण सूचना का भंडार था और इस तरह मानव जाति सूचना युग में आ गई।

परंतु अब रूपांतरण की दर और भी तीव्र हो चुकी है। इस सहस्राब्दि में, सूचना और जानकारी मिलना भी आम हो गया है। अब होने और नहीं होने में कोई बहुत बड़ा अंतर नहीं रहा। यह अंतर तुरंत उपलब्ध जानकारी या उपयोगी जानकारी में बदल गया है। नतीजतन, हम देख रहे हैं कि किस तरह दुनिया की अर्थव्यवस्था का ढाँचा धीरे-धीरे ज्ञान के युग की तरफ़ बढ़ रहा है। इस युग में यह बात अहमियत रखती है कि सूचना व ज्ञान से प्रत्यक्ष व अप्रत्यक्ष मूल्य कैसे पैदा किया जाए? इस तरह ज्ञान ही सबसे महत्त्वपूर्ण पूँजी व संसाधन हो गया है। यह वित्त और मशीनरी से भी कहीं ऊपर है।

इतिहास के पन्नों पर आर्थिक मूल्य वित्त, भूमि, श्रम, मशीनरी, संपत्ति व अन्य ठोस संपत्ति में था। देश आपस में संपत्ति के लिए लड़ते थे। जिन लोगों ने बाज़ार के लिए उत्पादन और सेवाओं के माध्यम से संपत्ति अर्जित की, वे ही अर्थव्यवस्था

में शक्तिशाली हुए। वर्तमान में यह सब कुछ बदल गया है। अब सूचना, जानकारी और उपाय ही सबसे अधिक मूल्यवान हैं।

इस नए परिदृश्य में, आपकी अपनी बुद्धि, विचार और अवधारणा ही आपकी सबसे बड़ी संपत्ति हो सकते हैं। आज दुनिया में राज करने वाले अनेक बड़े उद्यम, उन लोगों के हाथों में हैं, जिन्होंने शून्य से अपनी शुरुआत की थी। उनके पास केवल एक उपाय था, जिसने औद्योगिक जगत में क्रांति ला दी। इस तरह आज के बेहतर अवसर आपके ज्ञान और विचारों से प्रेरित हो कर गहन मनन के बीच छिपे हैं। इस बदलते हुए परिदृश्य में भले ही आपका कार्यालय क्यों नहीं जल जाए? आप उसमें से बाहर आ कर अपनी बौद्धिक प्रतिभा के बल पर नए सिरे से सारा काम जमा सकते हैं।

समाजशास्त्रियों ने इसे 'नॉलेज इकोनॉमी' नाम दिया है, जो आज के आर्थिक हालात पर पूरी तरह से सही बैठता है। जनता के पास जानकारी और सूचना का अभाव नहीं है, परंतु लोगों को सफल होने के लिए इससे कुछ अधिक की आवश्यकता है। उन्हें सूचना को जल्दी से खोजने के बाद, उसे सोच-विचार कर, नया ज्ञान विकसित करना होगा। इस समय आपकी सोच और उस सोच को लागू करने की योग्यता ही ऐसे नतीजे ला सकती है, जो दूसरों को भी मूल्यवान लगेंगे।

पुरानी अर्थव्यवस्था में लोग अपना कोई नया कार्य आरंभ करने के लिए पूँजी निर्माण करने में ही बरसों का समय लगा देते थे। इस नई अर्थव्यवस्था में मस्तिष्क में भरी बड़ी पूँजी के साथ, किसी को भी सफल होने में अधिक समय नहीं लगता। बौद्धिक पूँजी का महत्त्व इतना अधिक हो गया है कि बैंक अब भी समझ नहीं पा रहे कि इसका मोल कैसे आँका जाए? पहले, वे ऋण देने के लिए उधार लेने वाले की संपत्ति का अनुमान लेते थे। वर्तमान परिदृश्य में, उधार लेने वाले की संपत्ति अमूर्त भी हो सकती है। हो सकता है कि वह उसकी सोचने की क्षमता या कुछ रचने की योग्यता में छिपी हो।

पुरानी अर्थव्यवस्था में, भौतिक संपत्ति की मात्रा सीमित थी, जो कई अंशधारकों के बीच विभाजित होती थी। संसाधनों का अभाव ही मनुष्य के इतिहास में कई युद्धों का कारण रहा है। इसके विपरीत, एक नॉलेज इकोनॉमी की विशेषता; इसका अभाव नहीं, परंतु प्रचुरता है। ज्ञान के बारे में अद्‌भुत तथ्य यह है कि इसे हज़ारों बार, घटाए बिना नए सिरे से उत्पन्न किया जा सकता है। इसके विपरीत ज्ञान जितना अधिक बाँटा जाता है, यह उतना ही बढ़ता है। जब यह विविध विशेषज्ञों तथा अनुभवी लोगों तक पहुँचता है, तो यह और अधिक तथ्य विकसित करता है।

संप्रेषण के विकास ने इस परिदृश्य को बढ़ाने में अपना योगदान दिया है। आप जो भी नया विचार विकसित करते हैं, वह कुछ ही देर में सारी दुनिया में प्रचारित

हो सकता है, बस माउस की एक क्लिक भर की देरी है। इस तरह भौगोलिक स्थान की सीमा अब नहीं रही। आप किसी क्रूज शिप, पहाड़ी केबिन या किसी जंगल में भी हों, अगर आपके पास इंटरनेट है, तो आप पूरी उत्पादकता के साथ अपने काम में तल्लीन हो सकते हैं।

इस तरह नॉलेज इकोनॉमी विकसित करने में, ज्ञान की मानसिकता बहुत अधिक महत्त्व रखती है। एक इंसान को त्वरित रूप से जानकारी का संग्रह करना सीखना चाहिए, और फिर उसे गहन मनन के साथ उपयोगी जानकारी में बदलना चाहिए।

ज्ञान विकसित करने की मानसिकता पर चर्चा करते हुए, हमें यह ध्यान रखने की आवश्यकता है कि केवल भौतिक ज्ञान ही एकमात्र ऐसा ज्ञान नहीं है, जिसका अस्तित्व है। **एक आध्यात्मिक ज्ञान भी होता है, जो जीवन में सफलता, प्रसन्नता व संतुष्टि पाने के लिए कहीं अधिक उपयोगी व लाभदायक हो सकता है।**

इस बिंदु पर, लोग प्रायः यह प्रश्न करते हैं : इस ज्ञान के युग में क्या आध्यात्मिकता की आवश्यकता है या फिर यह अप्रचलित हो गई है? अब जबकि हम इतना कुछ जानते हैं, क्या अब भी ईश्वर में विश्वास करने की आवश्यकता है? क्या आध्यात्मिक विश्वास अज्ञान का संकेत नहीं है? ऐसे बहुत से सामान्य प्रश्न अक्सर कई लोगों के मन में आते हैं। आइए, उन पर चर्चा करें।

आध्यात्मिक ज्ञान की आवश्यकता

इस ग्रह पर विकसित ज्ञान की सभी शाखाओं के बीच, विज्ञान पूरे गौरव के साथ उपस्थित है। यह विशेष तौर पर बौद्धिक संभ्रांत वर्ग को आकर्षित करता है, क्योंकि यह तार्किक विमर्श, मापने योग्य तथ्यों तथा प्रामाणिक कार्य पद्धतियों पर आधारित है। विज्ञान जनसामान्य को भी अपनी ओर खींचता है, क्योंकि यह हमारे जीवन के मापदंडों को उठाते हुए, विलासिता और वैभव प्रदान करता है, जो सबके लिए महत्त्वपूर्ण हैं।

आधुनिक युग में हम व्यावहारिक रूप से विज्ञान को पूजते हैं। किसी भी विषय या मसले पर, वैज्ञानिक मत को अविवादित और उस विषय पर अंतिम कथ्य माना जाता है। विज्ञान के इस युग में आध्यात्मिकता का क्या स्थान है? क्या यह वैज्ञानिक दृष्टिकोण के विपरीत नहीं है? क्या हमें वैज्ञानिक या आध्यात्मिक बनने में से, किसी एक का चुनाव करना होगा? क्या कोई ऐसा उपाय है, जो ज्ञान की इन दो शाखाओं को आपस में मिला सके?

हम विज्ञान और अध्यात्म के आपसी मेल की बात क्यों कर रहे हैं? इसका एक कारण यह है कि कुछ हज़ार वर्ष पूर्व कॉपरनिकस और गैलीलियो के समय में,

पश्चिमी जगत में इन दोनों दृष्टिकोणों के बीच एक अलगाव पैदा हुआ। विज्ञान और अध्यात्म, दोनों ही ज्ञान के सारे क्षेत्र को अपने-अपने नज़रिए से व्याख्यायित करना चाहते थे। इस तरह दोनों ही पक्षों में भारी विरोध और बैर पैदा हो गया। नतीजतन आज विज्ञान और अध्यात्म के बीच वही गहरी खाई दिखाई देती है। आपको कोई ऐसा वैज्ञानिक पत्र नहीं मिलेगा, जो यह कहता हो कि उक्त घटना ईश्वर की इच्छा के कारण घटी है।

विज्ञान की ओर से अध्यात्म की इस उपेक्षा ने आज ऐसी स्थिति पैदा कर दी है कि जहाँ हम देख रहे हैं कि विज्ञान की ओर से मिली आण्विक शक्ति और जेनेटिक बायो इंजीनियरिंग मिलने के बावजूद, हमारे पास ऐसा कोई नैतिक तंत्र नहीं है, जो हमें इन शक्तियों के उचित प्रयोग के बारे में दिशा-निर्देश दे सके। विज्ञान ने हमारे रहन-सहन के स्तर को उठाया है, परंतु औद्योगीकरण के कारण ऐसे संसाधन भी तेज़ी से नष्ट हुए हैं, जिनकी ऊर्जा का नवीकरण नहीं हो सकता। इसके कारण पारिस्थितिकी तंत्र भी नष्ट हुआ।इसकारण हम धरती, वायु व आकाश का प्रदूषण भी देख ही रहे हैं।

विज्ञान के प्रमुख उद्देश्यों में से एक तो यही था कि मनुष्य जाति के दुखों का अंत करते हुए, उन्हें आनंद और प्रसन्नता का अनुभव पाने में मदद की जा सके। हालाँकि हममें से अधिकतर लोगों के लिए ऐसा नहीं हो पाया। हम देख सकते हैं कि हमारे पूर्वज हमसे कहीं अधिक प्रसन्न थे, भले ही उनके पास भौतिक सुख-सुविधा के इतने साधन नहीं थे। ऐसा क्यों हुआ है?

हम सबको अहसास है कि प्रसन्नता का हमारी भौतिक वस्तुओं की संख्या से कोई लेन-देन नहीं है; यह हमारे मन के भीतर बसी शांति और आपसी सामंजस्य पर आधारित है। पश्चिमी दार्शनिक जॉन मिल्टन के शब्दों में :

> मन का अपना ही स्थान है, और यह अपने ही भीतर स्वर्ग को
> नरक और नरक को स्वर्ग में बदल सकता है।
>
> *(पैराडाइज़ लॉस्ट)*

अगर ऐसी बात है, तो मन को नियंत्रित करने और इसका प्रबंधन करने का क्या उपाय हो सकता है? यह तकनीक हमें विज्ञान में नहीं मिलती। यही वजह है कि विगत सदी के महान वैज्ञानिक अल्बर्ट आइंस्टाइन ने कहा था :

> विज्ञान भले ही प्लूटोनियम अणु का विगुणन कर चुका है, परंतु यह मनुष्य के भीतर छिपी दुष्टता का अंत नहीं कर सकता।

यहीं अध्यात्म विज्ञान का महत्त्व सामने आता है। यह ज्ञान की वह शाखा है, जो हमें मन और बुद्धि को शुद्ध करने के उपाय देती है, ताकि हम एक दिव्य और कल्याणकारी जीवन जी सकें। इसके माध्यम से हम अपने विचारों को वश में करना सीखते हैं, और उन्हें सूक्ष्म व गूढ़ रूप देते हैं। यह हमें उस नैतिकता का पाठ भी पढ़ाता है, जिसके बिना हम मनुष्य पशुओं के स्तर पर आ जाते हैं। परिणामतः आध्यात्मिक ज्ञान का भी मनुष्य के जीवन में संदर्भ और महत्त्व है।

एक और महत्त्वपूर्ण उद्‌देश्य की पूर्ति के लिए भी आध्यात्मिक ज्ञान का होना आवश्यक है। आइए, अब इस पर ही चर्चा करते हैं :

परम सत्य की खोज

लोग केवल व्यावहारिक उपयोग के लिए ही विज्ञान का आश्रय नहीं लेते, वे परम सत्य को भी जानना चाहते हैं। हम विज्ञान को ऐसे साधन के रूप में जानते हैं, जिससे जीवन और सृष्टि के रहस्य सुलझ सकते हैं। हम जानना चाहते हैं कि हम कौन हैं? हम इस ग्रह पर क्यों आए हैं? हमारे जीवन का उद्‌देश्य क्या है? हालाँकि इन वैज्ञानिक परिकल्पनाओं की उन्नति के बावजूद, प्रश्नों के उत्तर अब भी नहीं मिले हैं।

इसका एक कारण यह भी है कि विज्ञान अब भी ऐसी शाखा है, जिस पर निरंतर कार्य हो रहा है। नतीजतन, इसकी अवधारणाओं में परिवर्तन होता रहता है। विज्ञान के उद्‌भव काल में इसके नियमों को महान वैज्ञानिकों ने प्रतिपादित किया और उनके समकालीनों ने इसे सत्य के रूप में मान्यता प्रदान की। परंतु इसके साथ ही दूसरे वैज्ञानिक भी सामने आए, जिन्होंने पुराने नियमों को नकारते हुए, इन्हें अधूरा माना और उनके स्थान पर नए नियम स्थापित किए। इस प्रकार हमें यह मानना पड़ा कि विज्ञान के जो नियम सत्य माने जाते हैं, वे बदलते समय के साथ, ग़लत भी हो सकते हैं। इस तरह यदि हम अपने अल्पकालिक जीवनकाल में परम सत्य को पाना चाहते हैं, तो एक कार्य पद्धति के रूप में विज्ञान अपर्याप्त है।

इस बिंदु को विस्तार से समझाने के लिए मैं आपको पिछले साढ़े तीन सौ साल की, विज्ञान के विकास की यात्रा पर ले चलता हूँ। 1675 के आसपास सर आइज़क न्यूटन ने गति के नियम प्रस्तुत किए। उस समय उन्हें इस विषय के अकाट्य सत्य के रूप में मान्यता दी गई। न्यूटन ने कहा कि अंतरिक्ष त्रि-आयामी है; समय अंतरिक्ष में कहीं भी मिले बिना निर्बाध रूप से प्रवाहित होता है। बल द्रव्यमान और दूरी के अनुपात में होता है, और यह दोनों बिंदुओं पर एक साथ काम करता है। इस तरह न्यूटन के मैकेनिक्स के अनुसार, सारा संसार एक विशाल मशीन के समान था। अगर हम वर्तमान क्षण को जानते और उस समय काम कर रहे सारे बलों का पता लगा लेते, तो अगले क्षण का सही तरह से पूर्वानुमान किया जा सकता था।

हालाँकि न्यूटन के बाद माइकल फ़ैराडे आए। उन्होंने एक तार से चुंबक गुज़ार कर बिजली का करंट पैदा किया। ऐसा करते हुए, वे न्यूटन के गति के नियमों से आगे चले गए और ब्रह्माण्ड में भौतिक तत्वों के बारे में और गहरी समझ पैदा की।

फ़ैराडे के बाद जे.सी. मैक्सवैल आए। उन्होंने फ़ोर्स के स्थान पर फ़ोर्स फ़ील्ड की अवधारणा प्रस्तुत की। उन्होंने कहा कि धनात्मक रूप से आवेशित प्रोटोन के आसपास एक फ़ोर्स फ़ील्ड होता है, चाहे उसके आसपास कितना भी ऋणात्मक आवेश क्यों ना हो? इस तरह प्रकाश ऊर्जा की प्रकृति के बारे में नई समझ विकसित हुई।

मैक्सवैल के बाद प्रसिद्ध अल्बर्ट आइंस्टाइन आए, उनके पास सापेक्षता का सिद्धांत था। उन्होंने कहा कि अंतरिक्ष और समय स्वतंत्र नहीं, एक-दूसरे के सापेक्ष हैं। अलग-अलग वेगों से जाने वाले दो पर्यवेक्षक अपनी टाइम लाइन पर घटनाओं को अलग-अलग रूप से देखेंगे। उन्होंने यह भी कहा कि विराम अवस्था में भी चीज़ों में ऊर्जा होती है; उस ऊर्जा की मात्रा की गणना के लिए उन्होंने हमें $E = mc^2$ का प्रसिद्ध सूत्र प्रदान किया।

तभी रसायन विज्ञान के क्षेत्र में अनेक प्रगति हुई। आपको याद होगा, आपने स्कूल में अर्नेस्ट रदरफ़ोर्ड का पीरियॉडिक टेबल पढ़ा था। रदरफ़ोर्ड ने अल्फ़ा कणों से एटम पर प्रहार किए और इस काउंट को गीगर काउंटर से गिना। उसने पाया कि एटम कोई ठोस कण नहीं है, जैसा उसे पहले समझा जाता था, इसमें बहुत बड़ी मात्रा में ख़ाली स्थान पाया जाता है। वास्तव में किसी एटम में 99.99 प्रतिशत स्थान ख़ाली रहता है।

उनके सुझाव को क्वांटम भौतिकविदों द्वारा बदल दिया गया था। 1920 के आसपास, नील्स बोर और उनके साथी वैज्ञानिक क्वांटम थ्योरी के साथ आए। उन्होंने कहा कि सब-एटॉमिक स्तर पर, पदार्थ वह नहीं है, जो हम सोचते हैं कि यह है और इसका द्रव्यमान ठोस होने की शास्त्रीय अवधारणा ग़लत है। सब-एटॉमिक पदार्थ स्थानों पर मौजूद नहीं हैं, लेकिन केवल अस्तित्व की प्रवृत्ति को दर्शाता है। अब मामले का पूरा विचार एक ऊर्जा क्षेत्र में बदल गया। जब आइंस्टीन ने इसके बारे में सुना, तो वे नए निष्कर्षों का पक्ष लेने में असमर्थ थे। फ़्रिट्ज ऑफ़ कैपरा ने अपनी प्रसिद्ध पुस्तक ताओ ऑफ़ फ़िजिक्स में आइंस्टीन को यह मानते हुए उद्धृत किया है :

> भौतिकी की सैद्धांतिक अवधारणाओं को नए प्रकार के ज्ञान के अनुरूप बनाने की हर कोशिश विफल रही। यह ऐसा ही था, जैसे कि धरातल को किसी के पैरों के नीचे से खींच लिया जाए और कुछ भी गिरे नहीं।

इसी तर्ज पर क्वांटम भौतिकविदों में से एक वर्नर हाइजेनबर्ग ने कहा :

> आधुनिक विज्ञान के नए विकासों के लिए हिंसक प्रतिक्रियाएँ केवल तभी समझी जा सकती हैं, जब किसी को यक़ीन हो जाए कि नींव यहाँ से हिलनी शुरू हो गई है, और इस गति के कारण ऐसा महसूस किया जाने लगा है कि विज्ञान ज़मीन से कट जाएगी।

दूसरी समस्या, जो उठी वह आइंस्टीन के सापेक्षता मॉडल्स के साथ क्वांटम थ्योरी को संश्लेषित करने की थी, क्योंकि सब-एटॉमिक स्तर पर कण ज़बरदस्त गति से चलते हैं। इलेक्ट्रॉन 2,200 किलोमीटर प्रति सेकेंड की गति से परिक्रमा करता है, जबकि प्रोटोन में एक बहुत ही तेज़ स्पिन या आंतरिक कोणीय गति होती है। इसलिए अब क्वांटम सिद्धांत के साथ आइंस्टीन के सिद्धांत के सामंजस्य की आवश्यकता थी। हालाँकि ऐसा सिद्धांत अभी तक विकसित नहीं हुआ है। अगर हमें एक ऐसा सिद्धांत मिल गया, तोकोई गारंटी नहीं है कि एक और सिद्धांत कुछ दशकों के बाद इसका अंत नहीं कर देगा।

आइंस्टाइन और क्वांटम वैज्ञानिकों के समय से वैज्ञानिक यूनीफ़ाइड फ़ील्ड की खोज में हैं। ऐसी थ्योरी जो सारे फ़ोर्स, मास और एनर्जी को एक समीकरण में पिरो देगी। परंतु अभी उन्हें दूर-दूर तक इसका कुछ पता नहीं है। आश्यर्चजनक तथ्य यह है कि भगवद् गीता में आज से पाँच हज़ार वर्ष पूर्व इसका वर्णन किया गया था :

भूमिरापो नलो वायुः खं मनो बुद्धिरेव च
अहंकार इतीयं मे भिन्ना प्रकृतिर अष्टधा।। (7.4)

भगवान श्रीकृष्ण अर्जुन से कहते हैं, 'धरती, जल, अग्नि, वायु व आकाश तथा मन, बुद्धि व अहं - ये सभी ईश्वर की भौतिक ऊर्जा के विभिन्न पहलू हैं।' दूसरे शब्दों में आइंस्टाइन ने केवल यह जाना कि पदार्थ ऊर्जा का एक रूप है। भगवद् गीता इसे आइंस्टाइन की थ्योरी से कहीं आगे ले जाती है कि सृष्टि की सभी सत्ताएँ - धरती, जल, अग्नि, वायु व आकाश तथा मन, बुद्धि व अहं - ये सभी ईश्वर की ऊर्जा के विभिन्न पहलू हैं।

इस तरह हम देख सकते हैं कि किस प्रकार अध्यात्म, विज्ञान बल, पदार्थ व ऊर्जा की प्रकृति के बारे में गहरी अंतर्दृष्टि रखता है - ऐसे विषय जो सदियों से वैज्ञानिकों के लिए किसी पहेली जैसे रहे हैं। इससे यही पता चलता है कि अगर विज्ञान, आध्यात्मिक विज्ञान को अधिक गंभीरता से लेने लगे, तो वह कहीं अधिक श्रेष्ठ होगा।

वैज्ञानिक ज्ञान की सीमाएँ

वैज्ञानिक आध्यात्मिक ज्ञान को प्रश्रय क्यों नहीं देते? उसका एक कारण यह है कि उन्हें लगता है कि यह विश्वास पर आधारित है। परंतु उन्हें यह अनुभव नहीं होता कि वैज्ञानिक ज्ञान भी तो विश्वास और धारणाओं पर ही आधारित है।

उदाहरण के लिए न्यूटोनियन मैकेनिक्स की स्थापना यूक्लिडयन जियोमैट्री की अवधारणा पर हुई। आपको अपने स्कूल में पढ़ी हुई ज्यामिति याद होगी? इसमें स्वयं सिद्ध प्रमाण होते थे; दिए हुए दो भिन्न बिंदुओं से हो कर एक रेखा खींची जा सकती है। यह एक अभिधारणा थी, जिसे प्राचीन ग्रीक गणितज्ञ यूक्लिड ने बनाया था, जिसमें कोई ठोस प्रमाण नहीं था और न्यूटन ने इसे अपने सिद्धांतों में शामिल कया।

आगे चल करएक जर्मन गणितज्ञ बर्नहार्ड रिमैन ने यूक्लिड के पहले स्वयं सिद्ध प्रमाण को बदल कर कहा, 'दिए हुए दो भिन्न बिंदुओं से हो कर दो या उससे अधिक रेखाएँ खींची जा सकती हैं।' फिर उन्होंने आगे चल कर पूरी रिमैनाई ज्यामिति विकसित की।

एक और रूसी गणितज्ञ, निकोलई लोबा चेवस्की ने यूक्लिड की पाँचवीं अभिधारणा पर विचार किया। जो कहती थी, 'यदि एक सीधी रेखा, दो सीधी रेखाओं पर गिर कर अपने एक ही ओर दो अंतःकोण इस प्रकार बनाए कि इन दोनों कोणों का योग मिला कर समकोणों से कम हो, तो वे दोनों सीधी रेखाएँ अनिश्चित रूप से बढ़ाए जाने पर उसी ओर मिलती हैं, जिस ओर यह योग दो समकोणों से कम होता है।' इस अभिधारणा से लोबा चेवस्की की ज्यामिति विकसित हुई। आइंस्टाइन ने अपने सापेक्षता के सिद्धांत में उनकी अभिधारणाओं का प्रयोग किया है।

इस प्रकार हमने देखा कि यहाँ तक कि विज्ञान में भी कुछ अभिधारणाओं को ही सत्य मान लिया गया है। ये मान्यताएँ अप्रामाणिक हैं, और मिथ्या भी हो सकती हैं। प्रोफ़ेसर चार्ल्स एच. टाउंस को, 1964 में भौतिकी के लिए नोबेल पुरस्कार से सम्मानित किया गया था, वे इसे बहुत अच्छे तरीक़े से समझाते हुए कहते हैं :

> विज्ञान स्वयं विश्वास चाहता है। हम नहीं जानते कि तर्क सही है या नहीं। मैं नहीं जानता कि आप वहाँ हैं। आप नहीं जानते कि मैं यहाँ हूँ। हो सकता है कि हम सब कल्पना ही कर रहे हों। मेरा विश्वास है कि संसार जैसा दिखता है, वैसा है और इस तरह मेरा मानना है कि आप वहाँ हैं। मैं इसे किसी बुनियादी बिंदु से प्रमाणित नहीं कर सकता... फिर भी मुझे एक निश्चित ढाँचा स्वीकार करना होगा, जिसमें मुझे काम करना है। 'धर्म विश्वास है' और 'विज्ञान ज्ञान है', मेरे अनुसार यह विचार ही अनुचित है। हम वैज्ञानिक बाहरी जगत के अस्तित्व में

> विश्वास रखते हैं, और अपने ही तर्कों की वैद्यता पर भरोसा रखते हैं। हम ऐसा करके ही सहज अनुभव करते हैं। जो भी हो, यह सब विश्वास का मामला है। हम इन्हें प्रमाणित नहीं कर सकते।

एलेक्सिस कैरल, फ्रेंच सर्जन और बायोलॉजिस्ट ने 1912 में भौतिकी के लिए नोबेल पुरस्कार जीता था, वे अपनी पुस्तक *मैन द अननोन* में लिखते हैं :

> हमारे मन में उन सभी बातों को नकाराने की सहज वृत्ति पाई जाती है, जो हमारे युग के वैज्ञानिक या दार्शनिक विश्वासों के खाँचे में उपयुक्त नहीं लगतीं। जो भी हो, वैज्ञानिक भी तो मनुष्य ही हैं। वे भी अपने ही परिवेश और युग के पूर्वाग्रहों से ग्रस्त हैं। वे स्वेच्छा से उन तथ्यों पर भरोसा करते हैं, जिनकी व्याख्या उन सिद्धांतों से नहीं की जा सकती, जिनका कोई अस्तित्व ही नहीं है। वर्तमान समय में वैज्ञानिक, टैलीपैथी और दूसरी तत्वमीमांसक बातों को भ्रम ही मानते हैं। जो स्पष्ट तथ्य अपारंपरिक छवि रखते हैं, उन्हें दबा दिया गया है।

यहाँ मैं विज्ञान की आलोचना नहीं करना चाहता, परंतु परम सत्य की खोज के लिए इसकी सीमाओं को दिखाना चाह रहा हूँ। इस प्रकार एक और प्रकार के ज्ञान की स्थापना की आवश्यकता अनुभव होती है - आध्यात्मिक ज्ञान।

आत्म-ज्ञान

अब हम सबसे बुनियादी प्रश्न पर आते हैं, 'हम कौन हैं?' क्या विज्ञान के पास इस प्रश्न का उत्तर है? इसने सुविधाजनक रूप से मान लिया है कि शरीर अणु और परमाणुओं के मेल से बना है, और इससे अधिक कुछ नहीं है। इसके अनुसार हमारा 'स्व' उन रसायनों का कुल जोड़ है, जिनसे हमारा शरीर बना है। इस प्रकार यह मान लिया जाता है कि जब शरीर नष्ट होगा, तो हमारा 'स्व' भी नष्ट हो जाएगा।

वैज्ञानिकों ने बिना सोचे-समझे इस अवधारणा को मान लिया है। मैं इस विषय में उनसे प्रश्न करना चाहूँगा : 'श्रीमान वैज्ञानिक, अगर हम केवल अणु व परमाणुओं का मेल भर हैं, तो स्वतंत्र इच्छा कहाँ से आती है?' ऐसा कोई उत्तर नहीं है जो हमारे चुनाव की स्वतंत्रता की व्याख्या कर सके।

एक प्रसिद्ध ऑस्ट्रियन विज्ञानी, इरविन स्क्रोडिंजर को 1933 में भौतिक विज्ञान में नोबेल पुरस्कार से सम्मानित किया गया। वे लिखते हैं :

> मेरे शरीर की कोशिकाएँ प्रकृति के नियमों के अनुसार काम करती हैं। हालाँकि, मैं जानता हूँ कि मैं इन कोशिकाओं को नियंत्रित करते हुए, प्रभावों

> को उत्पन्न करते हुए, अपने कार्यों की जवाबदेही लेता हूँ। ऐसा लगता है कि इन दोनों बातों के बीच समायोजन तभी संभव है जब कोई 'मैं' इन अणुओं व परमाणुओं से अलग हो, जो प्रकृति के नियमों के अनुसार उनकी गति को निर्देशित कर रहा है।

इसी प्रकार एक अंग्रेज़ बायोलॉजिस्ट थॉमस हक्सले ने कहा :

> अगर आप किसी वैज्ञानिक से पूछें कि उन्हें धर्म में विश्वास है या अध्यात्म में, वे आपसे कहेंगे कि वे विश्वास नहीं रखते। अगर आप उनसे पूछें, 'क्या आप स्वतंत्र इच्छा रखते हैं?' वे कहेंगे, 'जी, हम रखते हैं।' हम सभी अंतर्जात रूप से जानते हैं कि हम स्वतंत्र इच्छा रखते हैं। परंतु आज प्रकृति के जो नियम ज्ञात हैं, उनमें स्वतंत्र इच्छा के लिए कोई स्थान नहीं है। जबकि वैज्ञानिक यह जानते हैं कि हम, 'यह या वह' चुनाव करने की स्वतंत्रता रखते हैं।

वर्तमान में हमारे पास ऐसे अनेक सचेतन दार्शनिक हैं, जो वैज्ञानिक विचारधारा के इस अंतराल को जान-समझ कर ऐसी वैकल्पिक व्याख्याओं को प्रस्तुत कर रहे हैं, जो शरीर में चेतना का स्रोत हों। अल्बर्ट सेंट ज्यॉर्जी एक हंगेरियन बायोकैमिस्ट और फ़िजियोलॉजी में नोबेल पुरस्कार विजेता (1937) थे, उन्होंने कहा है :

> चेतना के आधार की मेरी खोज में, मैं अणुओं और कणों तक पहुँचा। वहीं कहीं जीवन मेरे हाथों से निकल गया। अब अपने बुढ़ापे में, मैं पीछे की ओर अपने क़दमों के निशान खोज रहा हूँ।

विज्ञान की अप्रामाणिक अभिधारणा यही है कि अस्तित्व या स्व, केवल कुछ रसायनों का ढेर है। आध्यात्मिक विज्ञान स्व, की प्रकृति के विषय में एक विभिन्न अभिधारणा के साथ आरंभ होता है। वेद हमें बताते हैं कि इसी देह में आध्यात्मिक आत्मा का वास है, जो हमें वह पहचान देती है, जिसे हम 'मैं' कहते हैं। जीवन अथवा चेतना ही आत्मा का लक्षण है। जब तक देह में आत्मा का वास रहता है, यह सचेतन रहती है। एक बार आत्मा देह का त्याग कर दे, तो शरीर फिर से जड़ पदार्थ बन जाता है - हाथ, पैर, कोशिका व कण आदि - क्योंकि अब उनमें जीवन नहीं रहा।

भगवद् गीता में लिखा है :

क्षेत्र-क्षेत्रज्ञयोर ज्ञानं। (13.3)

'गतिविधियों के क्षेत्र, शरीर तथा क्षेत्र की ज्ञाता आत्मा के अंतर को समझना ही सच्चा ज्ञान है।' इस प्रकार हम केवल रसायनों का झोला भर नहीं, हम आध्यात्मिक जीव हैं, मुक्त तथा अनंत रूप से धन्य आत्माएँ।

जिस प्रकार आध्यात्मिकता से स्व, का ज्ञान मिलता है; ईश्वरीय ज्ञान भी हमें इससे ही मिल सकता है।

यह संसार अस्तित्व में कैसे आया

आइए, अब एक और स्वयं सिद्ध प्रमाण लेते हैं, जिस पर विज्ञान आँखें मूँद कर विश्वास करता है। सभी वैज्ञानिक थ्योरी इसी परिकल्पना पर आधारित और विकसित हैं कि कोई ईश्वर नहीं है। हालाँकि यह प्रमाणित तथ्य नहीं है। इसे तभी प्रमाणित किया जा सकता है, जब हम वह सब जानते हों, जो इस ब्रह्माण्ड में अपना अस्तित्व रखता है। अगर हम एक भी चीज़ नहीं जानते, तो यह संभव है कि वह एक चीज़ ईश्वर ही हो। इस प्रकार जब तक हम सब कुछ जान नहीं लेते, हम यह प्रमाणित नहीं कर सकते कि ईश्वर नहीं है।

हालाँकि विज्ञान ने बहुत ही सुविधाजनक तरीक़े से मान लिया है कि कोई ईश्वर नहीं है। इसके अनुसार कहा जाता है कि संसार एक दुर्घटनावश अस्तित्व में आया। इसे 'बिग बैंग थ्योरी' कहते हैं। यह दावा करती है कि ब्रह्माण्ड पदार्थ का एक पुंज था, जो बहुत अधिक घनत्व और तापमान वाला था। इसमें स्वयं ही विस्फोट हुआ, यह बिखरा और फिर ठंडा हो गया। इसके साथ ही संसार अस्तित्व में आया।

बिग बैंग थ्योरी यह नहीं बताती कि भौतिकी और रसायन के नियम कैसे आए? एक धमाके के कारण कोलाहल और अव्यवस्था भी हुई होगी। फिर हम इस ब्रह्माण्ड में इतनी गूढ़ व्यवस्था क्यों देखते हैं? यह हमारे सहज तर्क के विपरीत है। क्या यह मान लेना अधिक तर्कशील नहीं लगता कि इस अद्भुत सृष्टि के पीछे कोई महा बुद्धिमान विवेकी अस्तित्व रहा होगा? इस प्रसंग से यही पता चलता है :

एक बार किसी हाई स्कूल में भूगोल का एक टीचर था। वह अपने छात्रों को सिखाता था कि यह संसार स्वचालित रूप से एक अनियंत्रित विस्फोट से बना। पदार्थ के पुंज में स्वयं ही विस्फोट हुआ, यह बिखरा और फिर ठंडा हो गया। इसके साथ ही संसार अस्तित्व में आया। इस तरह हम मनुष्य धूलिकण से अधिक नहीं हैं। कक्षा के अंत में, उसने बच्चों को घर से काम करके लाने के लिए दिया। 'कल पृथ्वी का नक़्शा तैयार कर, अपने साथ ले कर आना।'

बच्चों ने अपनी-अपनी तरह से कोशिश की। कुछ बच्चों ने एटलस से कॉपी किया, तो कुछ ने अपने हाथोंसे उसका रेखाचित्र बनाया। हमारा छात्र दार्शनिक प्रवृत्ति का था और अध्यापक की बातों को मानने को तैयार नहीं था। उसने काग़ज़

का टुकड़ा लिया, उस पर आड़ी तिरछी रेखाओं को खींच कर रंग भर दिए। अगले दिन, जब सभी छात्र गृहकार्य दिखा रहे थे, तो उसने भी अपना काग़ज़ टीचर की डेस्क पर रख दिया।

अध्यापक कक्षा में आए और सबका काम एक-एक कर देखने लगे। जब उस छात्र की बारी आई, तो उन्हें उसका काम देख कर गुस्सा आ गया। वे चिल्लाए, 'किसने बनाया है यह?' सारी कक्षा में सन्नाटा छा गया। उन्होंने प्रश्न दोहराया, 'बताओ, यह किसका काम है?' फिर भी सब चुप रहे। वे बोले, 'अगर अब कोई नहीं बोला, तो मैं सारी कक्षा को सज़ा दूँगा।'

अब वह लड़का उठ खड़ा हुआ। उसने कहा, 'सर, मेरे विचार से इसे किसी ने नहीं बनाया।'

टीचर ने खीज कर कहा, 'तुम कहना क्या चाहते हो?'

'मुझे लगता है कि यह काग़ज़ अपने आप ही उड़ कर आपके मेज़ पर आ गया होगा। पेंसिल उड़ी होगी और रेखाएँ खिंच गईं। कहीं से रंग आए और काग़ज़ पर गिर गए होंगे। बस इसी तरह यह बना होगा।'

टीचर ने कहा, 'क्या बकवास कर रहे हो? यह अपने-आप कैसे बन सकता है? ज़रूर इसे किसी ने बनाया ही होगा? और मुझे लगता है कि यह तुम्हारा किया-धरा है।'

उस छात्र ने उत्तर दिया, 'सर, आप यह तक मानने को तैयार नहीं कि पृथ्वी का यह विचित्र और अजीब सा दिखने वाला नक़्शा अपने-आप नहीं बना, इसे अवश्य ही किसी ने बनाया होगा? आप चाहते हैं कि हम इस बात पर विश्वास कर लें कि असंख्य आकाशगंगा, तारे व नक्षत्र स्वयं ही बन गए? अगर इस नक़्शे को बनाने के लिए भी कोई था, तो निश्चित रूप से बाक़ी सब किसी शक्तिशाली और बुद्धिमान सर्जक ने ही बनाया होगा?'

कई प्रसिद्ध वैज्ञानिक पूरे मन से यह बात मानते हैं कि यह तर्क ईश्वर के अस्तित्व को स्थापित करता है। दुर्भाग्यवश, उनके विचार विज्ञान की शाखा में नहीं झलकते। प्रोफ़ेसर वर्नर अरबेर, एक स्विस माइक्रोबायोलॉजिस्ट और जेनेटिसिस्ट थे, जिन्हें 1978 में फ़िज़ियोलॉजी के लिए नोबेल पुरस्कार से सम्मानित किया गया। उन्होंने कहा है :

> यहाँ तक कि साधारण कोशिकाओं को भी कई सौ मैक्रोमोलिक्यूलस के मेल की आवश्यकता होती है, और ये सब एक साथ कैसे आते हैं? यह आज भी मेरे लिए किसी रहस्य से कम नहीं है। किसी सर्जक या ईश्वर का अस्तित्व एक तार्किक कारण जान पड़ता है।

सर आइज़क न्यूटन ने स्वयं कहा है :

> यह सूर्य, ग्रहों और धूमकेतुओं का सुंदर तंत्र केवल किसी बुद्धिमान या शक्तिशाली अस्तित्व की परिषद और वर्चस्व से ही संभव हो सकता था।

अल्बर्ट आइंस्टाइन ने भी निष्कर्ष दिया था :

> यदि आप अपने सीमित साधनों के बल पर प्रकृति के रहस्यों को भेदने का प्रयत्न करते हैं, तो आप पाएँगे कि सारी कड़ियों के सही तरह से जुड़ने के बावजूद कुछ ऐसा अधूरा और अप्रत्यक्ष छूट जाता है जो अपने-आप में अमूर्त और किसी भी व्याख्या से परे है। जितना भी हम समझ सकते हैं, उससे परे जो यह शक्ति है, उसके प्रति मेरा आदर-भाव ही मेरा धर्म है। उस सीमा तक, मैं वास्तव में धार्मिक ही हूँ।

हम देखते हैं कि विज्ञान ने एक अप्रमाणिक धारणा बना ली है कि सृष्टि के लिए कोई परम शक्ति उत्तरदायी नहीं है। हालाँकि कुछ महान वैज्ञानिकों ने माना है कि यह सृष्टि किसी परम शक्तिशाली और विवेकवान सर्जक की देन है, जिससे आध्यात्मिकता की मान्यताओं की पुष्टि होती है। यदि हम विज्ञान का आदर करते हैं, तो हमें आध्यात्मिकता को भी ज्ञान के पूरी तरह से वैध तंत्र और विचार के रूप में मान्यता देनी चाहिए।

विज्ञान और आध्यात्मिकता का संश्लेषण

पश्चिमी जगत में पिछली कुछ सदियों से विज्ञान और धर्म के बीच विरोध चलता आया है। सोलहवीं सदी के आरंभ में, निकोलस कॉपरनिकस ने इसकी चिंगारी को हवा दी, जब उन्होंने ब्रह्माण्ड की हेलियोसेंट्रिक थ्योरी को प्रतिपादित किया। उसमें दावा किया गया था कि सभी आकाशीय पिंड, धरती नहीं, सूर्य के आसपास चक्कर लगाते हैं, जबकि पहले माना जाता था कि वे धरती के चक्कर लगाते हैं। 1514 में, कॉपरनिकस नेकमेंटेरियुलस नामक चालीस पन्नों की पांडुलिपि तैयार की, जिसमें उनकी थ्योरी प्रस्तुत की गई थी। उसमें प्रमाण के तौर पर गणितीय गणनाओं को भी दिया गया था। फिर उन्होंने *ड रेवोल्यूशनिबस ओरबियम कोलेस्टियम* प्रकाशित की जिसमें उन्होंने टोलमी की जियोसेंट्रिक थ्योरी के विकल्प के तौर पर विस्तार से अपनी थ्योरी पेश की। उन दिनों जियोसेंट्रिक थ्योरी ही चलन में थी, जिसे प्राचीन समय से माना जाता रहा था।

कॉपरनिकस अपनी दूसरी पुस्तक प्रकाशित होने के कुछ समय बाद ही स्वर्ग सिधार गए। हालाँकि उनके सिद्धांतों ने वेटिकन को क्रुद्ध कर दिया और उन्हें धर्म

विरोधी पाखंडी माना गया। सुधार आंदोलन के नेता मार्टिन लूथर ने भी सोलर सिस्टम के इस मॉडल के लिए अपना विरोध प्रकट किया। परंतु कॉपरनिकस की हेलियोसेंट्रिक थ्योरी ने समाज में हलचल मचा दी थी। 1600 ई. में, एक इतालवी पादरी, दार्शनिक, कवि, गणितज्ञ और खगोलशास्त्री जिओरदानो ब्रूनो को मृत्यु दंड सुनाया गया। उसे सूली पर लटका कर जला दिया गया, क्योंकि उसने विशुद्ध धार्मिक पथ पर चलने से इंकार करते हुए, विज्ञान और धर्म के मेल के अनुसार चलने को प्रश्रय दिया था।

कॉपरनिकस के लगभग एक सदी के बाद गैलीलियो ने गैलीलियन टेलीस्कोप बनाया। उन्होंने अपने खगोलशास्त्रीय निरीक्षणों के बल पर, कॉपरनिकस के निष्कर्षों को प्रामाणिक सिद्ध किया। 1616 में, गैलीलियो रोम गए और रोमन कैथोलिक चर्च को समझाना चाहा कि वे कॉपरनिकस के कार्यों को वर्जित नहीं करें। हालाँकि उनके प्रयास असफल रहे और गैलीलियो पर भी 'धर्म विरोधी होने का संदेह' किया गया। 'होली कांग्रेगेशन फ़ॉर द इंडेक्स' में आम जनता के लिए यह घोषणा की गई कि सूर्य के स्थिर होने और धरती के उसके आसपास चक्कर लगाने का सिद्धांत झूठा था। गैलीलियो से कहा गया कि वे अपनी 'कही हुई बात और तथ्य' वापस लें।

गैलीलियो ने अपने कथनों को वापस ले लिया, क्योंकि उन्हें दोषी ठहराया गया था। परंतु वैज्ञानिक समुदाय ने उनके विचारों पर कार्य करना आरंभ कर दिया था। अगली दो सदियों तक लोग दोनों के बीच विभाजित रहे - विज्ञान बनाम धर्म। बाद में गैलीलियो के सिद्धांतों की सटीकता को ब्रिटिश खगोल विज्ञानी जेम्स ब्रेडली द्वारा प्रकाश के नक्षत्रीय विक्षेपऔर विलियम हर्शेल द्वारा युग्मक तारों की कक्षीय गति की सही माप से प्रमाणित किया।

वैज्ञानिकों की ओर से ठोस प्रमाण दिए जाने के बाद, ब्रह्माण्ड के खगोलीय विन्यास से जुड़े इस विवाद का अंत हुआ। नतीजतन, चर्च ने तय किया कि वह आधुनिक वैज्ञानिक सिद्धांतों को अपने नज़रिए में शामिल करेगी। हालाँकि आम जनता के मन में विज्ञान बनाम धर्म की खाई बनी रही और आज भी मौजूद है। इस तरह वैज्ञानिक समुदाय धार्मिक व्यक्ति को अतार्किक मानता है। इसी प्रकार वैज्ञानिक, धार्मिक नेताओं के प्रति आशंकित और चिंतित दिखते हैं।

पूर्वी विचारधारा के अनुसार विज्ञान और अध्यात्म के बीच कोई विरोधाभास नहीं है। *मुंडकोपनिषद* में कहा गया है :

द्वे विद्ये वेदितव्ये परा चैवापरा च (1.1.4)

ज्ञान की दो शाखाएँ हैं - भौतिक विज्ञान और आध्यात्मिक विज्ञान। दोनों ही वैध और प्रामाणिक हैं। वास्तव में हमारे जीवन को सफल बनाने के लिए इन दोनों का संश्लेषण अनिवार्य है। भौतिक ज्ञान; जिसे हम आधुनिक विज्ञान कहते हैं। यह हमें

बाहरी प्रकृति को समझने और इसे हमारे शरीर के निर्वाह के लिए इसका उपयोग करने योग्य बनाता है। आध्यात्मिक ज्ञान; हमें अपने आंतरिक स्व, मन, बुद्धि और अहं पर विचार करने के योग्य बनाता है, ताकि हम इन्हें शुद्ध करते हुए, अपने भीतर आत्मा की दिव्यता को प्रकट कर सकें। इस प्रकार विज्ञान और आध्यात्मिकता दोनों ही ज्ञान के वैध और प्रामाणिक क्षेत्र हैं, और दोनों ही हमारे जीवन से संबंध रखते हैं। जिस तरह एक गाड़ी दो पटरियों पर चलती है। यदि हम जीवन को सफल बनाना चाहें, तो हमें इन दोनों विज्ञानों को प्रयुक्त करना होगा।

दुर्भाग्य से कुछ अध्यात्मविद और भौतिकतावादी प्रायः इस विषय पर एकांगी दृष्टिकोण रखते हैं। अध्यात्मवादी को लगता है कि भौतिक विज्ञान को अनिष्टकारी समझ कर त्याग देना चाहिए, जबकि भौतिकवादी अध्यात्म को अनावश्यक अंधविश्वास मानता है, जिसे हमेशा के लिए दूर किया जाना चाहिए। तथ्य यह है कि ये दोनों ही दृष्टिकोण मिथ्या हैं।

'भौतिक ज्ञान अनुपयोगी है,' यह कहने वाले अध्यात्मवादी ग़लती कर रहे हैं। भौतिक विज्ञान के अभाव में, हम अपने शरीर की पोषण, दवाओं और साफ़-सफ़ाई की माँगों को कैसे पूरा कर पाते? इस विषय में एक सुंदर प्रसंग कहा जाता है :

यह घटना गौतम बुद्ध के जीवन में, उनके प्रबुद्ध होने से पहले की है। वे ध्यान में रत थे, उन्होंने भोजन और निद्रा त्याग दिए थे। इसी तरह कई दिन बीतगए, निरंतर उपवास के कारण, उन्हें देह में दुर्बलता का अनुभव होने लगा।

कुछ ग्रामवासी वहीं से गुज़रे, वे एक गीत गा रहे थे। गीत के बोल बुद्ध के कानों में भी पड़े। वे गा रहे थे, 'तानपूरे के तार कसो, परंतु इतना भी नहीं कसो कि तार ही टूट जाएँ।' तानपूरा, गिटार की तरह तारों वाला वाद्य यंत्र होता है।

जब बुद्ध ने यह गीत सुना, तो उन्होंने सोचा, 'ये अनपढ़ ग्रामीण स्त्रियाँ कितनी बुद्धिमानी से भरे बोल गा रही हैं। अगर तार नहीं कसे, तो तानपूरे से वांछित धुन नहीं निकलेगी, परंतु यदि ज़रूरत से ज़्यादा कस दिया तो वे झटके से टूट जाएँगे।'

इसी प्रकार हमें भी शरीर का संयम साधना है, परंतु इतना अधिक भी नहीं कि यह नष्ट ही हो जाए। हमें संयम और तप का उतना ही अभ्यास करना चाहिए, जिससे शरीर को कोई स्थायी हानि नहीं हो। आयुर्वेद में लिखा है :

शरीर माध्यं खलु धर्म साधनं (चरक संहिता)

'हमारी देह आध्यात्मिकता के अभ्यास का माध्यम है।' इस प्रकार ईश्वर के निकट जाने के लिए भी हमें इस देह की आवश्यकता होगी और जिसके लिए भौतिक विज्ञान

चाहिए। यदि अध्यात्मवादी इसे हाशिए पर डालता है, तो वह अनुचित कर रहा है।

इसके साथ ही आध्यात्मिक ज्ञान का होना भी अनिवार्य है। अगर भौतिकवादी इसे समय की बरबादी मानता है, तो वह भी ग़लती कर रहा है। आध्यात्मिक विज्ञान के अभाव में हम मन को पवित्र करने की तकनीक नहीं पा सकते। मैक्स प्लांक नामक जर्मन विज्ञानी ने 1918 में भौतिकी में नोबेल पुरस्कार प्राप्त किया था। वे अपने लेख, व्हेयर इज़ साइंस गोइंग? में लिखते हैं :

> मेरा मानना है कि यदि हम मनुष्य की आत्मा की सभी शक्तियों को पूरे संतुलन और सामंजस्य के साथ काम करते देखना चाहते हैं, तो मनुष्य की प्रकृति के धार्मिक तत्व को पहचान कर विकसित करना चाहिए। यह कोई संयोग नहीं था कि सभी युगों के महान चिंतक गहन रूप से धार्मिक आत्मा रहे, भले ही उन्होंने कभी सार्वजनिक तौर पर अपनी धार्मिक भावनाओं को व्यक्त नहीं किया।

अपने-आप में भौतिक विज्ञान में मूल्यों का अभाव है। जिसके कारण हमारे हाथों में असीम शक्ति आ जाती है, परंतु यह हमें यह नहीं सिखाता कि उस शक्ति का अच्छा या बुरा उपयोग कैसे करना है? यही वजह है कि आधुनिक समाज में परमाणु शक्ति, युद्ध कौशल तकनीकों, आर्टिफ़िशियल इंटेलीजेंस, जेनेटिक इंजीनियरिंग और स्टैम सैल क्रिएशन जैसे आधुनिक वैज्ञानिक शोधों को ले कर हल्ला मचा हुआ है। अगर नैतिकता और नीति की बात करें, तो इनके उचित प्रबंधन का विवेक आध्यात्मिकता से ही मिल सकता है।

हम समझ चुके हैं कि ज्ञान की मानसिकता पर कोई भी चर्चा, आध्यात्मिकता के विषय को छुए बिना पूरी नहीं हो सकती। इस अध्याय में भौतिक विज्ञान की चर्चा समाप्त करने के बाद आइए, अब आध्यात्मिक विज्ञान की ओर ध्यान देते हैं।

आध्यात्मिक पथ पर ज्ञान का महत्त्व

वेदों व शास्त्रों में आध्यात्मिकता का बहुत ही सुंदर दृष्टिकोण मिलता है। वे इसे अंधविश्वास के रूप में नहीं, परंतु आत्म-शुद्धि के विज्ञान के रूप में मान्यता देते हैं। इस प्रकार अन्य किसी भी विज्ञान की तरह, इसके अभ्यास के लिए ज्ञान की आवश्यकता होती है। भगवद् गीता में कहा गया है :

न हि ज्ञानेन सदृशं पवित्रमिह विद्यते (4.38)

भगवान श्रीकृष्ण कहते हैं : 'हे अर्जुन! इस संसार में दिव्य ज्ञान से अधिक पवित्र कुछ नहीं है।' वे यह भी कहते हैं :

सर्वं ज्ञान-प्लवेनैव वृजियानं संतरिष्यसि (4.36)

'स्वयं ज्ञानरूपी नाव में सवार हो कर, जीवन और मृत्यु के सागर से पार हो जाओ।' इस प्रकार आध्यात्मिकता के अभ्यास में ज्ञान की महत्त्वपूर्ण भूमिका होती है। यह हमें स्व, की प्रकृति, जीवन के उद्देश्य तथा साधना की पद्धति के विषय में जाग्रत करता है। यह ईश्वर के साथ हमारा संबंध तथा इसे स्थापित करने की प्रक्रिया को समझने में सहायक होता है।

आध्यात्मिक प्रकटीकरण के प्रति बाधा ही अज्ञान है, जिसने हमें घेर रखा है। जैसा कि निम्नलिखित प्रसंग से स्पष्ट होता है :

चेतन एक बहुराष्ट्रीय उपभोक्ता कंपनी का एरिया सेल्स मैनेजर था। वह अपने सेल्स के इलाक़े में रिटेल दुकानों के दौरे पर गया। जब तक वह सारी जगह गया, तब तक रात हो चुकी थी। वह रात के खाने के लिए सस्ते से रेस्तराँ में चला गया। मैनेजर ने उसे ख़ाली मेज़ की ओर संकेत किया।

साथ वाली मेज़ पर एक बूढ़ा किसी जवान युवक के साथ बैठा था। दोनों अपनी सोच में खोए थे, ना तो एक-दूसरे को देख रहे थे और ना ही आपस में बात कर रहे थे। वे इस तरह पी रहे थे मानो कल सुबह नहीं होनी हो। चेतन ने उन्हें एक नज़र देखा और अपना डिनर करने लगा।

कुछ ही मिनट बाद, अचानक बूढ़े व्यक्ति ने उस युवक से पूछा, 'सनी, तुम कहाँ रहते हो?'

'आई.पी. एक्सटेंशन दिल्ली।' नौजवान ने उत्तर दिया।

बूढ़े ने कहा, 'सच में, आई.पी. एक्सटेंशन में रहते हो? क्या संयोग है। मैं भी तो वहीं रहता हूँ। आई.पी. एक्सटेंशन में कहाँ?'

अब तो नौजवान को भी बात में रस आने लगा।

'सर, मैं नवनीति अपार्टमेंट्स में रहता हूँ।

बूढ़े ने कहा, 'मज़ाक़ तो नहीं कर रहे। मैं भी वहीं रहता हूँ। तुम्हारा घर कौन सी मंज़िल पर है?'

'जी, चौथी मंज़िल पर।' नौजवान ने कहा।

बूढ़ा बोला, 'हे भगवान, मैं भी वहीं रहता हूँ। तुम्हारे घर का नंबर क्या है?'

'अंकल मेरे घर का नंबर 421 है।'

बूढ़े ने कहा, 'यक़ीन नहीं होता, मैं भी तो वहीं रहता हूँ। यही मकान नंबर है।'

यह बातचीत सुन कर चेतन की हैरानी की सीमा नहीं रही। ऐसा कैसे हो सकता है कि एक ही घर में रहने के बावजूद दो लोग एक-दूसरे को जानते तक

नहीं हों? वह चकरा कर उन्हें घूरने लगा।

उसे इस हालत में देख कर मैनेजर कहने लगा, 'सर आप परेशान नहीं हों। ये पिछले दो साल से, हर सप्ताह यही नाटक करते हैं; वे बाप-बेटे हैं, पर शराब पीने के बाद एक-दूसरे को भूल जाते हैं। यही वजह है कि वे आपस में परिचय ले रहे थे।'

हमारी आत्मा के साथ भी ठीक यही परिस्थिति है। वेदों में कहा गया है : *अमृतस्य वै पुत्रः*। 'ईश्वर ही हमारे अनंत पिता हैं और हम उनकी संतान हैं।' परंतु हम उनके साथ अपने स्नेही संबंध को भूल गए हैं और अंतहीन जीवनकालों से भवसागर में गोते खा रहे हैं। ईश्वर से संपर्क साधने का एक ही उपाय है; हमें ज्ञान के प्रकाश से अज्ञान के अंधकार का नाश करना होगा।

कितनी अद्भुत बात है, दिव्य ज्ञान भी निष्ठा व आस्था विकसित करने का साधन है। इस उदाहरण पर विचार करें :

एक आदमी सड़क पर जा रहा था, तभी उसे एक सुंदर अँगूठी मिली। उसने सकुचा कर उसे उठा लिया और सोचने लगा, 'यह नक़ली अँगूठी होगी। पचास रुपये से अधिक नहीं लगती।' ख़ैर उसने उसे जेब में डाला और घर ले आया।

अगले दिन वह उसे सुनार के पास ले गया और उसे अँगूठी दिखा कर कहा, 'श्रीमान क्या आप इसकी क़ीमत बता सकते हैं?' सुनार ने उसे कसौटी पर कसा और कहा, 'यह चौबीस कैरेट गोल्ड है। यह लगभग पचास हज़ार रुपये की होगी।' यह सुन कर उस व्यक्ति को अँगूठी और भाने लगी।

कुछ दिन बाद, उसके सुनार काका उसके घर रहने आए। उस आदमी ने उन्हें अँगूठी दिखाई और पूछा, 'आपके हिसाब से इस अँगूठी और इसमें जड़े पत्थर की क्या क़ीमत होगी?' अंकल ने अँगूठी को हाथों में ले कर देखा और बोले, 'बेटा, यह तुम्हें किस जगह मिली? यह तो कम से कम पचास लाख रुपये की होगी।'

उस आदमी ने कहा, 'काका मेरे साथ मज़ाक़ नहीं करें।'

काका ने कहा, 'मज़ाक़ नहीं कर रहा। इसे मुझे अभी बेच दो। हाथ के हाथ चालीस लाख दे दूँगा।' इस तरह उस आदमी को यक़ीन आ गया कि अँगूठी कम से आधा करोड़ की तो थी। वह अँगूठी उसे और भी भाने लगी। उसे देखने के बाद उसे असीम संतोष का अनुभव होता था।

अँगूठी वही थी, वह आदमी वही था और उसका नज़रिया भी वही था। परंतु जब उसे अँगूठी का असली मोल पता चला, तो वह उसे और अधिक चाहने लगा। जब उसे यह समझ आया कि वह तो पचास हज़ार रुपये की अँगूठी है, तो मोल

बढ़ने के साथ ही पसंद भी बढ़ी। जब उसे उसके पचास लाख रुपये के होने का पता चला, तो उसके स्नेह की सीमा नहीं रही।

यह उदाहरण बताता है कि ज्ञान के साथ कैसे वस्तु के प्रति स्नेह बढ़ता है। इसी प्रकार यदि हम ईश्वर का ज्ञान प्राप्त कर लें, तो सहज भाव से उसके प्रति भी प्रेम विकसित होगा। संत तुलसीदास ने कहा है :

जाने बिनु न होइ परतीति, बिनु परतीति होइ नहिं प्रीती

(रामचरित मानस)

'ईश्वर को जाने बिना, हमारे मन में उनके लिए आस्था पैदा नहीं होगी। आस्था के बिना हम उनसे प्रेम नहीं कर सकेंगे।' ईश्वर कौन है? हम यह जितना अधिक जानेंगे, उनके साथ अपने संबंध को जितना मानेंगे और यह देखेंगे कि वह हमें क्या देना चाहता है, तो हमारे मन में उसके लिए और अधिक प्रेम विकसित होगा।

इस प्रकार हमने आध्यात्मिक प्राप्ति के लिए ज्ञान के विविध लाभों को जाना। भक्ति रसामृत सिंधु में तीन स्तरों -श्रेष्ठ, मध्यम तथा हीन श्रेणी के आध्यात्मिक साधकों का वर्णन किया गया है :

शास्त्रे युक्तौ च निपुणाः सर्वथा दृढ़-निश्चयः
प्रौढ़-श्रद्धोधिकारी यः स भक्तावुत्तमो मताः (1.2.17)

'श्रेष्ठ साधक वे हैं, जो ईश्वर के प्रति गहन आस्था के साथ ग्रंथों का ज्ञान भी रखते हैं।' अपनी आध्यात्मिक यात्रा में ऐसे साधक पूरी गति व निश्चितता से प्रगति करते हैं। उन पर नकारात्मक प्रभावों, बुरी संगति, संदेह व आशंका आदि का कोई प्रभाव नहीं होता।

यः शास्त्रादिश्वनिपुणः श्रद्धावान स तु मध्यमः (1.2.18)

'मध्यम श्रेणी के साधक वे हैं, जो ईश्वर में पूरी आस्था रखते हैं, परंतु उन्हें शास्त्रों का ज्ञान नहीं होता।' ऐसे साधक सदैव संसार के नकारात्मक प्रभावों के प्रति संवदेनशील होते हैं। उदाहरण के लिए यदि वे भगवान श्रीकृष्ण के भक्त हैं और यदि कोई कुछ ऐसा कहता है, जिससे उनके इष्ट के प्रति उनके मन में संदेह उत्पन्न हो, तो उनकी आस्था डगमगाने लगती है। यदि उन्हें शास्त्रों का ज्ञान होता, तो वे कुतर्कों और मिथ्या बातों को अपनी श्रद्धा के आड़े नहीं आने देते।

यो भवेत कोमला श्रद्धाः स कनिष्ठो निगद्यते (1.2.19)

'हीन श्रेणी के साधक ना तो ईश्वर में गहरा विश्वास रखते हैं और ना ही उन्हें शास्त्रों का गहरा ज्ञान होता है।' वे दो क़दम आगे जाते हैं और अपनी शंका व संदेह के साथ तीन क़दम पीछे हो जाते हैं। इस प्रकार ज्ञान के अभाव और दुर्बल निष्ठा के कारण, वे लगातार आगे-पीछे होते रहते हैं।

इस प्रकार आध्यात्मिक यात्रा में सफलता पाने के लिए ज्ञान की मानसिकता होना अनिवार्य है। अब भौतिक ज्ञान प्राप्त करना कठिन नहीं रहा -यह हमें अनेक मार्गों से मिल सकता है- आध्यात्मिक ज्ञान अब भी एक रहस्य है। इसे पाने का कौन सा साधन हो सकता है?

आध्यात्मिक ज्ञान पाने का उपाय

ज्ञान के विविध पहलुओं पर चर्चा करने के पश्चात, अब हम एक और शेष प्रश्न पर विचार करेंगे। हम दिव्य ज्ञान कैसे प्राप्त कर सकते हैं? इसके लिए पहला सदंर्भ बिंदु वेद हैं।

भूतं भव्यं भविष्यं च सर्वं वेदात् प्रसिद्ध्यति।

(*मनु स्मृति* 12.97)

'अतीत, वर्तमान या भविष्य से संबंधित किसी भी आध्यात्मिक नियम की सत्यता वेदों के आधार पर स्थापित की जाती है।' ये वेद किसी पुस्तक का नाम नहीं है। ये ईश्वर के अनंत ज्ञान के प्रतीक हैं। जब कभी प्रभु सृष्टि रचते हैं, वे वेदों को प्रकट करते हैं और जब वे सृष्टि का विनाश करते हैं, तो वे उन्हें पुनः अपने भीतर समाहित कर लेते हैं। इस प्रकार वेदों का कोई लेखक नहीं है। इन्हें *अपौरुषेय* कहा गया है, ऐसे ग्रंथ जिन्हें किसी ने नहीं लिखा।

सृष्टि के आरंभ में ईश्वर ने आदि पुरुष ब्रह्मा के हृदय में शाश्वत वेदों को प्रकट किया, उन्होंने उसे अपने शिष्यों को सौंपा और उनके शिष्यों ने आगे वेदों को अपने शिष्यों को सौंपा। इस प्रकार वेदों का ज्ञान मौखिक रूप से हस्तांतरित हुआ। इन्हें श्रुति भी कहा गया, ऐसा ज्ञान जिसे श्रवण परंपरा से प्राप्त किया गया। अंत में इन्हें वेद व्यास जी ने लिखा, जिन्होंने सारे ज्ञान को चार वेदों में विभाजित किया -*ऋग्वेद, यजुर्वेद, सामवेद, अथर्ववेद*। परंतु वेद व्यास को कभी वेदों का लेखक नहीं कहा गया। संस्कृत में व्यास का अर्थ है 'संग्रहकर्ता,' जैसा कि उनके नाम से ही स्पष्ट है। वेद व्यास ने वेदों का संग्रह किया और उन्हें चार हिस्सों में विभाजित कर दिया।

वही वैदिक ज्ञान अन्य ग्रंथों में विस्तृत रूप में आया। इनमें दो इतिहास (रामायण और महाभारत), अठारह पुराण, षड्दर्शन, सौ स्मृतियाँ तथा हज़ारों निबंध (महान संतों की दार्शनिक टीकाएँ) शामिल हैं। कुल मिला कर यह सारा साहित्य

वैदिक शास्त्र कहलाता है। दैवीय ज्ञान पाने के लिए इनसे श्रेष्ठ माध्यम कोई नहीं है। यहाँ तक कि पश्चिमी दार्शनिकों ने भी इन्हें सराहा है। इनमें से कुछ कथन निम्नलिखित हैं :

> वेद सबसे अधिक पुण्यकारी तथा सबसे उन्नत करने वाले ग्रंथ हैं, जो इस संसार में संभव हो सकते हैं।
>
> -आर्थर शॉपेनहॉवर

> संसार में ऐसी कोई पुस्तक नहीं है, जो उपनिषदों के समान रोचक, प्रेरक और भावोत्तेजक हो।
>
> -मैक्स मूलर

> भारतीय दर्शन पर बात करने के बाद, क्वांटम भौतिकी के कुछ विचार, जो समझ से परे थे, वे अचानक अच्छी तरह समझ आने लगे हैं।
>
> -डब्ल्यू. हेसनबर्ग

> भारत की महान पुस्तकों के बीच, एक सम्राट ने हमसे बात की, ना छोटी और ना निरर्थक, वह तो प्राचीन प्रज्ञा की विशाल, भव्य और सौम्य वाणी थी, जो अन्य युग और ऋतु में विकसित हुई और हमारे सभी प्रश्नों के उत्तर देने में सक्षम है।
>
> -राल्फ़ वाल्डो इमर्सन

> जब कभी मैं वेदों का कोई भी अंश पढ़ता हूँ, तो मुझे अनुभव होता है कि मेरे भीतर कोई अज्ञात और अलौकिक प्रकाश भर गया हो। वेदों की महान शिक्षाओं में कोई भेदभाव नहीं है। यह सभी युगों और राष्ट्रों के लिए राजसी पथ के समान है, जिस पर चल कर महान ज्ञान प्राप्त किया जा सकता है। जब मैं इनका अध्ययन करता हूँ, तो ऐसा लगता है कि मैं ग्रीष्म की किसी रात्रि में दमकते हुए स्वर्ग में जा पहुँचा हूँ।
>
> -हेनरी डेविड थोरो

> वेदों से ही हमने सर्जरी, चिकित्सा, संगीत व घर निर्माण आदि की व्यावहारिक कला सीखी, जिसमें यांत्रिक कला भी शामिल है। वे जीवन, संस्कृति, धर्म, विज्ञान, नीति, विधि, ब्रह्माण्डीय ज्ञान आदि के प्रत्येक पहलू के लिए विश्वकोष के समान हैं।
>
> -विलियम जेम्स

> भारत - वेदों की भूमि, इन उल्लेखनीय ग्रंथों से ना केवल एक संपूर्ण जीवन के लिए धार्मिक विचार मिलते हैं, बल्कि ऐसे तथ्य भी हैं, जिन्हें विज्ञान भी सत्य प्रमाणित कर चुका है। वेदों को स्थापित करने वाले ऋषियों के पास पहले ही बिजली, रेडियम, यांत्रिकी, विमानन कला आदि का ज्ञान था।
>
> - एला व्हीलर विलकॉक्स

यह तो स्पष्ट है, इन अद्भुत ग्रंथों में असीम ज्ञान समाया है। परंतु हम इसे कैसे प्राप्त कर सकते हैं? हम भौतिक ज्ञान पाने के लिए पुस्तकें पढ़ते हैं, परंतु वही पर्याप्त नहीं होतीं। हमें एक अध्यापक की आवश्यकता होती है, जो उन कठिन विषयों को समझा सके। इसी प्रकार हमें आध्यात्मिक क्षेत्र में भी अपने लिए गुरु की आवश्यकता होगी।

वैदिक ग्रंथ निःसंदेह, दैवीय ज्ञान का अनुपम व अक्षय स्रोत हैं। परंतु उनकी संख्या बहुत अधिक है और उनमें गूढ़ ज्ञान भरा है, जिसे हम स्वयं ही ग्रहण नहीं कर सकते। किसी मार्गदर्शन के अभाव में उनकी जटिलता साधक को भ्रमित कर सकती है। वेदों में ही यह निर्देश दिया गया है कि किसी गुरु के मार्गदर्शन में ही उनका पारायण करना चाहिए। यजुर्वेद में लिखा है :

तद्विवज्ञानार्थं सागुरुमेवाभिगच्छेत
समित्पाणिः श्रोत्रियं ब्रह्मनिष्ठम् (*मुंडकोपनिषद* 1.2.12)

'सत्य को जानने के लिए, किसी आध्यात्मिक गुरु का संधान करें, जो शास्त्रों के सैद्धांतिक ज्ञान के अतिरिक्त, उनका व्यावहारिक अनुभव से भी बोध पा चुका हो।' श्रीमद् भागवत में कहा गया है :

तस्माद गुरुं प्रपद्ययेत् जिज्ञासुः श्रेयः उत्तमम्
शाब्दे परे च निष्णातं ब्रह्मण्युपशमाश्रयम् (11.3.21)

'कल्याण की कामना रखने वाले को एक सच्चे गुरु के आगे आत्म-समर्पण कर देना चाहिए। ऐसे गुरु सैद्धांतिकरूप से ज्ञानी होने के साथ व्यावहारिक रूप से भी सिद्ध होने चाहिए।' पंचदशी में कहा गया है :

तत्पादाम्बुरुहद्वंद्व सेवा निर्मल चेतसाम्
सुखबोधाय तत्वस्य विवेकोयं विधीयते। *(1.2)*

'ईश्वरीय चेतना में सिद्ध गुरु की पवित्र मन से सेवा करो और सारे संदेह त्याग दो। वह आपके भीतर विवेक बुद्धि जाग्रत करते हुए, शास्त्रों का ज्ञान प्रदान करेगा।'

इस प्रकार वैदिक ग्रंथ हमें परामर्श देते हैं कि हम आध्यात्मिक यात्रा के इस पथ पर अपने गुरु के महत्त्व को नहीं भूलें। महान ऋषियों व संतों ने भी यही कहा है। जगद्‌गुरु शंकराचार्य कहते हैं :

यावत् गुरुरना कर्तव्योः ताव्मुक्तिर्ना लभ्यते

'जब तक आप किसी विद्वान गुरु के समक्ष आत्म-समर्पण नहीं करते, आप भौतिक बंधनों से मुक्त नहीं हो सकते।' इस प्रकार ईश्वर की असीम अनुकंपा तब होती है, जब वे हमारी आत्मा की सच्चे गुरु से भेंट करवा देते हैं।

सौभाग्य कहें अथवा दुर्भाग्य, आधुनिक समय में हमारे पास असंख्य गुरुओं का ज्ञान उपस्थित है। वे कई प्रकार के विचार और धारणा प्रस्तुत करते हैं, जिन्हें सुन कर श्रोता भ्रमित हो जाता है। हम कैसे जान सकते हैं कि किसी गुरु की व्याख्या उचित है या नहीं? क्या इस तथ्य की प्रामाणिकता को जानने का कोई उपाय है कि गुरु हमें परम सत्य का जो ज्ञान दे रहे हैं, वह सत्य है या सत्य के बारे में उनका निजी मत है? इसे आप दो बिंदुओं के आधार पर स्थापित कर सकते हैं :

1. गुरु जो भी कहते हैं, वह शास्त्रों के कहे अनुसार होना चाहिए। यदि ऐसा नहीं है तो संदेह बना रहेगा कि वे जो ज्ञान दे रहे हैं, वह उनका निजी दृष्टिकोण तो नहीं? यदि उनके ज्ञान का एक प्रतिशत भी मिथ्या होगा, तो यह अपुष्ट हो जाएगा।
2. जो भी गुरु कहते हों, वह पहले आ चुके गुरुओं के कहे के अनुसार होना चाहिए। भारतीय इतिहास में ऐसे अनेक संत हुए हैं; जैसे सूरदास, तुलसीदास, मीराबाई, नानक, कबीरदास, नरसी मेहता, शंकराचार्य, मध्वाचार्य, रामानुजाचार्य, निंबकाचार्य, चैतन्य महाप्रभु व वल्लभाचार्य आदि। यदि आपके गुरु वही ज्ञान दे रहे हैं, जो पहले आ चुके गुरुओं ने दिया था और वही सत्य प्रामाणिक वेदों व शास्त्रों में भी दिया गया है, तो हम पूरे विश्वास से परम सत्य का आधिकारिक ज्ञान देने वाले गुरु में अपनी निष्ठा प्रकट कर सकते हैं।

यह त्रयी है गुरु (हमारे आध्यात्मिक स्वामी); साधु (इतिहास के अन्य सभी गुरु) और शास्त्र (वैदिक ग्रंथ)। जब यह त्रयी - गुरु, साधु व शास्त्र एक ही नियम की पुष्टि करें, तो हम आश्वस्त हो सकते हैं कि हमें गुरु से जो प्राप्त हो रहा है, वह ज्ञान पूरी तरह से विश्वसनीय और प्रामाणिक है।

इस प्रकार, हमें एक सच्चे गुरु को खोजने के बाद, उनसे परम सत्य का ज्ञान प्राप्त करना चाहिए। यहाँ हमें यह ध्यान भी रखना होगा कि गुरु से छात्र की ओर आध्यात्मिक ज्ञान के हस्तांतरण की प्रक्रिया भौतिक ज्ञान हस्तांतरण से बहुत

अलग है। साधारण शिक्षा प्राप्त करते हुए, अध्यापक के प्रति गहन सम्मान का भाव होना अनिवार्य नहीं है। इसे अध्यापक को शुल्क दे कर ख़रीदा जा सकता है, परंतु आध्यात्मिक प्रबोधन किसी यांत्रिक शिक्षण प्रक्रिया से नहीं दिया जा सकता, और ना ही इसे ख़रीदा जा सकता है। यह गुरु की कृपा से शिष्य के हृदय में प्रकट होता है। यह तभी संभव है जब शिष्य विनयी भाव से गुरु की सेवा करता है और गुरु उसके इस भाव से प्रसन्न होते हैं। इस प्रकार भगवद् गीता में कहा गया है :

तद विद्धि प्रणिपातेन परिप्रश्नेन सेवया
उपदेक्ष्यन्ति ते ज्ञानं ज्ञानिनस तत्वदर्शिनः (4.34)

'किसी आध्यात्मिक साधक के पास बैठ कर सत्य का ज्ञान प्राप्त करो। उनसे आदर पूर्वक प्रश्न करो और उन्हें अपनी सेवाएँ दो। ऐसे प्रबुद्ध संत ही आपको ज्ञान दे सकते हैं, क्योंकि उन्होंने इस परम सत्य को देख लिया है।'

इस श्लोक में भगवान श्रीकृष्ण ने दिव्य ज्ञान के हस्तांतरण के लिए तीन बातें कही हैं - 1. किसी आध्यात्मिक गुरु की शरण में जाओ। 2. विनयी भाव से जिज्ञासा प्रकट करो 3. उनके प्रति सेवा भाव रखो।

इन पंक्तियों के साथ ही महान राजा प्रह्लाद ने कहा :

नैषां मतिस तावद उरुक्रामंगृहम्
स्पृश्त्यनर्थापगमो यदर्थः
महीयसां पादरजो ऽभिषेकं
निष्किंचनानाम् ना वृणीत् यावत्

(श्रीमद् भागवतम् *7.5.32*)

'जब तक हम गुरु की चरणरज में स्नान नहीं करते, हमें अनुभवातीत स्थान का अनुभव नहीं मिल सकता।'

इस प्रकार शास्त्रों का यही कहना है कि हमें एक सच्चे गुरु की खोज करने के बाद, उनसे शास्त्रों का दिव्य ज्ञान पाना होगा। परंतु यदि हमें गुरु ही नहीं मिले हों, तब क्या करें? क्या हमें इस पथ पर अग्रसर होने से पूर्व प्रतीक्षा करनी चाहिए? नहीं! हमें प्रतीक्षा नहीं करनी चाहिए। हमने जो भी ज्ञान सँजोया हो, उसके बल पर ही आत्म-बोध के इस पथ पर चलते जाना चाहिए। ईश कृपा से, हमें आगे अपनी यात्रा में गुरु के दर्शन अवश्य होंगे।

निष्कर्ष

इस अध्याय में हमने यह चर्चा की कि जीवन में सफलता प्राप्त करने के लिए, हमें किस प्रकार दोनों तरह के ज्ञान की आवश्यकता होती है - हमारी भौतिक आवश्यकताओं की पूर्ति के लिए भौतिक विज्ञान तथा आंतरिक दिव्यता प्रकट करने के लिए आध्यात्मिक विवेक। हमने देखा, किस प्रकार भौतिक क्षेत्र में एक छोटी सी सूचना भी हमारे कौशल, व्यवसाय और स्वास्थ्य में परिवर्तन ला सकती है। हमने यह चर्चा भी की, किस प्रकार आध्यात्मिक लोक में, ज्ञान के विविध उपयोग हो सकते हैं। यह हमें परम सत्य को समझने में सहायक होता है। यह हमें ईश्वर के साथ हमारे संबंध को समझने के योग्य बनाता है। यह हमें दिखाता है कि भक्ति और साधना के लिए उचित विधि क्या हो।

परंतु विधि और पद्धतियों का ज्ञान होना ही पर्याप्त नहीं है। उन्हें लागू करने के लिए हमें आत्म-संयम, तप तथा आत्म-निषेध की आवश्यकता होती है। यहीं से अनुशासन की मानसिकता सामने आती है। अगले अध्याय में हम सीखेंगे कि 'अनुशासन' की मानसिकता के साथ इस ज्ञान को जीवन में लागू कैसे किया जा सकता है?

6

अनुशासन की मानसिकता

हम अनुशासन की मानसिकता की चर्चा करेंगे, जो हमें सफलता, प्रसन्नता और संतोष के लिए तकनीकों और पद्धतियों की जानकारी देती है। इस सोच के साथ हमें ऐसा विवेक प्राप्त होता है, जो हमारे जीवन में महत्त्वपूर्ण परिवर्तन ला सकता है। हालाँकि केवल ज्ञान ही पर्याप्त नहीं। इसे लागू करने के लिए अनुशासन और आत्म-संयम की आवश्यकता भी होती है।

ऐसे अनेक ज्ञानी विद्वान हुए हैं, जिनके जीवन धूल में मिल गए। जब भी अच्छे गुणों के अनुसार जीने की बारी आती है, तो उनकी शिक्षा किसी काम नहीं आती। ऐसा क्यों है? क्योंकि वे अपने ज्ञान के अंबार को जीवन की वास्तविक परिस्थितियों और व्यवहार में लागू करने में असफल रहते हैं। इस प्रकार ज्ञान के बाद हमें सफलता पाने के लिए छठी मानसिकता की आवश्यकता है, जो अनुशासन का गुण है।

अगर हमारे जीवन की गुणवत्ता निखारने के लिए बाक़ी सबकी तुलना में कोई गुण सबसे आगे हैं, तो वह जादुई शब्द है - अनुशासन। भले ही हमारे दिमाग़ में सारी दुनिया के पुस्तकालयों का ज्ञान क्यों नहीं भरा हो, परंतु यदि हमारे पास उसे लागू करने का संकल्प नहीं है, तो हम उससे कोई लाभ नहीं ले सकेंगे।

अनुशासन हमारी मंशा और दक्षता, प्रेरणा और उपलब्धि तथा ज्ञान और अभ्यास के बीच का सेतु है। यह हमें सशक्त बनाता है कि हम उपयुक्त कार्य ही करें, भले ही वह हमें कठिन क्यों नहीं लगे। इसी तरह यह हमें इस योग्य बनाता है कि भले ही हमें कुछ गतिविधियाँ रोचक नहीं लगें, परंतु हम आवश्यक कार्यों को करने से विमुख नहीं हों।

आत्म-नियंत्रण और सफलता में आपसी संबंध

अधिकतर निजी और सामाजिक समस्याएँ हमारे आत्म-संयम के अभाव के आसपास घूमती हैं। स्कूल में अच्छा प्रदर्शन नहीं करना, काम में विलंब, शराब और नशे का व्यसन, व्यायाम का अभाव, अच्छी खुराक नहीं लेना, अशिष्ट आचरण, विस्फोटक गुस्सा आदि आत्म-संयम के अभाव का ही नतीजा हैं। दरअसल, संकल्प का अभाव भी हर तरह के दोष, अवगुण, आलस्य और निष्क्रियता से संबंध रखता है।

वहीं दूसरी ओर संकल्प शक्ति की प्रचुरता हमें इस योग्य बनाती है कि हम जीवन में अनुशासन का अभ्यास कर सकें। यह हमें ऐसी ताक़त देती है कि हम प्रलोभनों और आकर्षणों से उबर सकें। जिनके पास आत्म-नियंत्रण की शक्ति होती है, वे माहौल में किसी भी तरह की बाधा आने के बावजूद, स्वयं को सँभालने की शक्ति रखते हैं। ऐसे हालात में भी उनका मन इधर-उधर नहीं भटकता। वे अपने काम पर पूरी तरह से केंद्रित रहते हैं, और उल्लेखनीय परिणाम हासिल कर दिखाते हैं।

समाजशास्त्रियों की ओर से कई अध्ययन किए गए, ताकि व्यक्तित्व के उन गुणों को पहचाना जा सके, जो मानवीय अभ्यासों के किसी भी क्षेत्र की सफलता में अपना योगदान देते हैं। ऐसे अनेक लक्षण सामने आए हैं जो सहायक होते हैं; जैसे सकारात्मकता, उत्तरदायित्व व प्रेरणा आदि। शोधों से यह भी पता चलता है कि दो विशेषताएँ ऐसी हैं, जो बड़ा गहरा योगदान रखती हैं - 'बुद्धिमता व आत्म-संयम।' जो लोग इन दोनों गुणों से भरपूर होते हैं, उनके पास मानवीय प्रयत्नों की किसी भी दिशा में सफल होने की पूरी संभावना होती है।

अब बुद्धिमता प्रायः सहज व अतंर्जात होती है। हम सबको बुद्धिमता का एक स्तर प्रदान किया गया है और हम केवल इसे निखार सकते हैं। हालाँकि आत्म-संयम या संकल्प शक्ति काफ़ी हद तक हमारे अपने हाथों में है और इसे आसानी से अपने विचार या कर्मों से घटाया या बढ़ाया जा सकता है।

दुर्भाग्य की बात है कि अधिकतर लोग यही मान लेते हैं कि उनके पास सफल होने योग्य आवश्यक गुणों का अभाव है। जब उनकी शक्तियों के बारे में पूछा जाता है तो वे दयालुता, हास्यबोध, वीरता, ईमानदारी और यहाँ तक कि मानवता का नाम लेते हैं, परंतु आत्म-संयम का नाम नहीं लेते। शोधकर्ताओं की ओर से किए गए अध्ययनों से पता चलता है, उन्होंने लोगों को एक सूची में से अपने सशक्त बिंदु पहचानने को कहा। आत्म-संयम के गुण को बहुत कम लोगों ने मान्यता दी। इसके विपरीत, जब उन्हें अपने दोषों को चुनने के लिए कहा गया, तो अधिकतर ने संकल्प शक्ति के अभाव को चुना। इस तरह यह दुर्बलताओं की सूची में सबसे आगे था।

आधुनिक समय में प्रलोभनों की बाढ़ के बीच मनुष्य के स्वभाव का यह व्यापक अवगुण और भी प्रसारित होता जा रहा है। कुछ सदियों पहले तक, कोई भी शोध मनोविज्ञानी नहीं थे। नतीजतन, हमारे पास यह जानने का उपाय नहीं था कि कौन सी इच्छाएँ हमारे पूर्वजों को मध्ययुगीन समय में सताती थीं। हालाँकि हम जानते हैं कि नब्बे प्रतिशत जनता गाँवों में रहती थी और खेती-बाड़ी में मग्न थी। जब वे सारे दिन के कड़े परिश्रम के बाद खेतों से वापस आते, तो उनके पास अपनी इंद्रियों के मनोरंजन के लिए बहुत अधिक साधन नहीं थे। मीडिया उन्नत नहीं था, बॉक्स ऑफ़िस फ़िल्में या फिर रोचक इंटरनेट साइट्स नहीं थीं। वे हुक्का व शराब के सेवन के बाद शारीरिक संबंध बनाते और सो जाते।

आज के स्मार्टफ़ोन, टी.वी., मूवीज़, इंटरनेट और कैसीनो के यग में हालात में तेज़ी से बदलाव आया है। इन्होंने नाटकीय रूप से हमारे लिए आत्म-संयम को बनाए रखने की चुनौतियों को बढ़ा दिया है। लोग और अधिक संवेदनशील महसूस करते हैं, क्योंकि प्रलोभन उनसे एक हाथ की दूरी पर हैं। काम के दौरान भी मन को इधर से उधर भटकने में केवल एक क्षण का समय लगता है। आप माउस के एक क्लिक के साथ वर्ल्ड वाइड वेब की सर्फ़िंग कर सकते हैं या फिर हमेशा हाथों में रहने वाले मोबाइल पर दोस्तों और संबंधियों से बातचीत या संदेश के लेन-देन में मग्न हो सकते हैं। आपके हाथ का काम बहुत आसान हो सकता है; बशर्ते आपको उस समय फ़ेसबुक, यू-ट्यूब, गपशप या वीडियो गेम्स खेलने का मोह छोड़ना होगा।

इन परिस्थितियों में, अधिकतर लोगों को अहसास होता है कि उन्हें अपने मन को केंद्रित करने के लिए और अधिक संकल्प शक्ति की आवश्यकता है, ताकि वे अपने भावों का प्रबंधन करते हुए, अपनी इंद्रियों को वश में रख सकें। हालाँकि वे अपने सामने दिख रहे प्रलोभनों से हार कर, अपना अभीष्ट नहीं साध पाते। अधिकतर लोग यही मानते हैं कि अधिक आत्म-संयम से उनके पेशेवर करियर, सेहत, शरीर की फ़िटनेस और आपसी संबंधों में सुधार होगा। हालाँकि समय-समय पर उन्हें यह अहसास भी होता है कि उनकी संकल्प शक्ति ने उनका साथ नहीं दिया। अमेरिकी मनोवैज्ञानिक एसोसिएशन के अनुसार, अमेरिकी व्यक्ति अपने लक्ष्यों तक नहीं जा पाने की सबसे बड़ी वजह बताते हुए, संकल्प शक्ति के अभाव का ही नाम लेते हैं।

लोग किस हद तक अपनी इच्छाओं से लड़ते हैं, इसे समझने के लिए एक जर्मन समाजशास्त्री रोजर टॉमाइस्टर ने जर्मनी में दो सौ से अधिक पुरुष व स्त्रियों पर एक प्रयोग किया। उसने उन्हें ऐसे बिजली से चलने वाले उपकरण दिए, जो दिन में किसी भी समय बीप की ध्वनि कर सकते थे। जब वह बीप की ध्वनि बंद होती, तो प्रयोग से जुड़े लोगों को यह देखना था कि क्या उनके भीतर कोई इच्छा पनप रही है? अध्ययन का शोध यह रहा कि लगभग आधे समय तक लोग इच्छाओं में

मग्न थे, बाक़ी एक चौथाई समय में वे कुछ ही मिनट पहले एक इच्छा को महसूस कर चुके थे।

इनमें से सबसे सामान्य इच्छा एक ही थी - कुछ खाने की इच्छा। इसके बाद सोने की इच्छा और फिर आराम से मनचाहा करने की इच्छा आती थी यानी हाथ का काम छोड़ कर आराम से इंटरनेट पर कुछ सर्च करना आदि। इसके बाद कामजनित इच्छा के बाद सोशल नेटवर्किंग साइट पर लोगों से संपर्क करने की इच्छा का नंबर आता था। इसके बाद संगीत सुनने और टी.वी. देखने की इच्छा शामिल थी।

कई इच्छाएँ ऐसी थीं, जिन्हें वे सजग भाव से दूर करना चाहते थे। समाजशास्त्री ने निष्कर्ष निकाला कि लोग अपने जागने के अधिकतर घंटों के दौरान इच्छाओं का ही विरोध करते रहते हैं।

लोग अपनी इच्छाओं के मोह से दूर रहने में कितना सफल रहे? शोधकर्ताओं ने पाया कि लोग कामजनित इच्छाओं को वश में करने में सफल रहे। वे भोजन और पेय पदार्थों की इच्छा को भी थोड़ा-बहुत टालने में सफल रहे। परंतु जब टी. वी., इंटरनेट या अन्य मीडिया आकर्षणों की बारी आई, तो वे लगभग आधी बार असफल ही रहे।

इन आँकड़ों से पता चलता है कि हम अपने मन और इंद्रियों को मनचाहे तरीक़े से अधीन नहीं रख पाते। जो लोग इसमें जीत जाते हैं, वे पूरी तरह से केंद्रित होते हैं। काम में विलंब नहीं करते और निरर्थक गतिविधियों से दूर रहते हैं, जो लोग आत्म-संयम में दुर्बल होते हैं, वे बाधाओं, आलस्य और दुर्गुणों से उबर नहीं पाते।

चित्त व बुद्धि में संघर्ष

आत्म-संयम का संघर्ष हमारे जीवन का सहज अंग है। मनुष्य होने के नाते, हमारे पास अनेक आंतरिक साधन हैं, जिनमें इंद्रियाँ, मन तथा बुद्धि समाहित हैं। इनके बीच, बुद्धि तर्कशील है तथा मूल्य की खोज में रहती है। यह विश्लेषण करती है, 'मुझे दीर्घकालीन लाभों के लिए काम करना है और किसी भी प्रकार के तत्काल पारितोष के लोभ में नहीं आना।' परंतु मन व इंद्रियाँ किसी छोटे बच्चे की तरह आनंद पाने के लिए तरसती हैं। वे बुद्धि को खिंचाव दे कर कहती हैं, 'आओ इस समय आनंद लें, भले ही दीर्घकालीन परिणाम जो भी हों। हम बाद में, जब ज़रूरत होगी, तो इनसे निपट लेंगे।'

इस प्रकार जहाँ बुद्धि किसी कर्म का मोल जानती है। वहीं मन और इंद्रियाँ तत्काल आनंद पाना चाहती हैं। अगर चौथी जलेबी खाने में भी आनंद आ रहा हो, तो वे उसे खाना चाहते हैं। बेशक़, सबके लिए प्रलोभन अलग-अलग हो सकते हैं। धूम्रपान करने वाले सिगरेट पीना चाहते हैं, ख़रीदारी करने वाले ख़र्च करना चाहते

हैं, जुआरी को कैसिनो में रात बितानी है आदि। जो भी हो इंद्रियों और मन को अपने लिए, जो भी आनंद चाहिए, बुद्धि उन्हें तर्क की शक्ति से वश में रखती है।

नतीजतन, एक संघर्ष पैदा हो जाता है। बुद्धि ऐसा व्यवहार चाहती है, जो आने वाले समय में लाभदायक हो। मन और इंद्रियों को तत्काल पीड़ा को अनदेखा कर, उसी समय संतुष्ट होना है। इस स्थान पर बुद्धि की विवेक क्षमता का होना अनिवार्य है। इसे लाभदायक बनाम आनंददायक में से उचित का चुनाव करते हुए, मन और इंद्रियों को उनके अनुसार चलने के लिए विवश करते रहना चाहिए।

वेदों ने प्रसन्नता को दो श्रेणियों में विभाजित किया है :

श्रेय और प्रेय। श्रेय प्रकार की प्रसन्नता आरंभ में कटु सत्य जैसी लगती है, परंतु बाद में मीठे अमृत में बदल जाती है। उदाहरण के लिए भले ही सुबह जल्दी उठ कर व्यायाम करना दुखदायी लगे, परंतु जब फलस्वरूप सेहत सुधरने लगती है, तो हमें अहसास होता है कि कड़ी मेहनत और समर्पण बेकार नहीं गए।

प्रेय प्रसन्नता इसके ठीक विपरीत है, जो आरंभ में अमृत होती है, परंतु बाद में, विष में बदल जाती है। उदाहरण के लिए अगर हम रोज़ चॉकलेट चिप आइसक्रीम से भरा कप खाने लगें, तो हो सकता है कि हमें उस समय आनंद आए, परंतु जब शरीर के मापदंड अचानक नियंत्रण से बाहर हो जाते हैं, तो हमारा आंतरिक आनंद भारी कष्ट में बदल जाता है।

श्रेय और प्रेय के विषय में कठोपनिषद में कहा गया है :

अन्यच्छ्रेयो न्यादुतैव प्रेयस्तेउभै
नानार्थे पुरुषंसिनीतः
तयोः श्रेय आददानस्यसाधु भवति
हीयते र्थादय उ प्रेयो वृणीते
श्रेयश्च प्रेयश्च मनुष्यमेतः स्तौ
सम्परीत्य विविनक्ति धीरः
श्रेयोहि धीरोभिः प्रयेसो वृणीते
प्रेयो मंदो योगक्षेमाद्वृणीते (1.2.1-2)

'दो मार्ग हैं, इनमें से एक लाभदायक और दूसरा सुखद है। ये दोनों ही मनुष्य को अलग-अलग मार्गों पर ले जाते हैं। सुखद आरंभ में आंनद देता है, परंतु अंत में यह पीड़ा है। अज्ञानी सुखद प्रसन्नता में डूब कर नष्ट होते हैं, परंतु ज्ञानी इन आकर्षणों के मोह में नहीं आते। वे लाभदायक प्रसन्नता का चुनाव करते हुए, अंत में सच्ची प्रसन्नता पाते हैं।'

जीवन की वास्तविकता यही है कि जो आनंद हमें नीचे की ओर ले जाते हुए मन को भटकाते हैं, वे अक्सर हमारे आसपास ही तैयार पाए जाते हैं, जबकि सार्थक आनंद धारा से ऊपर की ओर होते हैं। उन तक जाने के लिए कड़ी मेहनत और लगन चाहिए। हमें अनुशासित होना होगा। अनुशासन का गुण हमें इस योग्य बनाता है कि हम स्वयं को उस व्यवहार के अनुसार चलने की असुविधा के अनुसार ढालें, जिसे हमारी बुद्धि उचित कहती है, भले ही मन और इंद्रियों ने हमें दूसरी ओर खींचने की ठान रखी हो। इस तरह यह जीवन में विजय प्राप्त करने का मंत्र है।

सफलता की क़ीमत

आधुनिक समय में कई विज्ञापन तत्काल सफलता का प्रस्ताव देते हैं और इनके लिए हमें क़ीमत चुकानी होती है। ये विज्ञापन आपको लुभाते हैं कि आप लॉटरी का टिकट ले कर धनवान हो सकते हैं। वंडर फूड खा कर, एक माह में पंद्रह किलो वज़न घटा सकते हैं। इंटरनेट पर रोज़ दो घंटे का समय दे कर प्रतिवर्ष दस लाख रुपये कमा सकते हैं या कोई विशेष क्रीम ख़रीद कर, चेहरे से बीस वर्ष आयु घटा सकते हैं।

बदक़िस्मती से, ये दावे जीवन की वास्तविकता से कहीं परे हैं। किसी भी क्षेत्र में सफलता और निपुणता के लिए अभ्यास, कड़ी मेहनत के अलावा निरंतर गति से सही दिशा में जाना पड़ता है। विज्ञापनों में लॉटरी जीतने वालों को मारे ख़ुशी के झूमते दिखाया जाता है, ये हमें दिग्भ्रमित करते हैं। इनसे हमें उन लाखों लोगों की सूचना नहीं मिलती जो लॉटरी में हार गए। अगर हर हारने वाले को टी.वी. पर केवल दस सेकेंड तक आने का समय दिया जाता, 'मैंने लॉटरी का टिकट लिया पर हार गया,' तो प्रत्येक की बात पूरी होने में ही कई बरस लग जाते।

जीवन में उपलब्धि का कोई भी स्तर हासिल करने के लिए हमें अपनी लॉटरी की जीत वाली मानसिकता से उबरना होगा। जैकपॉट की प्रतीक्षा करने वाले के हाथ कुछ नहीं आता। इसके बजाए हमें इस तथ्य को समझना होगा कि सफलता पाने के लिए समर्पण, अध्यवसाय, धैर्य और निरंतर प्रयास करने की आवश्यकता होगी। अंग्रेज कवि एच. डब्ल्यू लांगफ़ैलो के शब्दों में :

> द हाइट्स बाई ग्रेट मैन रीच्ड ऐंड कैप्ट,
> वर नॉट अटेंड बाई सडन फ़्लाइट;
> बट दे, व्हाइल देअर कंपेनियन्स स्लेप्ट,
> वर टॉयलिंग अपवर्ड इन द नाइट।

(महान व्यक्तियों ने जीवन में जो भी ऊँचाई हासिल की, वह अचानक ही उनके हाथ नहीं आ गई थी। जब उनके साथी सो रहे थे, तो वे आधी रात को शिखर

की ओर चढ़ाई कर रहे थे।) मानवीय प्रयासों के सभी क्षेत्रों में, **अभ्यास ही वह कुंजी है, जो श्रेष्ठता के द्वार खोलती है।** एक स्वीडिश मनोचिकित्सक तथा फ़्लोरिडा स्टेट यूनीवर्सिटी के प्रोफ़ेसर, के. एंडर्स एरिकसन ने 1993 में एक पत्र प्रकाशित किया, *'द रोल ऑफ़ डेलीब्रेट प्रेक्टिस इन द एक्वीज़ीशन ऑफ़ एक्सपर्ट इन्फ़रमेशन'*, उन्होंने संगीत, खेल-कूद और नृत्य के क्षेत्र में विश्व-स्तरीय प्रदर्शकों का अध्ययन किया ताकि यह समझा जा सके कि उनकी असीम प्रतिभा का रहस्य क्या था। इसके परिणाम यह रहे कि जन्मजात प्रदर्शक जन्मजात प्रतिभावान होते हैं।

एरिकसन ने अपने शोध पत्र में निष्कर्ष दिया कि सामान्य वयस्कों और विशेषज्ञ प्रदर्शकों के बीच जो अंतर है, वह उनके लंबे जीवन के अथक प्रयासों का अंतर है, जो उन्होंने अपने प्रदर्शन में सुधार के लिए किए। इसके अलावा, जब कोई कई वर्षों व दशकों तक प्रतिवर्ष अभ्यास के लिए समय देता है, जब उसी आयु के अधिकतर वयस्क और बच्चे खेल-कूद और विलासिता में मग्न होते हैं, तो विशेषज्ञ प्रदर्शन प्राप्त करने वाली वास्तविक बाधाएँ प्रकट होती हैं। जहाँ अभ्यास के असली घंटों में विविधता है, और यह सफलता का असली कारण भी नहीं है, मैल्कम ग्लैडवैल की पुस्तक 'आउटलायर्स' में दस हज़ार घंटों वाला, जो नियम दिया गया है, उसे ही सबसे प्रभावशाली माना जाता है। इसका अर्थ है कि अगर सफलता पानी है, तो लगभग दस वर्ष तक प्रतिदिन तीन घंटे अभ्यास करना होगा।

ठीक इसी तरह मन पर आध्यात्मिक निपुणता पाने के लिए भी अभ्यास करना होगा। भगवद् गीता में, जब श्रीकृष्ण अर्जुन को निर्देश देते हैं कि वह अपने मन को नियंत्रित करते हुए प्रभु से जोड़े। अर्जुन ने स्वीकारा कि इसे प्राप्त करना किसी चुनौती से कम नहीं था :

चंचलं हि मनः कृष्ण प्रमाथि बलवद् दृढ़म
तस्याहं निग्रहं मन्ये वायोरिव सु-दष्करम् (6.34)

अर्जुन कहते हैं, 'हे श्रीकृष्ण! यह मन चंचल, हठीला और बहुत बलवान है। मुझे इसे वश में करना वायु को वश में करने से भी अधिक कठिन लगता है।'

यह सुन कर भगवान कृष्ण प्रत्युत्तर देते हैं :

असंशयं महा-बाहो मनो दुर्निग्रहं चलम्।
अभ्यासेन तु कौंतेय वैराग्येण च गृह्यते।। (6.35)

'हे महाबाहु कुंतीपुत्र! निःसंदेह चंचल मन को वश में करना अत्यंत कठिन है, किंतु उपयुक्त अभ्यास तथा विरक्ति द्वारा ऐसा करना संभव है।'

ऋषि पतंजलि ने भी इसी नियम की शिक्षा दी है :

अभ्यासवैराग्याभ्यं तन्निरोधः (*पतंजलि योग दर्शन* 1.12)

'अभ्यास और वैराग्य से चित्त वृत्तियों का निरोध होता है।

इन श्लोकों में 'अभ्यास' शब्द बहुत महत्त्व रखता है; इसका अर्थ है - आदतन बने व्यवहार के ढाँचे में बदलाव लाने के लिए निरंतर सजग भाव से प्रयत्न करना और एक नया ढाँचा विकसित करना। लगातार प्रशिक्षण और अभ्यास के बल पर, चंचल और हठी मन को वश में कर सकते हैं। इस प्रकार आध्यात्मिक और भौतिक लोकों में निपुणता पाने के लिए क़ीमत अदा करनी पड़ती है। इसे आप निम्नलिखित प्रसंग से समझ सकते हैं :

एक राजा भावी पीढ़ियों के लिए अपने विवेक का सार छोड़ना चाहता था। उसने अपने मंत्रियों से कहा कि कोई ऐसी पाठ्य-सामग्री तैयार की जाए, जिसमें वर्तमान युग का विवेक समाया हो। मंत्रियों ने इस काम को गंभीरता से लिया और मिल कर काम करने लगे। उन्होंने अनेक पुस्तकों का अध्ययन करते हुए, आपस में कई बार विचार-विमर्श किया। अंत में उन्होंने साढ़े तीन पन्नों की एक सामग्री निकाल ली।

राजा ने उसे देख कर कहा, 'यह ग्रंथ ज्ञान का भंडार है, परंतु इसमें बहुत शब्द हैं और लोगों के पास इसे पढ़ने का समय नहीं होगा। कृपया इसे छोटा कर दें।'

मंत्री मंत्रणा कक्ष में चले गए। उन्होंने पुनः उस पर कार्य किया और उसे एक पृष्ठ की सामग्री में बदल दिया। राजा ने फिर से उसकी समीक्षा की और उत्तर दिया, 'यह अब भी लंबा है। मुझे एक छोटा सा संदेश चाहिए, जिसे तुरंत पढ़ा जा सके। इसे और छोटा करें।'

मंत्रियों ने यह चुनौती भी स्वीकारी। उन्होंने आपस में मंत्रणा करने के बाद केवल पाँच शब्दों में संदेश बना दिया। जब वे उस ज्ञान के भंडार को राजा के पास ले गए, तो वह प्रसन्न हो गया और बोला, 'यही वह विवेक है, जो भावी पीढ़ियों को दिया जाना चाहिए।'

वे पाँच शब्द थे, ***'संसार में कुछ निःशुल्क नहीं।'***

कुछ भी निःशुल्क नहीं है। भले ही हम जो भी पाना चाहें; हमें उसके लिए मोल चुकाना होगा। अगर हम किसी विशेष कार्य में निपुणता पाना चाहें, तो हमें उसके अभ्यास की क़ीमत अदा करनी होगी। यह उत्तर तो स्पष्ट है, परंतु फिर अद्भुत उपलब्धि इतनी दुर्लभ क्यों है? अधिकतर लोग उतना अभ्यास क्यों नहीं करते, जितना उन्हें करना चाहिए?

कारण यही है कि अधिकतर लोग संयम, त्याग और तैयारी करने के दुख से बचना चाहते हैं। वे निःशुल्क तो कुछ भी ग्रहण कर लेंगे, परंतु उसी कार्य के लिए संयम या तप करना पड़े, तो वे पीछे हट जाएँगे। ऊँचाइयों तक जाने वाले वही लोग थे, जिन्होंने स्वेच्छा से अभ्यास की असुविधा और कष्टों को वहन किया।

एक भूतपूर्व अमेरिकी एथलीट एडविन मोजिज़, एक ट्रैक इवेंट में लगातार निरंतर विजय प्राप्त करने का ऑल टाइम रिकॉर्ड रखते हैं। 1977 से 1987 के बीच, चार सौ मीटर की बाधा दौड़ में, उन्होंने लगातार 122 दौड़ों में जीत हासिल की, जिनमें 107 फ़ाइनल और पंद्रह हीट शामिल थे। उन्होंने इवेंट के लिए चार बार विश्व रिकॉर्ड क़ायम किया। उन्होंने 1976 और 1984 के ओलिंपिक में स्वर्ण पदक जीते। वे 1980 में, अमेरिका की ओर से मास्को के ओलिंपिक बहिष्कार के कारण प्रतियोगिता में हिस्सा नहीं ले सके।

उन्हें लॉरियर्स वर्ल्ड स्पोर्ट्स अकेडमी का पहला चेयरमैन नियुक्त किया गया, जो व्यक्तियों व दलों को पूरा वर्ष खेलों में उल्लेखनीय योगदान के लिए सम्मान देती है। दुनिया में बदलाव लाने के लिए, खेलों की शक्ति का प्रयोग करने के मिशन के साथ, ये पुरस्कार लगभग चालीस देशों की सौ से अधिक सामुदायिक परियोजनाओं में अपना योगदान देते हैं। एक बार पत्रकारों ने उनसे उनकी सफलता का रहस्य पूछा। उन्होंने प्रत्युत्तर में कहा, 'मेरे भीतर दूसरों की तुलना में पीड़ा सहन करने की कहीं अधिक योग्यता है।'

मोजिज़ का साक्ष्य बहुत अच्छी शिक्षा देता है। कड़े परिश्रम के साथ ही निपुणता प्राप्त की जाती है।

इस प्रकार असुविधा और कष्ट सहने की तत्परता ही सफलता पाने की सार्वभौमिक योग्यता कही जा सकती है। पुस्तक *द न्यू कॉमन डिनॉमिनेटर ऑफ़ सक्सेस* में लेखक, अल्बर्ट ई.एन. ग्रे कहते हैं कि उन्हें अपने जीवन का सबसे महत्त्वपूर्ण बोध हुआ। वे लिखते हैं कि सफल होने वालों के भीतर ऐसे काम करने आदत होती है, जो असफल होने वाले करना पसंद नहीं करते। सफल लोग भी उन्हें करना पसंद तो नहीं करते, परंतु वे अपनी नापसंद को उद्‌देश्य की शक्ति के अधीन कर लेते हैं।

ग्रे के शब्दों को अमेरिकी कारख़ाने में हुए अध्ययन से वैधता मिली। यह पाया गया कि औसतन, एक उत्पादन श्रेणी का कर्मचारी प्रति सप्ताह तीस घंटे टी.वी. देखता है। उत्पादन श्रेणी का निरीक्षक प्रति सप्ताह पच्चीस घंटे टी.वी. देखता है। जबकि फ़ोरमैन बीस घंटे टी.वी. देखता है। प्लांट का सुपरिटेंडेंट बारह से पंद्रह घंटे देखता है। कंपनी का प्रेजीडेंट और भी कम समय देता है, वह प्रति सप्ताह आठ से

दस घंटे टी.वी. देखता है। अंत में बोर्ड का चेयरमैन, प्रति सप्ताह चार से आठ घंटे टी.वी. देखता है, जिनमें से पचास प्रतिशत प्रशिक्षण वीडियो होते हैं।

इन आँकड़ों से आप स्वयं ही अनुमान लगा सकते हैं। अधिक आत्म-संयम का पेशेवर जीवन की ऊँचाई से गहरा संबंध है।

अनुशासन का मूल्य स्थापित करने के बाद, अब हमें यह देखना है कि यह जीवन में कैसे बचपन से उत्पन्न हो कर, विकसित होता है? आशा करते हैं, इस तरह आपको, अपने भीतर संकल्प शक्ति विकसित करने के रहस्यों की झलक मिल सकेगी।

बचपन से ही आत्म-संयम का महत्त्व

अफ़्रीकी सवाना में जब मादा जिराफ़ बच्चे को जन्म देती है, तो वह प्रसव के लिए धरती पर नहीं बैठती। वह अपनी लंबी टाँगों पर खड़ी रह कर बच्चे को जन्म देती है, और उसका बच्चा आठ से नौ फ़ीट की ऊँचाई से नीचे गिरता है। वह दर्द से तिलमिला कर धरती पर लोट जाता है।

पर माँ का दिल बच्चे की पीड़ा से नहीं पिघलता। वह बच्चे को अपने खुरों से ठोकर मारती है। बच्चा दुख के मारे कराहता और किसी तरह धरती पर खड़ा होता है। उसकी माँ अब भी बाज़ नहीं आती। वह फिर से उसे ठोकर मार कर नीचे गिरा देती है, ताकि वह अपने पैरों पर खड़ा होना सीख सके।

मादा जिराफ़ का यह बर्ताव भले ही हमें निर्दयी लगे पर वह जानती है कि उसके बच्चे के पास चलना सीखने के लिए कुछ ही मिनट का समय है, जब तक कि कोई शेर उस ओर नहीं आ जाता। उसके पास दुलार करने का समय नहीं है। उसके पास उसे बच्चे को खड़े होते देख ख़ुश होने का समय नहीं है। बच्चे को जीवित रहना है, तो अपनी पीड़ा को अनदेखा करना सीखना होगा।

हम अक्सर बच्चों में आत्म-संयम के महत्त्व को समझ नहीं पाते या उसे उपेक्षित कर देते हैं। हालाँकि स्टैनफ़ोर्ड के वाल्टर मिशल ने एक प्रसिद्ध प्रयोग किया, ताकि घुटनों के बल चलने वाले बच्चों के आत्म-संयम का अध्ययन हो सके। इसे 'मार्शमैलो टेस्ट' का नाम दिया गया।

टेस्ट में देखा गया कि बच्चा अधिक प्रभावी दीर्घकालीन पुरस्कार के लिए तत्काल पारितोष को किस हद तक टाल सकता था। उन्हें बहुत लंबे समय वाले पुरस्कार आकर्षित नहीं करते; इसलिए टेस्ट को उनके अल्पकालीन आत्म-संयम की जाँच के लिए किया गया।

बच्चों को एक अकेले कमरे में रखा गया और उनके सामने एक मार्शमैलो रखा गया। उनसे कहा गया कि अगर वे उसे बीस मिनट तक नहीं खाते, तो उन्हें

एक और मार्शमैलो मिलेगा और वे दोगुना मज़ा ले सकते हैं। फिर बाहर से देखते हुए उनके व्यवहार का अध्ययन किया गया।

कुछ बच्चों में संयम का अभाव था और उन्होंने झट से मार्शमैलो खा लिया। दूसरे बच्चों ने कुछ देर प्रतीक्षा की, परंतु अधिक देर तक लोभ से बच नहीं सके और मार्शमैलो खा लिया। यह देखना भी रोचक था कि उन्होंने अपने लोभ को वश में करने के लिए कौन सी रणनीतियाँ अपनाईं। कुछ सकुचा कर इधर-उधर देखने लगे, वे जानबूझ कर उस ओर नहीं देख रहे थे, पर फिर लालच की जीत हुई। बेशक़, संकल्प शक्ति का अभाव था और बच्चों को अपने आनंद से दूर रहने के लिए संघर्ष करना पड़ा। केवल कुछ ही बच्चे ऐसे थे, जिन्होंने पूरे बीस मिनट का इंतज़ार किया; और वह दूसरा मार्शमैलो पाने में सफल रहे।

आरंभ में किसी ने भी बच्चों की संकल्प शक्ति और उनकी भावी सफलता के संबंध में आशंका नहीं जताई। हालाँकि इस शोध ने कई वर्षों के बाद एक रोचक मोड़ ले लिया। वाल्टर मिशल की बेटियों पर भी बिंग नर्सरी स्कूल में यही टेस्ट किया गया था। फिर वे स्टैनफ़ोर्ड में पढ़ने गईं और पिछले स्कूल के कुछ बच्चे उनके सहपाठी बने। उस समय, प्रयोग के नतीजों में फिर से रुचि ली गई। शोध के रिकॉर्ड फिर से देखे गए कि बच्चे बड़े हो कर कैसे पेश आते थे और फिर आने वाले दस वर्षों तक उनका निरीक्षण होता रहा। इस तरह तीन दशकों तक बच्चों के जीवन पर शोध हुए।

अध्ययन से पता चला कि जो बच्चे पूरे बीस मिनट तक अपने लालच से बचने में सफल रहे, वे अपने जीवन में हर क्षेत्र में बेहतरीन प्रदर्शन कर रहे थे। आत्म-संयम का गुण जीवन में हर जगह काम आया। इसने उन्हें लंबे समय तक तत्काल परितोष को टालने के योग्य बनाया, ताकि दीर्घकालीन आनंद पाया जा सके। वे पढ़ाई में दूसरे बच्चों से बेहतर थे। उनके करियर दूसरों से बेहतर रहे, उनके संबंध सामंजस्य से भरपूर थे। वे शराब और नशीले पदार्थों से दूर थे; वे कहीं अधिक स्वस्थ और प्रसन्न थे। इससे बढ़कर उनमें कोई अपराधिक प्रवृत्ति भी नहीं पाई गई।

जो बच्चे पूरे बीस मिनट तक अपने लोभ पर वश पाने में सफल रहे थे, उन्होंने पहले ही मिनट में हारने वाले बच्चों की तुलना में एसएटी स्कोर्स पर औसतन 210 प्वाइंट अधिक प्राप्त किए। अधिक संकल्प शक्ति वाले बच्चे अपने साथियों और अध्यापकों के बीच लोकप्रिय थे, क्योंकि उन्हें अपने मनोभावों को अपने वश में रखना आता था। उन्हें अच्छे वेतन मिलते थे। उनकी बीएमआई यानी बॉडी मास इंडेक्स कम था और वे नशे के सेवन से कोसों दूर थे। संकल्प शक्ति और सफलता के बीच का यह संबंध वास्तव में आश्चर्यजनक था।

वहीं दूसरी ओर, जो बच्चे दुर्बल संकल्प शक्ति वाले थे, उनमें से चालीस प्रतिशत के भीतर अपराधिक प्रवृत्ति पाई गई। वे कम वेतन वाले काम करते थे और

उनके खातों में बहुत कम पैसे थे। उनके पास अपने घर नहीं थे और ना ही उन्होंने अपनी रिटायरमेंट के लिए कुछ जोड़ा हुआ था।

वाल्टर की इस स्टडी को 'टोडलर्स टॉर्चर' का नाम दिया गया। यह संकल्प शक्ति और जीवन में सफलता के संबंध पर प्रकाश डालती है। परंतु क्या नवजात अवस्था से ही बच्चे की संकल्प शक्ति बढ़ाई जा सकती है? डॉ. रिचर्ड फ़र्बर का कहना है कि ऐसा संभव है।

फ़र्बराइज़ेशन की तकनीक

हममें से अधिकतर ने आटोमोबाइल टायरों पर गैल्वनीकरण के बारे में सुना होगा। हमने इस्पात के गैल्वनीकरण के बारे में भी सुना होगा। परंतु यह फ़र्बराइजेशन या फ़र्बरीकरण क्या है? यह एक ऐसी तकनीक है, जो छह महीने से अधिक छोटे बच्चों में आत्म-संयम बढ़ाने के लिए लागू की जाती है।

जब भी बच्चे परेशान होते हैं, तो वे स्वाभाविक तौर पर रोते हैं। माता-पिता झट से उन्हें दिलासा दे कर चुप करवाने के लिए भागते हैं। डॉ. रिचर्ड फ़र्बर, बोस्टन के बाल रोग अस्पताल में पैडियाट्रिक स्लीप डिसऑर्डर्स सेंटर के निदेशक हैं। उनका कहना है कि माता-पिता का यह सहज रिफ़लैक्स एक्शन बच्चों को ग़लत संदेश देता है। वे सीख लेते हैं कि रोना उनके लिए लाभदायक है, क्योंकि इससे उन्हें बड़े लोगों की तुरंत मदद मिलती है। परंतु इस तरह उनके भीतर अपने मसलों को स्वयं हल करने की क्षमता पैदा नहीं होती।

डॉ. फ़र्बर का सुझाव है कि जब भी बच्चा रोए, तो माता-पिता को झट से भाग कर उसे चुप करवाने की आदत पर रोक लगानी होगी। उनका कहना है कि बच्चे को स्वयं अपनी परेशानी हल करना सिखाना होगा। आप बच्चे के रोने के कुछ देर बाद, अपने होने की तसल्ली देने जा सकते हैं। परंतु उसे उठा कर गले से नहीं लगाना। वह सुझाव देते हैं कि आपके पास एक विस्तृत चार्ट होना चाहिए, जिसके अनुसार आपको पता हो कि आप कितने अंतराल पर बच्चे के पास जा कर उसे दिलासा दे सकते हैं। यह समय अंतराल दिनों के बीतने के साथ-साथ बढ़ना चाहिए।

ऐसे प्रशिक्षण से क्या लाभ होंगे? जोडी मिंडल ने 2006 में फ़र्बराइजेशन के लाभों का अध्ययन किया। उन्होंने पाया कि इसके निम्नलिखित सकारात्मक नतीजे हो सकते हैं :

- नींद का प्रशिक्षण लेने वाले बच्चे सोने में बहुत नखरे नहीं करते।
- जिन बच्चों का फ़र्बराइजेशन होता है, वे रात को दस मिनट में ही सो जाते हैं।

- प्रशिक्षण पूरा करने वाले बच्चे रातों को अपने माता-पिता को नहीं जगाते।
- फ़र्बराइजेशन कराने वाले बच्चों के माता-पिता ने बताया कि उनके बच्चों के तनाव के स्तर में सुधार हुआ और वे अपने बच्चों से बेहतर संबंध बनाने में सफल रहे।

इन सकारात्मक परिणामों के अलावा, माता-पिता ने दिन में भी अपने बच्चे के व्यवहार में सुधार की रिपोर्ट की। रात की भरपूर नींद लेने में 'दक्ष' हो चुके बच्चे दिन में भी प्रसन्न रहते थे।

यह ध्यान देना रोचक होगा कि फ़र्बराइजेशन से नवजातों को भी आत्म-संयम सिखाया जा सकता है। इससे पहले कि बच्चे काम करने के नियम सीखें, वे अपनी संकल्प शक्ति की मांसपेशियों को विकसित कर सकते हैं।

अगर बचपन में बच्चे का फ़र्बराइजेशन नहीं हुआ हो, तो क्या करना चाहिए? क्या ये तकनीकें बड़े होने पर भी हमारी संकल्प शक्ति के स्रोत को बढ़ा सकती हैं? वे निश्चित रूप से ऐसा कर सकती हैं, परंतु पहले हमें संकल्प शक्ति के स्वभाव को गहराई से समझना होगा।

हम मनुष्य के शरीर में संकल्प शक्ति के स्रोत को समझने की कोशिश करते हैं। हो सकता है कि आपको इसके रहस्य को जानने का अवसर मिल जाए।

संकल्प शक्ति की मांसपेशी

लगभग सभी स्तनपायी जीवों में, मनुष्य के पास ही अपने शरीर के भार के अनुपात में सबसे बड़ा मस्तिष्क पाया जाता है। मनुष्य का मस्तिष्क बॉडी मास का एक चौथाई होता है। इससे भी महत्त्वपूर्ण बात यह है कि यह उन कैलोरीज़ का एक बटा पाँचवाँ हिस्सा ग्रहण कर लेता है, जिसे हम ऊर्जा के लिए जलाते हैं। इससे भी और महत्त्वपूर्ण बात यह है कि मनुष्य के मस्तिष्क में एक बहुत बड़ा प्रीफ़्रंटल कोर्टेक्स, माथे व आँखों के ठीक पीछे मस्तिष्क की एक लोब रहती है।

इंसानी दिमाग़ में प्रीफ़्रंटल कोर्टेक्स का काम यही है कि हमें और कठिन काम करने और आनंददायक कामों को छोड़ने के योग्य बनाता है। जब सुबह के समय बिस्तर में रहना आसान काम है, तब यह हमें इस लायक़ बनाता है कि हम उठ कर रोज़मर्रा के काम आरंभ करें। जब अपने कमरे में बैठ कर टी.वी. देखना अधिक आनंददायक होता है। यह हमें इस लायक़ बनाता है कि हम उठ कर अपना योगाभ्यास करें। **इस तरह प्रीफ़्रंटल कोर्टेक्स हमें मनुष्य बनाने में अहम भूमिका रखता है। यह हमें संकल्प शक्ति और आत्म-संयम प्रदान करता है**। रोचक बात यह है कि मस्तिष्क में भी, प्रीफ़्रंटल कोर्टेक्स ऊर्जा की भारी मात्रा ग्रहण करता है।

एक व्यक्ति के आत्म-संयम से जुड़े कार्य को करने से पहले और बाद में, उसके रक्तसंचार में ग्लूकोज़ की मात्रा माप कर इस बात का पता लगाया गया। यह पाया गया कि संकल्प शक्ति का अभ्यास करने के बाद ग्लूकोज़ का स्तर अचानक घटता है।

संकल्प शक्ति के तीन पक्ष हैं :

1. **मैं चाहता हूँ।** ऐसे दीर्घकालीन लक्ष्य कौन से हैं, जिन्हें हमें अपने दिमाग़ में रखते हुए, उन पर अपनी ऊर्जाओं को केंद्रित रखना चाहिए?
2. **मैं करूँगा।** क्या कुछ ऐसा है, जिसे करने से हमारे जीवन की गुणवत्ता में सुधार होगा, भले ही वह पीड़ादायक या श्रमसाध्य ही क्यों ना हो?
3. **मैं नहीं करूँगा।** अगर हमारे भीतर अपनी प्रसन्नता और सेहत को कमतर आँकने की आदत है, तो हमें ऐसा करना तुरंत छोड़ देना चाहिए, भले ही हमें ऐसा करने में आनंद ही क्यों नहीं आता हो?

प्रीफ़्रंटल कोर्टेक्स हमें तीन शक्तियाँ प्रदान करता है : 'मैं चाहता हूँ,' 'मैं करूँगा' और 'मैं नहीं करूँगा।' इन तीनों शक्तियों को निखारना ही आत्म-संयम है, जो मनुष्य प्रीफ़्रंटल कोर्टेक्स के माध्यम से करता है।

पशुओं के पास अपने बॉडी मास के अनुपात में प्रीफ़्रंटल कोर्टेक्स की मात्रा बहुत कम होती है। इस तरह वे लाभदायक की तुलना में अधिक आनंद को नकार नहीं पाते। एक गाय यह नहीं कहेगी, 'मुझे हरी घास पसंद है, परंतु अपनी आध्यात्मिक उन्नति के लिए, मैं तपस्या करते हुए सूखी घास खाना पसंद करूँगी।' हालाँकि मनुष्य विवेकशील प्राणी है। उस विवेक बुद्धि का प्रयोग ही हमें पशुओं से अलग करता है। कहते हैं :

तत्व विस्मरणात भेकिवत

'ज्यों ही मनुष्य अपना विवेक भूल जाता है, वह उसी समय पशुओं के स्तर पर आ जाता है।'

अब ये प्रश्न उठते हैं : क्या हमारी संकल्प शक्ति सुबह से शाम तक बनी रहती है? क्या वह अगले दिन भी वैसी ही होगी? रोचक बात यह है कि संकल्प शक्ति काफ़ी हद तक मानसिक मांसपेशी की तरह है। यह इस्तेमाल करने पर थकती है। अगर हम कोई ऐसा काम करते हैं, जिसमें बहुत अधिक आत्म-संयम की आवश्यकता हो, तो इसके अंत तक आते-आते संकल्प शक्ति घटने लगती है। प्रायः यह अगले दिन तक वापस नहीं आती, जब तक आप सो कर स्वयं को तरोताज़ा नहीं करते।

शोधकर्ताओं ने संकल्प शक्ति के परीक्षण के लिए कुछ मानक विधियाँ दी हैं। ऐसा ही एक टेस्ट है, जिसमें लोगों को ऐसी पहेली हल करने के लिए दी जाती है, जिसका कोई हल नहीं है। वे नहीं जानते कि उसे हल नहीं किया जा सकता, वे लगातार इस पर काम करते रहते हैं, जब तक कि उनकी संकल्प शक्ति हार नहीं जाती। वे हारने से पहले उस पर जितनी देर काम करते हैं, उसे ही उनकी संकल्प शक्ति की माप माना जाता है। एक और टेस्ट में लोगों को हाथ का व्यायाम करने वाला यंत्र दबाने को कहा जाता है। वे जितनी अवधि के लिए उसे दबाए रखते हैं, उससे उनकी संकल्प शक्ति की माप की जाती है।

एक और संकल्प शक्ति परीक्षण में छात्रों को नाश्ते के लिए बुलाया गया। उन्हें दो दलों में बाँटा गया। बदक़िस्मत दल को जिस कमरे में ले जाया गया, उसमें कच्ची मूलियों के साथ स्वादिष्ट और सुगंधित कुकीज़ रखी थीं। उन्हें वहीं प्रतीक्षा करने को कहा गया। यह भी कहा गया कि वे चाहें तो मूली खा सकते थे, पर कुकीज़ खाना मना था। एक छोटी खिड़की से उनकी प्रतिक्रिया देखी गई। वे ललचाई नज़रों से कुकीज़ देख रहे थे, पर फिर उन्होंने बैठ कर मूली चबानी शुरू कर दी। फिर उन्हें दूसरे कमरे में ले जा कर, पहेली हल करने को दी गई। उन्हें लगा कि उनकी होशियारी की जाँच हो रही थी, पर उन्हें यह नहीं पता था कि पहेली हल हो ही नहीं सकती थी।

छात्रों के दूसरे दल को उस कमरे में ले गए, जिसमें ताज़ा बनी हुई कुकीज़ रखी थीं। उन्हें कहा गया कि वे अपनी मर्ज़ी से कितना भी खा सकते हैं। फिर उन्हें हल करने के लिए पहेली दी गई। दोनों मामलों में यह टेस्ट किया गया कि उन्होंने हार मानने से पहले, पहेली हल करने में कितना समय दिया।

रोचक बात यह थी, जिन बच्चों ने मज़े से कुकीज़ खाई थीं, उन्होंने पहेली हल करने में पूरे बीस मिनट का समय दिया। जिन छात्रों को जबरन मूली से पेट भरना पड़ा, उन्होंने पहेली हल करने में आठ मिनट से अधिक समय नहीं दिया और हार मान ली। वे कुकीज़ का प्रलोभन रोकने में तो सफल रहे पर पहेली की बारी आते-आते उनकी संकल्प शक्ति क्षीण हो गई थी।

इन अध्ययनों से यह निष्कर्ष निकाला गया कि संकल्प शक्ति अभ्यास के बाद क्षीण होती है और यह शरीर की भौतिक मांसपेशी की तरह ही है। इस अध्ययन से वह तथ्य भी स्पष्ट होता है, जब कोई पूरे सप्ताह जिम में अभ्यास, उचित आहार व खान-पान के साथ बेहतरीन आत्म-संयम का प्रदर्शन करता है, पर सप्ताह बीतते-बीतते अचानक उसकी संकल्प शक्ति कम हो जाती है। एक सप्ताह के उस संयम के बाद वह फिर से मनचाहा खाते हुए, अपने नियम स्वयं ही तोड़ देता है, क्योंकि उसकी संकल्प शक्ति कमज़ोर पड़ गई है।

विवाह विशेषज्ञों का कहना है कि संकल्प शक्ति का क्लांत होना ही व्यवहार के उस ढाँचे का कारण है, जो उन्होंने विवाह संबंधों में पाया। जब पति और पत्नी दोनों ही चुनौतीपूर्ण करियर में थे, तो शाम को अक्सर छोटी-मोटी बातों पर आपस में उलझ जाते। इसका कारण यह था कि काम के लंबे और थकाने वाले घंटे उनके आत्म-संयम को सोख लेते। जब वे घर वापस आते, तो उनके पास अपने साथी की खिझाने वाली आदतों को सहन करने की ताक़त नहीं रहती थी। इस तरह काम का तनाव बढ़ने के साथ ही वैवाहिक संबंधों की खटास भी बढ़ जाती है। लोग कार्यालय में ही अपनी संकल्प शक्ति का भंडार लुटा देते हैं, और उनके घर को इसके नतीजे भुगतने पड़ते हैं।

इससे यह अनुमान लगाया जा सकता है कि सुबह के समय इस संकल्प शक्ति का भंडार अधिकतम होता है। फिर जब हम काम की चुनौतियों में घिरते चले जाते हैं, तो यह सब क्लांत करने लगता है। रात होते-होते, आत्म-संयम पूरी तरह से समाप्त हो जाता है। यही वजह है कि लोग रात के समय व्यसनों और लतों के प्रति अधिक संवेदनशील होते हैं।

इसका विपरीत अनुमान भी उतना ही सत्य है। सुबह के समय हमारे आत्म-संयम का प्याला लबालब भरा होता है। इस प्रकार इस समय आप ऐसे चुनौतीपूर्ण काम कर सकते हैं, जिनके लिए संयम व मन केंद्रित करने आदि की आवश्यकता होगी; जैसे ध्यान, पुस्तक लेखन, गहन मनन आदि। दिन बीतने के साथ संकल्प शक्ति की एकाग्रता घटने लगती है।

सुबह के समय, मस्तिष्क पूरी तरह से विश्राम करने के बाद ऊर्जा से भरपूर होता है। इसका अर्थ यह नहीं कि हम प्रलोभन के शिकार होने के ख़तरे से बच सकते हैं। हालाँकि हमारे पास कठिन काम करने की शक्ति है, परंतु हमारे पास और अधिक आनंददायक काम करने की इच्छा भी होती है। इस तरह संकल्प शक्ति कम होने का जोखिम हमेशा बना रहता है, चाहे वह सुबह का समय हो या रात।

इस प्रकार एक और प्रश्न सामने आता है, जो हमारी रुचि का हो सकता है। इसके बाद हम उसकी चर्चा करेंगे।

हमारी संकल्प शक्ति का विकास

हमने देखा कि मनुष्य के मस्तिष्क में प्रीफ़्रंटल कोर्टेक्स, हमें आत्म-संयम की सुविधा प्रदान करता है। क्या हमारे पास अपने जीवन में सफलता के लिए महत्त्वपूर्ण इस तत्व को बढ़ाने का कोई उपाय है? सौभाग्य से ऐसा संभव है।

न्यूरो-विज्ञानी अब जो पता लगा पाए हैं, वह भगवद् गीता में हज़ारों वर्ष पूर्व लिख दिया गया था। उन्होंने पाया कि मस्तिष्क स्वयं को रीमॉडल करने में सिद्धहस्त

है। अगर हम रोज़ अपना दिमाग़ गणित में लगाने लगें, तो वह हिस्सा सक्रिय हो जाएगा, जो गणित से जुड़ा है। जब व्यायाम करके किसी मांसपेशी को सक्रिय जाता है, तो मस्तिष्क से संबंधित हिस्से गहराई से जुड़ कर ग्रे-मैटर से भरपूर हो जाते हैं। इसी तरह जो लोग नियमित तौर पर टेनिस खेलते हैं, उनके मस्तिष्क के उन भागों को विकसित होते पाया गया है, जो टेनिस के लिए आवश्यक मांसपेशियों व अंगों का संयोजन करते हैं। इस प्रकार निरंतर अभ्यास और दोहराव के साथ खिलाड़ियों की निपुणता बढ़ती जाती है।

हाल ही में न्यूरोलॉजी की एक और शाखा, न्यूरो-प्लास्टिसिटी विकसित हुई है। यह मस्तिष्क के स्वयं सुधार और मॉडल करने की योग्यता पर काम करती है। मस्तिष्क की इस प्लास्टिक प्रकृति से हम पूरा लाभ उठा सकते हैं, परंतु अनुचित प्रयोग हानिकारक भी हो सकता है। जो लोग अपने मस्तिष्क को द्वेष, बैर और व्यग्रता आदि नकारात्मक भावों में लगाए रखते हैं, वे ऐसे नकारात्मक विचारों के उत्पादन में और सक्रिय होते चले जाते हैं।

जो लोग लगातार मन में शराब, नशीले पदार्थों और सिगरेट का विचार लाते हैं, मस्तिष्क उनके लिए ऐसी ही कामनाएँ और अधिक पैदा करने लगता है। ऐसे विचारों के न्यूरल पाथवे और अधिक गहरे होते जाते हैं, जब तक वह लत किसी दुर्गुण में नहीं बदल जाती। इसके विपरीत, अगर हम निरंतर सकारात्मक विचारों को प्रोत्साहन देते रहें, तो वे न्यूरल पाथवे तब तक गहरे होते चले जाते हैं, जब तक सकारात्मक चिंतन हमारी आदत नहीं बन जाता। इस प्रकार मस्तिष्क की न्यूरोप्लास्टिक प्रकृति के लिए हमें अभ्यास करने की आवश्यकता होती है। पाँच हज़ार वर्ष पूर्व भगवान श्रीकृष्ण ने अपने निम्नलिखित कथन में मस्तिष्क की न्यूरो-प्लास्टिक प्रकृति को ही प्रकट किया था। वे कहते हैं :

ध्यायतो विषयान पुंसः संगस तेषुपजायते
संगात संजायते कामः कामात् क्रोधो ऽभिजायते।।

(भगवद गीता 2.62)

'इंद्रिय विषयों का चिंतन करते हुए, मनुष्य की उनमें आसक्ति हो जाती है। ऐसी आसक्ति से काम उत्पन्न होता है और फिर काम से क्रोध प्रकट होता है।'

जिस तरह टेनिस और गणित के क्षेत्र में अभ्यास से मस्तिष्क की योग्यता में सुधार हो सकता है, और आत्म-संयम में भी वृद्धि की जा सकती है। जिस तरह वेट ट्रेनिंग से मांसपेशियों को लाभ होता है, संकल्प शक्ति का अभ्यास प्रीफ्रंटल कोर्टेक्स के लिए वही कार्य करता है। हम अपने लिए दोनों प्रकार की संकल्प शक्तियों के विकास की चुनौती ले सकते हैं : 'मैं करूँगा' और 'मैं नहीं करूँगा।' फिर बार-बार

संकल्प शक्ति की मांसपेशी के अभ्यास से, हम आत्म-संयम को विकसित कर सकते हैं।

इसी तरह महान संत अपने मन को प्रशिक्षित करते आए हैं। स्वामी राम तीर्थ को सेब बहुत पसंद थे। उस मोह को तोड़ने के लिए वे अपने कमरे में एक सेब रखते थे। जब भी वे उसके पास से निकलते, तो अपने मन को उसे नहीं खाने के लिए कहते। जब वह सड़ जाता, तो उसे हटा कर ताज़ा सेब रख देते। उन्होंने यह अभ्यास तब तक दोहराया, जब तक कि उनकी संकल्प शक्ति इतनी मजबूत नहीं हो गई कि वे सेब को देखें और उसे खाना नहीं चाहें।

रामकृष्ण परमहंस अपने मन को धन की आसक्ति से दूर करना चाहते थे। वे एक हाथ में टका (पैसा) और दूसरे में माटी (कीचड़) लेते। फिर वे उन्हें एक-एक कर फेंकते हुए कहते, *'टका... माटी... टका... माटी... टका... माटी।'* इस तरह उन्होंने अपने मन को प्रशिक्षित किया।

इसी प्रकार प्राचीन ग्रीक संत डायोजिनिस के बारे में भी एक कथा कही जाती है। *वह एथेंस के बाहर एक पीपे में रहता था। वह प्रायः एक मूर्ति के आगे खड़े हो कर भीख माँगता, 'कृपया मुझे कुछ दे दो। मुझे भिक्षा दे दो।' किसी ने उससे पूछा, 'यह मूर्ति तो तुम्हें कुछ नहीं दे सकती। तुम इससे भिक्षा क्यों माँग रहे हो?'*

डायोजिनिस ने कहा, 'जब मैं बाहर जा कर, लोगों से भिक्षा के लिए याचना करूँगा, तो वे मुझे अपमानित करेंगे। उस समय अगर मेरा मन दुर्बल हुआ, तो मैं आसानी से निराश हो सकता हूँ। परंतु यह मूर्ति मुझे कुछ नहीं कह सकती; इसलिए मैं इसके आगे अभ्यास करते हुए अपने मन को मज़बूत बना रहा हूँ।' ऐसा लगता है, जैसे डायोजिनिस ने मन को अभ्यास के माध्यम से साधने का रहस्य जान लिया था।

हालाँकि अभ्यास को बहुत अधिक नाटकीय नहीं होना चाहिए। यह एक सरल सा अभ्यास हो सकता है, जैसे आप स्वयं को अंगड़ाई लेने से रोकें, अपने मन को टी.वी. आदि नहीं देखने दें। अच्छा समाचार यह है कि संकल्प शक्ति का कोई भी अभ्यास आपके प्रीफ्रंटल कोर्टेक्स को सशक्त बनाता है, और इस तरह यह कई प्रकार की गतिविधियों में सहायक होता है, जैसे काम में बाधा से बचाव, मन को एकाग्र रखना, इंद्रियों के प्रलोभनों से बचाव आदि।

अगर हम आत्म-संयम के छोटे से अभ्यास को भी अपना लें, तो भी संकल्प शक्ति में वृद्धि की जा सकती है, जैसे अपनी शारीरिक मुद्रा में सुधार, मीठा कम खाना, साथियों के दबाव में आने से इंकार करना आदि। आत्म-संयम के ये छोटे-छोटे अभ्यास, हमें उन चुनौतियों का सामना करने में सहायक होते हैं, जो अधिक महत्त्वपूर्ण हैं, जैसे पोषक आहार लेना या अच्छी सेहत के लिए व्यायाम आदि करना।

विपश्यना की शिक्षा भी इसी नियम पर आधारित है। इसके लिए साधक को निरंतर, सुबह से शाम तक बिना हिले एक ही मुद्रा में बैठना होता है। शरीर चाहता है कि उसके बैठने की मुद्रा में बदलाव लाया जाए, किसी हिस्से को खुजलाया जाए या हिला जाए। परंतु साधक इन इच्छाओं को महसूस करते हुए बिना किसी प्रतिक्रिया के शांत बैठा रहता है। इस प्रकार संकल्प शक्ति का विकास होता है, और कई लोगों का दावा है कि विपश्यना के केवल एक ही सप्ताह के अभ्यास में उन्हें अपने कई समस्या पैदा करने वाले दुर्गुणों से छुटकारा पाने में मदद मिली।

हालाँकि विपश्यना से प्रीफ्रंटल कोर्टेक्स को पूरी तरह से नहीं साधा जा सकता। इसके लिए आपको अधिक गूढ़ और प्रभावशाली तरीक़ा अपनाना होगा - ध्यान। ध्यान में हम अपने मन को बाधाओं और अन्य विचलनों से दूर रखते हैं, इसके लिए आत्म-संयम की आवश्यकता होती है, ताकि मन को भटकने से बचाया जा सके। इस तरह ध्यान में प्रीफ्रंटल कोर्टेक्स के तीनों कार्य, 'मैं चाहता हूँ,' 'मैं करूँगा' और 'मैं नहीं करूँगा' का अभ्यास हो जाता है।

- ध्यान में हम लक्ष्य के प्रति सजग रहने का अभ्यास करते हैं।
- हम मन को बाधाओं से परे रखना चाहते हैं।
- हम निरंतर मन को अपने ध्यान की वस्तु पर एकाग्र करते हैं।

ये सभी आत्म-संयम के अभ्यास के लिए आवश्यक हैं। इस प्रकार ध्यान करते हुए इनका अभ्यास करने से, प्रीफ्रंटल कोर्टेक्स के ग्रे-मैटर में वृद्धि होती है। नतीजतन, ध्यान करने वाला बेहतर मनन कर पाता है, उसे अपने आवेगों को नियंत्रित रखते हुए एकाग्रता बनाए रखना तथा लक्ष्यों के प्रति सजग रहना भी आ जाता है।

शोध से यह स्थापित हो चुका है कि प्रतिदिन एक घंटा ध्यान का अभ्यास करने से, मस्तिष्क के स्वभाव को बदला जा सकता है। एक अध्ययन से पता चला है कि तीन घंटों के ध्यान से, साधक के ध्यान देने की अवधि और आत्म-संयम में काफ़ी हद तक सुधार हो सकता है। जिस गति से बदलाव आता है, वह अपने-आप में हैरानी का विषय हो सकता है, परंतु यह अपने-आप में उसी तरह सच है, जैसे भार उठाने से बाजुओं में रक्त का संचार बढ़ता है। ध्यान करने से प्रीफ्रंटल कोर्टेक्स में रक्त का संचार तीव्र होता है।

यह ध्यान देने योग्य तथ्य है कि भले ही हमारा ध्यान एकाग्र नहीं हो, परंतु यह फिर भी संकल्प शक्ति का विकास करता है। कारण यह है कि ध्यान हमें भटकन से दूर कर, लक्ष्य की ओर वापस लाता है। यह वास्तविक जीवन की उन घटनाओं के लिए उत्तेजन का काम करता है, जिनमें मन बार-बार काम से दूर

भागता है और बुद्धि उसे खींच कर वापस लाती है। जब भटकता है, तो ध्यान हमें और अधिक सचेतन बनने में सहायक होता है, ताकि हम अपने हाथ का काम पूरा कर सकें।

ध्यान केवल आध्यात्मिक उन्नति पाने की कोई विधि नहीं है। इसके हमारे रोज़मर्रा के जीवन में भी कई व्यावहारिक और प्रत्यक्ष लाभ देखे जा सकते हैं। यहाँ यह उल्लेख करना उचित होगा कि उच्चतम लक्ष्यों के प्रति हमारे मार्ग में इतनी बाधाएँ नहीं हैं, जितना हम छोटे लक्ष्यों को पाने की राह में आने वाली बाधाओं के कारण भटक जाते हैं। इस परिदृश्य में, आत्म-संयम की मांसपेशी का अभ्यास, हमारे आलस्य और प्रलोभनों के लिए बीमा का काम कर सकता है, जो हमें हमारे उद्देश्यों से भटका देता है।

आदतों का मूल्य

पिछले भाग में हमने यह चर्चा की कि संकल्प शक्ति के महत्त्वपूर्ण गुण को कैसे बढ़ाया जा सकता है? भले ही हम अभ्यास से इसका विकास कर सकते हैं, परंतु हमारे पास इसकी सीमित मात्रा ही रहती है और यह जल्दी ही क्लांत हो जाती है। हम भले ही जीभ को पूरी तरह से वश में रख लें, ताकि हमारे भोजन पर नियंत्रण रह सके पर एक दिन वह नियंत्रण छूट जाता है और हम फ़ास्ट फूड और मीठा खाने से बाज़ नहीं आते। भले ही हम कुछ दिन कितनी किफ़ायत के साथ क्यों नहीं बिता लें, पर एक दिन की झोंक में आ कर बहुत सारी ख़रीदारी कर लेते हैं। दूसरे शब्दों में आत्म-नियंत्रण एक सीमा तक काम करता है और फिर यह समाप्त हो जाता है। इसे जानने के बाद हमारे सामने एक प्रश्न पैदा होता है : हम एक निश्चित सीमा के बाद अपने इस समापन बिंदु को कैसे बढ़ा सकते हैं?

समाधान यही है कि हमें लाभदायक आदतें बनाने के लिए अपनी संकल्प शक्ति का निवेश करना होगा। इसकी तुलना सप्ताह प्रति सप्ताह अपने वेतन के लिए काम करने बनाम भविष्य के लिए एकमुश्त रक़म निवेश करने से करें। जो लोग समझदार नहीं हैं, वे अपनी सारी आय व्यय करने के बाद अपनी उसी पुरानी दुनिया में जीते रहते हैं। इसके विपरीत, समझदार लोग भविष्य के लिए पैसा जोड़ते हैं और सेवानिवृत्ति के बाद भी आराम से जीते हैं।

इसी तरह हम चाहें तो दिन-प्रतिदिन के लोभ और प्रलोभनों के बीच अपने आत्म-संयम को नष्ट कर दें या हम अपनी संकल्प शक्ति के बल पर कोई आदत बना सकते हैं। एक अच्छी आदत बनाने के लाभ यह होंगे कि वे बहुत सारा अनुशासन चाहने वाली चीज़ों को स्वचालित कामों में बदल देंगे। एक बार अच्छी आदतें पनप जाएँ, तो अवांछित आदतों को छोड़ना बेहद आसान हो जाता है। आदतों

को आसानी से कठिन लगने वाले अभ्यासों के बजाए आसानी से अपने-आप होने वाले कामों में बदल सकते हैं।

आदतें क्या हैं? शब्दकोश के अनुसार आदत या हैबिट का एक अर्थ है- 'ऐसी पोशाक जिसे कोई नन पहनती है।' इसी तरह हम भी अपने व्यक्तित्व पर आदतों को पहनते हैं। हैबिट का दूसरा अर्थ है, कोई ऐसा काम जिसे आप बिना कुछ सोचे निरंतर दोहराते हुए करते हैं और बहुत अधिक प्रयास नहीं करना पड़ता।

परिभाषा के अंतिम भाग में आदत का लाभ छिपा है। इसके लिए आपको कोई प्रयत्न नहीं करना पड़ता। इस तरह हमें वांछित विचार और व्यवहारों में लिप्त होने में मदद मिलती है। इस तरह अच्छी आदतें अपनाने से एक स्वस्थ जीवनशैली, सकारात्मक चिंतन और लाभदायक रवैयों के लिए आसान रास्ता मिलता है।

हम इस पुस्तक में जिन रवैयों की बात कर रहे हैं, वे विचार के आदतों से जुड़े ढाँचे हैं। उदाहरण के लिए, जब आप किसी नकारात्मक हालात के लिए बार-बार सकारात्मकता के साथ प्रतिक्रिया देते हैं, तो आप सकारात्मक सोच की आदत डाल रहे हैं। इससे आपकी मानसिकता में सुधार होगा। सकारात्मकता की मानसिकता होने का परिणाम यह होगा कि भले ही जो भी हो, आपका मन प्रसन्नतादायक विचार पैदा करता रहेगा। इसी तरह उत्तरदायित्व की मानसिकता भी एक आदतन विचार है, जिसे हम अपने मन में पैदा करते हैं। एक बार यह बन जाए, तो मन स्वचालित रूप से समस्याओं पर सिर धुनने के स्थान पर, सामने दिखने वाले समाधानों पर केंद्रित होने लगता है।

व्यक्तिगत विचारों के निरंतर दोहराव से ही बुरे रवैए भी बनते हैं। जब वे एक बार आदतों में बदल जाते हैं, तो मन में चिंता, व्यग्रता, भय आदि भाव उत्पन्न होते रहते हैं। चाहे ऐसा करने की कोई वजह नहीं हो।

बुरी आदतों से बचने का उपाय यही है कि उन्हें शुरू ही नहीं किया जाए। अगर आप वह पहला ड्रिंक नहीं लेते, अगर आप वह पहली सिगरेट नहीं पीते, अगर आप वह पहली पोर्न फ़िल्म नहीं देखते, तो आपके बुरी आदतों के जाल में फँसने का सवाल ही नहीं पैदा होता था। हालाँकि अगर आप पहले ही बुरी आदतों के साथ ग़लत दिशा में जा चुके हैं, तो आपको इनमें से बाहर आने के लिए अपनी ओर से कड़ा परिश्रम करना होगा। कहा जाता है कि कोई भी बुरी आदत अपने-आप नहीं जाती; आपको इसे स्वयं करने वाली परियोजना के रूप में स्वीकारना होगा।

अगर आप आदतों के बारे में अधिक जानकारी पाना चाहें, तो मेरी पुस्तक, *द साइंस ऑफ़ माइंड मैनेजमेंट* पढ़ें।

हम जो आदतें अपनाते हैं, वे हमारे लिए लाभदायक या हानिकारक हो सकती हैं। इनकी तुलना कंप्यूटर के प्रोग्राम से करें। कंप्यूटर प्रोग्राम आपके कमांड को ठीक

उसी रूप में लेते हैं, जैसे आप उन्हें दे रहे हैं- ना बहुत अधिक और ना ही बहुत कम। वे इस बात की परवाह नहीं करते कि उन्हें सही तरह से लिखा गया है या ग़लत तरीक़े से। अगर कोई निश्चित कंप्यूटर प्रोग्राम ग़लत है, तो इसका आउटपुट भी ग़लत ही होगा। इसी तरह आदतें भी अच्छी या बुरी होती हैं। बुरी आदतों से बुरा चरित्र और असुखद जीवन बनता है, जबकि अच्छी आदतों से एक भव्य व्यक्तित्व और आनंददायक जीवन की आधारशिला रखी जाती है। 19वीं सदी के स्कॉटिश लेखक सैम्युअल स्माइल्स ने इसे बहुत ख़ूबसूरती से कहा है :

एक विचार बोओ, और तुम एक कर्म काटोगे;
एक कर्म बोओ; और तुम एक आदत काटोगे;
एक आदत बोओ, और तुम एक चरित्र काटोगे;
एक चरित्र बोओ, और तुम एक नियति काटोगे।

अच्छी आदतें कैसे बना सकते हैं?

अगर हम अपने लिए कुछ अच्छा करना चाहें, तो हमें अपने अंदर सोचने और पेश आने की अच्छी आदतें विकसित करनी होंगी। एक अच्छी आदत बनाने के लिए निरंतर दोहराव की आवश्यकता होगी, परंतु एक बार आदत बन जाएगी, तो विचार प्रक्रिया के वांछित व्यवहार को लागू करना आसान होगा।

एक मजबूत आदत पनपने में कितना समय लगता है। इसके बारे में अलग-अलग नियम प्रचलित हैं। विभिन्न शोधकताओं की ओर से दिए गए उत्तरों में तीन सप्ताह (इक्कीस दिन) से ले कर लगभग नौ माह (254 दिन) का समय शामिल है। यह अवधि उस आदत की प्रकृति पर निर्भर करती है, जिसे हम अपने जीवन में अपनाना चाहते हैं। औसतन आदत बनने की प्रक्रिया में लगभग दो माह से थोड़ा ज़्यादा यानी छियासठ दिन का समय लगता है। चाहे जो भी दशा हो, एक अच्छी आदत से जुड़ी शांति, समय और धन पाने के लिए यह बहुत बड़ी क़ीमत नहीं है। आप अपने अपराध बोध से मुक्त हो कर, मन और इंद्रियों को साध सकते हैं। हंस और शुतुरमुर्ग भी अपने अंडों को चालीस दिन की ऊष्मा के साथ सेते हैं। तब हम क्यों एक अच्छी आदत बनाने के लिए इतना धैर्य नहीं रख सकते?

एक बार मुगल बादशाह अकबर ने अपने मंत्रियों से पूछा कि क्या उनके राज्य में कोई ऐसा है, जो बकरियों को इस तरह प्रशिक्षित करे कि वे घास खाना बंद कर दें। उनके सबसे समझदार मंत्री बीरबल ने कहा, 'बादशाह, मैं ऐसा कर सकता हूँ, पर इसके लिए साठ दिन का समय चाहिए।'

'तुम्हें बकरी को प्रशिक्षित करने के लिए दो माह का समय दिया जाता है।' अकबर ने कहा।

बीरबल ने एक बकरी ली और उसे अपने घर ले गए। वे बकरी के आगे ताज़ी नरम घास रख देते। ज्यों ही वह उसे खाने के लिए मुँह मारती, तो वे उस पर एक छड़ी से प्रहार करते। वे लगातार दो माह तक ऐसा ही करते रहे। साठवें दिन, वे बकरी को दरबार में बादशाह के पास ले कर आए। उनके एक हाथ में रस्सी थी, जिससे बकरी को बाँधा गया था। दूसरे हाथ में छड़ी पकड़ी हुई थी।

'क्या यह वही बकरी है, जो अपने सामने हरी घास होने पर भी उसे नहीं खाती?' बादशाह ने पूछा।

'जी, बादशाह!' बीरबल बोले।

अकबर ने अपने नौकरों को आदेश दिया कि वे बकरी के लिए ताज़ा कटी घास ले कर आएँ। फिर उन्होंने वह घास बकरी के आगे रख दी।

बरकी ने घास को देखा और बीरबल ने अपनी छड़ी लहराई। बकरी ने छड़ी देखी और पीछे हट गई। इसने सीख लिया था कि घास खाने से उसे दर्द होगा। अकबर ने बीरबल को बधाई दी कि उन्होंने एक पशु का व्यवहार बदल दिया था।

जब जानवरों को आदतें सिखाई जा सकती हैं, तो हम मनुष्य अच्छी आदतें अपना कर, बुरी आदतों से छुटकारा क्यों नहीं पा सकते? समस्या यही है कि अच्छी आदतें अपनाने के लिए हमें अपनी संकल्प शक्ति पर बल देना होगा। मानो किसी रॉकेट को अंतरिक्ष में छोड़ना है।जब भी रॉकेट को छोड़ा जाता है, तो उसे पृथ्वी की गुरुत्वाकर्षण शक्ति से मुक्त होने के लिए बहुत ईंधन खपाना पड़ता है। नतीजतन, जब इसकी गति 11.2 कि.मी. प्रति सेकेंड हो जाती है, तो इसकी गति बनाए रखने वाली ऊर्जा की खपत घट जाती है।

इसी तरह जब हम पुरानी आदतों के गुरुत्वाकर्षण से मुक्त होना चाहें, तो पहले हमें बहुत अधिक संकल्प शक्ति की आवश्यकता होगी। फिर धीरे-धीरे अपने-आप वेग बढ़ेगा। इसकी तुलना बच्चों के मैरी-गो-राउंड से कर सकते हैं। पहले बच्चे को इसे चलाने के लिए थोड़ा ज़ोर लगाना पड़ता है। फिर जब यह गति पकड़ लेता है, तो इसे धकेलना आसान होता चला जाता है। आख़िर में वह स्वयं ही अपनी गति पकड़ लेता है। फिर जब यह धीमा पड़ने लगता है, तो बच्चा धरती पर एक पैर टिका कर इसे फिर से गतिशील कर देता है।

इसी तरह जब हम पहले-पहल अच्छे विचार या आदत का अभ्यास करते हैं, तो हमें अपनी ओर से पूरा ज़ोर लगाना पड़ता है। एक बार यह गति पकड़ ले तो और सही दिशा में जाने लगे, तो हमारे लिए यह काम और सरल से सरलतम होता

चला जाता है और अंत में हमारे स्वभाव का अंग हो जाता है। जब आप कोई कार्य अचेतन भाव से भी करने लगें तो आप जान सकते हैं कि वह आपकी आदत बन गया। परंतु दुर्भाग्य से, यह गति दोनों ओर से बन सकती है। अगर हम कोई बुरी आदत दोहराते हैं, तो यह भी अपनी गति पकड़ लेती है और इसे रोकना कठिन होता जाता है।

भले ही हम कोई अच्छी आदत बनाना चाहते हैं या बुरी आदत तोड़ना चाहते हैं, तो हमें धीरे-धीरे गति देनी चाहिए। हालाँकि पहला चरण अपने-आप में कठिन होगा। हम एक बुरी आदत या व्यवहार को तोड़ कर अच्छी आदत की ओर जा रहे हैं। अधिकतर लोग इसी चरण में हार कर निराश हो जाते हैं।

आदत बनाते हुए, अभ्यास की निरंतरता अपने-आप में बहुत महत्त्व रखती है। अगर हम अभ्यास करना छोड़ दें, तो दोहराव का प्रभाव भी नहीं रहता। अगर बार-बार अभ्यास टूटता रहे, तो आदत कभी नहीं पनप सकती। यह कुछ इसी तरह है, मानो आप लकड़ी से आग जलाने की कोशिश में हैं। कुछ ईंधन ऐसे होते हैं, जिन्हें जलाने के लिए बाहरी आग की आवश्यकता नहीं होती। जब ऐसी लकड़ी के दो टुकड़े आपस में रगड़े जाते हैं, तो स्वयं ही लपट पैदा हो जाती है। परंतु शर्त यही है कि आपको उन्हें लगातार थोड़े समय के लिए आपस में रगड़ना होगा। अगर हम उन्हें कुछ क्षणों तक रगड़ कर रुकें और फिर रगड़ें और ऐसा ही करें, तो लकड़ी कभी नहीं जलेगी। इस तरह अगर कोई आदत बनानी हो, तो नियमित रूप से अभ्यास करना होगा। अगर आपने एक या दो बार भी अभ्यास में बाधा दी, तो आदत नहीं बन सकेगी। इस तरह अच्छी आदत विकसित करने के लिए हमें दृढ़ संकल्प और कड़ी मेहनत करनी होगी, जो अनुशासन के रवैए से आती है।

निष्कर्ष

निष्कर्ष के तौर पर कह सकते हैं कि अनुशासन की मानसिकता का अर्थ है कि भले ही हम कोई कार्य नहीं करना चाह रहे हों, परंतु यदि वह सही है, तो हम उसे करेंगे। जीवन में सच्ची स्वतंत्रता तभी हाथ आती है, जब अनुशासन जीवन शैली का अंग बनता है। इस तरह मन और इंद्रियों को बुद्धि के उच्चतम उद्देश्य की पूर्ति के लिए अपने अधीन कर सकते हैं। तभी हमें अच्छा बनने, कुछ अच्छा करने और बेहतर अनुभव करने का अवसर मिलता है।

जो लोग अपने मन को वश में करना नहीं सीखते, उनका मन सदा नाना प्रलोभनों से घिरा रहता है। वह निरंतर एक से दूसरे विचलन की ओर भटकता है, ताकि उसे मस्तिष्क के लिए डोपामाइन की खुराक मिल सके। ऐसे लोग मन और इंद्रियों की वासनाओं की पूर्ति में ही इतने आनंदित रहते हैं कि स्वयं को निरंतर

अनुत्पादक गतिविधियों में लगाए रखते हैं, जैसे वेब ब्राउज़िंग, शराब का सेवन, चैटिंग आदि। वे बार-बार अपना ध्यान दूसरे कामों की ओर ले जा कर हाथ में लिए गए काम को उपेक्षित करते हैं।

इस तरह गहरे और केंद्रित काम की योग्यता पाने के लिए आपको अनुशासन की मानसिकता अपनानी होगी। हम सफलता की ओर अपनी इस यात्रा में मानसिकता की शक्ति के साथ आगे तक आ गए हैं। अब हमें उस अंतिम मानसिकता को जानना है, जो सफलता की राह में आने वाली अनिवार्य समस्याओं के रवैए से संबंध रखती है।

7

समस्याओं के बीच फलने-फूलने की मानसिकता

जीवन में सफलता की कोई भी परिचर्चा, समस्याओं से निपटने के लिए एक ठोस रणनीति तैयार किए बिना पूरी नहीं हो सकती। मर्फ़ी का नियम कहता है, 'अगर कुछ ग़लत हो सकता है, तो यह अवश्य होगा।' जब समस्याओं को सामने आना होगा, तो वे आएँगीं, उस समय हमें उनका सामना करने के लिए कौन सी मानसिकता अपनानी चाहिए? क्या हमें घुटने टेक कर हार मान लेनी चाहिए या फिर उन्हें प्रगति और विकास के अवसर जान कर उनका लाभ उठाना चाहिए? संत कबीरदास ने इसे बहुत सुंदर शब्दों में कहा है कि लोग चुनौतियों का सामना होने पर कैसे अलग-अलग तरह से पेश आते हैं :

सोना, सज्जन, साधुजन टूटें जुड़ें सौ बार
दुर्जन कुंभ, कुम्हार के, एकै धका दरार

'सोना, नेक लोग और संत लोचयुक्त होते हैं, इन्हें सौ बार भी तोड़ा जाए, तो भी फिर से जुड़ जाएँगे। परंतु दुष्ट लोग और माटी के पात्र बहुत नाजुक होते हैं। एक बार बिखर गए, तो हमेशा के लिए टूट जाते हैं।'

सफल व्यक्तियों की विशेषता यह नहीं होती कि उन्हें अपनी राह में समस्याओं का सामना नहीं करना पड़ता। उनकी सोच ऐसी होती है कि वे कष्ट के दौरान भी सकारात्मक बने रहते हैं और नकारात्मक हालात को भी अपने लाभ के लिए प्रयोग में लाते हैं।

इस अध्याय में हम उस रवैए की चर्चा करेंगे, जो सफलतापूर्वक बाधाओं से पार पाने और कष्टों में भी निखरने के लिए ज़रूरी है।

समस्याओं से बचा नहीं जा सकता

एक बार नई दिल्ली के सर्विस इंजीनियर को अपने ई-मेल में दो ग्राहकों से मेल मिले। एक पश्चिम बंगाल के कोलकाता का ग्राहक था, उसकी शिकायत थी कि उन्होंने जो मशीन ख़रीदी थी, उसने काम करना बंद कर दिया था और उनकी मौजूदा परियोजना बहुत ही अहम मोड़ पर थी। वे चाहते थे कि इंजीनियर अगले ही दिन पहली उड़ान से उनके पास आए। दूसरा संदेश केरल, कोच्चि की एक फ़ैक्ट्री से था। उनका दावा था कि मशीन बंद होने के कारण सारा उत्पादन ठप हो गया है। उससे अगले दिन लंच के समय तक पहुँचने की अपेक्षा की गई थी।

बेचारा इंजीनियर सोने गया और सोचने लगा कि वह दोनों जगह काम कैसे कर सकता है? जब सुबह के समय, उसने फ़ोन चालू किया तो उसे दो वॉयसमेल मिले, जिनमें उससे तत्काल आने की माँग की गई थी। एक ओड़िशा के कटक से था और दूसरा मध्य प्रदेश के इंदौर शहर से आया था। वॉयसमेल सुन करतो वह जैसे मारे बोझ के अधमरा ही हो गया। जो भी हो, उसने किसी तरह अपना नाश्ता पूरा किया।

खाने के बाद उसने अपने फ़ोन पर वाट्स एप संदेश देखे, तो उसे दो जगह और से सर्विस के लिए बुलावा आया था : एक गुजरात के राजकोट से और दूसरा कर्नाटक के बेंगलुरू से था। सर्विस इंजीनियर ने अपना बैग लिया, अपना कोट और टाई पहने और घर से निकल गया। उसने हाथ दे कर एक कैब रोकी।

कैब वाले ने पूछा, 'सर आपको किस जगह ले जाना है?'

इंजीनियर ने कहा, 'कहीं भी ले चलो। कोई फ़र्क़ नहीं पड़ता। चारों ओर मुसीबत ही मुसीबत है।'

यह जीवन की वास्तविकता है। हर दिशा में समस्याएँ फैली हैं; इनसे कोई बचा नहीं है। दरअसल, कई बार सफलता को 'समस्या सुलझाने की योग्यता' के रूप में भी परिभाषित किया जाता है। जो लोग समस्याओं को हल करने में निपुण होते हैं, जीवन के हर क्षेत्र में उनका बहुत मान होता है। इस प्रकार अच्छे नेता वे ही हैं, जो कठिन परिस्थितियों से भी पार पाना जानते हैं। जो लोग काम के तनाव का रोना रोते हैं, उन्हें यह महसूस नहीं होता कि समस्याओं को हल करना ही तो उनका काम है। अगर किसी काम में समस्या या मुसीबत को हल करने का काम नहीं है, तो वह नौकरी नहीं है।

इसी तरह हर काम-धंधे में समस्याओं से बचा नहीं जा सकता। सभी व्यवसाय ग्राहकों की परेशानियों के लिए हल प्रस्तुत करते हैं। अगर समस्याएँ नहीं हों, तो कोई परेशानियाँ भी नहीं होंगी।

एक आदमी ने फुटपाथ के पास अपनी कार रोकी। कार का टायर पंक्चर हो गया था। वह डिक्की से दूसरा टायर निकाल कर उसे बदल रहा था। उसका पाँच साल का बेटा गाड़ी में बैठा परेशान हो रहा था। उसने पिता से कहा, 'डैड, हमारे साथ ऐसा क्यों हुआ?'

उसके पिता ने कहा, 'यह जीवन है। यह टी.वी. शो नहीं है कि अगर हमें कोई कार्यक्रम पसंद नहीं आ रहा, तो हम झट से चैनल बदल देंगे।'

पिता जीवन का दार्शनिक सत्य बता रहा था। हम सभी अपनी ओर से नकारात्मक अनुभवों से बचने की कोशिश कर सकते हैं, पर वे फिर भी हमारा पीछा नहीं छोड़ते। अमेरिकी कार्टूनिस्ट एशले ब्रिलिएंट ने इसके बारे में कहा है, 'मैं एक दिन को एक बार लेने की कोशिश करता हूँ, पर कई बार बहुत सारे दिन एक साथ मुझ पर धावा बोल देते हैं।'

अब हमें अपने कामों और जीवन में आने वाली समस्याओं और परेशानियों के बारे में क्या करना चाहिए?

समस्याओं की अपेक्षा करें

समस्याओं और बाधाओं को दूर करने की दिशा में पहला क़दम होगा कि उनकी अपेक्षा रखें। अक्सर हमें समस्या से नहीं, अपने अनुभवों से अधिक परेशानी होती है। जब माता-पिता के घर संतान आती है, तो उन्हें लगता है कि श्रवण कुमार का जन्म हुआ - आज्ञाकारी और विनम्र - वह बुढ़ापे में उनकी सेवा करेगा। जब बेटा बड़ा हो कर राक्षस कुमार बनता है, उनकी बात नहीं मानता और विद्रोही हो जाता है - तो माता-पिता सक़ते में आ जाते हैं। 'वह ऐसा कैसे बन सकता है?'

वे इस बात पर ध्यान क्यों नहीं देते कि बच्चे के जन्म के बाद से ही ये परिणाम संभावित थे? क्या उन्होंने अपने आसपास कई तरह के लोगों को पनपते हुए नहीं देखा? जब सब कुछ आपकी मर्ज़ी से नहीं हो रहा हो, तो आप अपनी ही सोच से परेशान हो कर मायूस हो जाते हैं।

हमें और अधिक वास्तविक होते हुए समस्याओं की अपेक्षा करनी चाहिए। अगर हम किसी पहाड़ पर चढ़ना चाहें, तो हम शिखर पर ही जाना चाहेंगे, ना? जीवन में भी कठिनाइयों और चुनौतियों से पार पाने का भाव होना चाहिए। यह उम्मीद रखनी चाहिए कि हमें राह में कठिनाई नहीं होगी, क्योंकि हम अच्छे हैं। यह कुछ ऐसी सोच रखने जैसा ही होगा कि हमें बैल नहीं मारेगा, क्योंकि हम तो दूध और दूध से बने पदार्थ खाते ही नहीं।

समस्याओं के लिए रहें तैयार

जब हम जानते हैं कि समस्याओं का सामना करना होगा, तो हमें उनके लिए तैयार भी रहना चाहिए। बेहतर तो यही होगा कि हम उनका अनुमान लगा लें और उनके होने से पहले ही बचाव करने की कोशिश करें। बेशक़, हम केवल एक हद तक ही अनुमान लगा सकते हैं और कई बातें, तो अचानक ही सामने आती हैं। परंतु समस्याओं का पूर्वानुमान लगाना बहुत सहायक होता है। इस विषय में एक प्रसंग कहा जाता है :

मिडिल स्कूल में पढ़ने वाले एक बच्चे ने माँ को गूढ़ सा मैसेज भेजा, 'गणित में असफल। डैड को तैयार करो।'

माँ ने जवाब दिया, 'डैड तैयार हैं। तुम ख़ुद को तैयार करो।'

बेशक़, यह एक चुटकुला है, पर जो लोग समस्याओं का पहले से अनुमान कर लेते हैं, वे सदा लाभ में रहते हैं। शतरंज के खेल के बारे में सोचें। आप पहले से चाल सोच कर प्रतियोगी से आगे निकल सकते हैं। अगर आप जीतना चाहते हैं, तो आपको अपने प्रतिपक्षी की चाल को देखना आना चाहिए। जिस तरह आप उसकी आगामी चाल को देख सकते हैं, उसी तरह आप जीवन में भी आने वाली समस्याओं का पहले ही अनुमान लगा सकते हैं, ताकि उनके लिए बेहतर तैयारी हो सके।

बॉक्सिंग में आप जिस घूँसे की मार से गिरते हैं, यह वही होता है, जिसे आपने अपनी ओर आते नहीं देखा। इसी तरह कई नामी कंपनियाँ धराशायी हुईं, क्योंकि उन्होंने दुनिया में सामने आई नई तकनीकों पर ध्यान नहीं दिया। मोटरोला को इसकी एक मिसाल कह सकते हैं। अपने शिखर पर यह सबसे विशाल फ़ोन निर्माण कंपनी थी। पीडीए (पर्सनल डिजिटल असिस्टेंट) के दिनों में यह सबसे आगे थी, परंतु इसने एंड्रायड और आई फ़ोन की तकनीक का अनुमान नहीं लगाया और नतीजतन, व्यवसाय से बाहर हो गई। यह कई अंशों में विभाजित हुई और इसे कई कंपनियों को बेच दिया गया।

किसी समस्या का पहले से अनुमान लगाने का अर्थ यह नहीं कि आप उसके बारे में हमेशा चिंता ही करते रहें :

मैंने एक पति के बारे में चुटकुला सुना था। जिसे रात को दो बजे उसकी पत्नी ने उठा कर कहा, 'डार्लिंग, शायद हमारे लिविंग रूम में चोर आ गया है।'

पति बिस्तर से उचक कर कूदा और आँखें मलते हुए बड़े कमरे की ओर गया। उसके हाथ में एक रिल्वॉवर था। चोर ने घबरा कर सामान वापस रखा और वापस भागने लगा।

उस आदमी ने कहा, 'जाने से पहले, मेरा एक काम करना होगा। अंदर कमरे में मेरी पत्नी से मिल कर जाना। वह पिछले तीस साल से हर रात तुम्हारे आने की आस लगाए थी।'

यह बहुत अधिक चिंता का मामला है। किसी समस्या को पहले से जानने का अर्थ है कि हम उसके होने की संभावना का आकलन करते हुए, उसके लिए तैयार रहें।

समस्या का सामना करें

जब भी कोई समस्या सामने आए, तो हमें क्या करना चाहिए? सबसे पहले यह स्वीकारें कि हम किसी समस्या में हैं।

कई लोग हालात की असलियत को मानने से ही इंकार कर देते हैं। आपने भी सुना होगा, 'कमरे में हाथी।' यह उस समस्या की ओर इंगित करता है, जिसे लोग देखना ही नहीं चाह रहे। कुछ दशक पूर्व एक टी.वी. विज्ञापन में इसे अच्छी तरह दिखाया गया था। एक मध्यम वर्गीय परिवार का घर था। कमरे में हाथी था, पर सभी ऐसे पेश आ रहे थे, मानो किसी ने उसे देखा ही नहीं हो। पिता, माता, पुत्र और पुत्री अपने काम इस तरह कर रहे थे, मानो उनके सामने कोई परेशानी ही नहीं हो।

अगर हम किसी समस्या का सामना करने से इंकार करते हैं - जैसे शुतुरमुर्ग रेत में चेहरा छिपा कर बैठता है - तो इससे हमारी समस्या ग़ायब नहीं होगी। नुक़सान यह हो सकता है कि वह समस्या बड़ी और भयंकर हो जाएगी। अगर हम समस्या को पहचान कर समय पर उसका उपचार कर सकें, तो यह हमें भविष्य में किसी भी तरह की परेशानी से बचा सकती है।

समस्या का सामना करने के बजाए ख़याली पुलाव पकाने से हमारे हाथ कुछ नहीं आता। कहते हैं, 'अगर इच्छाएँ घोड़े होतीं, तो भिखारी भी घुड़सवार होते।' मैंने एक शो बिज़नेस पत्रिका में एक विज्ञापन देखा था, 'शेरों का प्रशिक्षक अपने लिए प्रशिक्षित शेर चाहता है।' यह महत्त्वाकांक्षी सोच का नतीजा है।

जब भी कोई समस्या सामने हो, तो हमें उसके अस्तित्व को स्वीकारना चाहिए और फिर उससे उबरने की योजना तैयार करनी चाहिए। हमें किसी भी परेशानी से भयभीत होने की आवश्यकता नहीं है; यह हमारी दुश्मन नहीं है। इसके विपरीत, कठिनाइयों से जूझ कर ही मनुष्य की योग्यता प्रकट होती है।

समस्या को उचित दृष्टिकोण से देखें

किसी समस्या का बड़ा होना या उसे बड़ा बना देना; दोनों बातों में अंतर है। अक्सर हमारा मन राई का पहाड़ बना देता है। हमारे रवैए का यही अंतर विवाह के परामर्श में देखने को मिलता है। सभी जोड़ों को आपस में समायोजन की दिक़्क़त आती है। कुछ लोग मतभेदों को पीछे कर देते हैं, तो कइयों के लिए छोटी-छोटी बातें भी उलझने की वजह होती हैं।

लोग अक्सर मेरे पास आ कर कहते हैं, 'स्वामीजी, मैं बहुत परेशान हूँ।

'क्या हो गया?' मैंने पूछा।

'मेरी पत्नी ने मुझसे कठोर लहज़े में बात की।'

मैंने उत्तर दिया, 'सचमुच? तुम्हारी पत्नी ने कठोर शब्द कहे और तुम परेशान हो गए। पर क्या यह वजह परेशान होने के लिए बहुत है? दूसरे विश्व युद्ध में लड़ने वाले हज़ारों सिपाहियों के बारे में सोचो। उनकी परेशानी कितनी बड़ी थी! वे खंदकों में पड़े थे, चारों ओर जान का जोखिम था। हर ओर से गोलियों की बरसात हो रही थी। उनकी तुलना में मेरी और तुम्हारी परेशानी तो कुछ भी नहीं है।'

जब भी हम किसी बड़ी और भयंकर समस्या के कारण तनावग्रस्त होते हैं, तो हम उनके बारे में सोच कर अपने मन को दिलासा दे सकते हैं, जिनकी परेशानी हमारी समस्या से भी बड़ी होती है। हम यह भी सोच सकते हैं कि हमारी समस्या कितनी बड़ी हो सकती थी। फिर हमें स्वयं से पूछना चाहिए कि क्या वाकई समस्या इतनी बड़ी है या हमने उसे ऐसा बना रखा है।

हमें एक किशोरी के प्रसंग से उचित दृष्टिकोण के बारे में सीखना चाहिए, जो स्कूल के बाद कॉलेज में पढ़ने जाती है। वह कैंपस के होस्टल में रहती थी और कमरे में एक और लड़की उसके साथ थी। तीन महीने बाद, उसने अपनी माँ को पत्र लिखा :

प्रिय माँ,

आपको बताना अच्छा तो नहीं लग रहा, पर होस्टल में रहने के एक महीने बाद मुझसे एक भूल हो गई थी। मैंने अपने कमरे में साथ रहने वाली लड़की के पचास रुपये चोरी कर लिए। फिर मैंने भाड़े पर मोटरसाइकिल ली। जब मैं उसे चला रही थी, तो दुर्भाग्यवश एक लैंप पोस्ट से जा टकराई और टाँग की हड्डी टूट गई।

पर चिंता की कोई बात नहीं, वहीं पास में एक सुंदर डॉक्टर का घर था। वह मुझे घर ले गया और मेरा इलाज किया। मुझे आपको बताने में ख़ुशी हो रही है कि हमें आपस में प्यार है और हम शादी करने जा रहे हैं। परेशानी यही है कि

रक्त की जाँच में एक बीमारी पता चली है। उम्मीद है कि यह बच्चा पैदा होने तक ठीक हो जाएगी।

और माँ, शादी के बाद हम दोनों आपके साथ ही रहने आ जाएँगे, क्योंकि मेरी सेवा करते-करते मेरे पति की नौकरी चली गई। पर आप चिंता नहीं करें। आपको उसका साथ पसंद आएगा। भले ही वह दूसरे धर्म से है और आपका धर्म परिवर्तन करवाने की कोशिश करता रहेगा।

पर सच मॉम! यह कुछ भी सच नहीं है। सच तो यह है कि मैं बीज गणित में फ़ेल हो गई हूँ। मैं तो बस चाहती थी कि आप इस बात को सही नज़रिए से देखें।

अक्सर जब समस्या मुँह बाए खड़ी होती है, तो हमें अहसास ही नहीं होता कि हमारा नज़रिया ही सब बदल सकता है - हमारा मन तिल का ताड़ बना रहा है। इस प्रसंग में लड़की केवल एक विषय में फ़ेल हुई। उसकी माँ को यह समझाना था कि यह दुनिया का अंत नहीं है, तभी उसने बताया कि उससे और क्या-क्या बुरा हो सकता था। हमें भी अपनी समस्या से घिरने के बजाए, उसे उचित नज़रिए से देखना आना चाहिए। हम नन्हे मनोज से भी प्रेरणा ले सकते हैं :

चौथी कक्षा का मनोज बहुत लंबा नहीं था। दरअसल, वह कक्षा में सबसे ठिगना लगता था। अक्सर कक्षा के बच्चे उसका मज़ाक़ उड़ाते और उस पर धौंस जमाते।

एक दिन जब उसके पिता काम से वापस आए, तो उन्होंने मनोज को टेलीस्कोप के बड़े वाले किनारे से सड़क की ओर देखते हुए पाया। वे बोले, 'तुम ग़लत ओर से देख रहे हो।'

मनोज ने कहा, 'नहीं डैड, मेरी कक्षा का दुष्ट बच्चा सड़क पर खड़ा है। मैं उसे उचित नज़रिए के साथ देखना चाहता हूँ।'

अगर समस्या बड़ी दिखे, तो आपको भी उससे निपटने के लिए ऐसा ही उपाय करना चाहिए। याद रखें **समस्या सामने आने पर, आंतरिक बल ही सबसे बड़ी ताक़त है। अगर आपकी सोच सही है, तो आधी जंग तो यहीं जीत सकते हैं।** इसी बात को ध्यान में रखते हुए, हमें कठिनाई को बढ़ा-चढ़ा कर नहीं देखना और इसका सामना करने के लिए अपने संसाधनों को कमतर नहीं मानना चाहिए।

कठिनाइयों के मोल को जानें

बाधाओं और परेशानियों का एक सकारात्मक पक्ष भी होता है। उनका सामना करने से हम भीतर से मजबूत होते हैं। पत्थर घर्षण के बाद ही हीरा बनता है। बढ़िया

इस्पात आग में ही तैयार होता है। इसी तरह हम जितनी कठिनाइयों का सामना करेंगे, उतने ही बलशाली होते जाएँगे। इसका अर्थ यह नहीं कि हम स्वयं जीवन में कष्टों को न्यौता दें, पर अगर वे आएँ, जैसा कि अनिवार्य रूप से होगा, तो उन्हें अपने विकास का अवसर जानें। फ्रेंकलिन डी. रूज़वेल्ट के शब्दों में 'एक शांत सागर में नाविक निपुण नहीं हो सकता।'

लोग अक्सर परेशानी का सामना होते ही उससे नफ़रत करने लगते हैं। परंतु बाधा तो स्वयं को भीतर से निखारने का अवसर है। **हकीकत यही है कि कष्टों में ही अवसर छिपे हैं और अवसर समस्याओं के बिना सामने नहीं आते।** ये दोनों साथ-साथ चलते हैं। अगर हमें इस कहावत पर भरोसा है, तो यह हमें बाधाओं से सकारात्मक रूप से पार पाने और तेज़ी से प्रगति करने में सहायक होगा।

हम इस कहानी की सहायता से कठिनाइयों से लाभ पाने का सबक़ सीख सकते हैं :

आठ साल के अक्षय ने विज्ञान की कक्षा में तितली के जीवन चक्र के बारे में सीखा था। उसने सीखा कि इल्ली अपने आसपास एक खोल बना कर, उसमें छिप जाती है और सही समय आने पर सुंदर तितली बन कर बाहर आती है।

एक दिन अक्षय ने घर के बाहर गुलाब की झाड़ी में एक इल्ली का खोल लटकते देखा। वह उसे देख कर उत्साहित हो गया और सोचने लगा, 'मैं अपनी आँखों के आगे प्रकृति का यह करिश्मा होते हुए देखूँगा।'

वह हर रोज़ स्कूल से घर आते ही देखने लगता कि खोल से तितली बाहर आने वाली है या नहीं। फिर एक दिन सुबह, अक्षय को वह खोल एक जगह से फटा हुआ दिखा। वह बहुत उत्साहित था। वह हर घंटे के बाद उसकी प्रगति देखने जाता।

दोपहर तक तितली ने अपना सिर बाहर निकाल लिया था। अक्षय यह देख कर विस्मित हो उठा। वह देखना चाहता था कि जब तितली खोल से बाहर होगी, तो वह किस तरह पहली उड़ान भरेगी। पर जब वह आधी बाहर आ गई तो पता नहीं कैसे, वह कहीं उलझ गई। अब वह खुद को बाहर नहीं निकाल पा रही थी और पूरा खोल उसकी ताक़त से ऊपर-नीचे हो रहा था।

अक्षय को बेचारी तितली पर बहुत दया आई। वह भाग कर अंदर गया और कैंची ले आया। उसने खोल को पूरा खोल दिया। यह उस दिन के लिए उसका नेक काम था और उसे नन्हे जीव पर दया करके संतोष मिला था।

परंतु ज्यों ही खोल कटा, तितली नीचे गिर कर तड़पने लगी। अक्षय ने देखा कि उसका पेट सूजा हुआ था और पंख मुरझा से रहे थे। उसे लगा कि वह तितली अभी ठीक हो जाएगी - उसके पंख बड़े होंगे और पेट छोटा हो जाएगा।

पर उसे यह नहीं पता था कि अब ऐसा कभी नहीं हो सकता था। तितली के लिए खोल से ख़ुद को निकालने का वह संघर्ष ज़रूरी था, ताकि उसके पेट का तरल उसके पंखों में जा सके। उस संघर्ष के बिना, पेट सूजा हुआ और पंख मुरझाए हुए ही रहने वाले थे।

उसी तितली की तरह हम भी किसी की तलाश में रहते हैं कि कोई हमें उस समस्या से उबार दे। हमें यह अहसास नहीं होता कि उसका सामना करने में ही हमारी प्रगति छिपी है। समस्याएँ ईश्वर की ओर से ही भेजी जाती हैं, ताकि हमारे पंख आध्यात्मिक उड़ान के लिए मज़बूत हो सकें। वे हमें कुछ गूढ़ विशेषताएँ उत्पन्न करने में सहायक होते हैं - विवेक, सहिष्णुता, धैर्य व संयम आदि - जो जीवन के परम लक्ष्य तक जाने के लिए आवश्यक हैं। जीवन में चुनौतियों के अभाव में हम इन सद्‌गुणों को कैसे विकसित कर सकते हैं?

यहाँ तक कि स्कूल में भी हमारे टीचर हमें पढ़ाने के बाद अंत में परीक्षा लेते हैं। वह परीक्षा हमें कष्ट देने के लिए नहीं है, जबकि हमें उस समय ऐसा ही लगता था। वह इसलिए बनी है, ताकि हम अपने सीखे हुए ज्ञान का आकलन कर सकें। वह परीक्षा इसलिए थी, ताकि हमें अगली कक्षा में भेजा जा सके। इसी तरह कठिनाइयाँ भी ईश्वर की ओर से मिली परीक्षाएँ ही हैं, जो इस जीवन यात्रा में हमारे लिए भेजी गई हैं। उन्हें हमें रोकने के लिए नहीं, बल्कि आंतरिक विकास और प्रगति के पथ पर अग्रसर करने के लिए बनाया गया है।

अक्सर लोग पूछते हैं, 'ईश्वर इस धरती पर भूकंप, सुनामी, तूफ़ान, चक्रवात आदि क्यों आने देते हैं? क्या वे निर्दयी हैं, वे जानबूझ कर हमें कष्टों के बीच रखना चाहते हैं? या यह सब उनके भी अधीन नहीं है और उनकी इच्छा के विरुद्ध होता है?'

चूँकि ईश्वर सर्वशक्तिशाली हैं; इसलिए कोई भी प्राकृतिक आपदा उनकी इच्छा के बिना नहीं घटती। यदि वे चाहते कि धरती पर प्राकृतिक आपदाएँ नहीं हों, तो वे धरती के भौतिक लक्षणों में ज़रा सा परिवर्तन करते और यह सब दोबारा नहीं घटता। यदि प्राकृतिक आपदा उनके अधीन ही घटती है, तो इसका अर्थ है कि उन्होंने उन्हें धरती के नमूने के अनुसार ही तैयार किया है। हमारे प्यारे प्रभु ऐसा क्यों करते हैं?

इसका तार्किक उत्तर है कि ईश्वर ने जानबूझ कर हमारे आगे कष्ट भेजे हैं। वे नहीं चाहते कि हम जीवन में आध्यात्मिक प्रगति रुक जाए। उन्होंने इसे अनिवार्य किया है, वे हमारे लिए चुनौतियाँ खड़ी करते हैं, ताकि हम स्वयं को भावात्मक, बौद्धिक और आध्यात्मिक रूप से पोषित करने का प्रयास करें। **प्रभु हमारी भौतिक विलासिता की प्रगति में रुचि नहीं रखते, वे चाहते हैं कि हमारी आत्मा, इस जीवन सातत्य के बीच उस परम संपूर्णता की ओर अग्रसर हो।** हम इस बात को अभी सराह नहीं पाते, क्योंकि विकास व प्रगति का भौतिक विलासिता और वित्तीय संपत्ति

के रूप में मापते हैं। परंतु ईश्वर के लिए प्रगति का अर्थ है, गुणों का विकास तथा अनैतिकता पर विजय पाना।

जैसा कि एक समझदार व्यक्ति ने कहा था :

मैंने ईश्वर से शक्ति माँगी; उन्होंने मुझे उबरने के लिए कठिनाई दी, ताकि मैं सशक्त बन सकूँ।

मैंने ईश्वर से विवेक माँगा; उन्होंने मुझे समस्याएँ दीं, ताकि मैं उन्हें हल कर विवेकवान बन सकूँ।

मैंने ईश्वर से साहस माँगा; उन्होंने मुझे जोखिम दिए, ताकि मैं उनसे पार पा कर साहसी बन सकूँ।

मैंने ईश्वर से धैर्य माँगा; उन्होंने मुझे ऐसी परिस्थितियों में डाला कि मुझे प्रतीक्षा करना पड़ी और धैर्यवान बना।

मैंने ईश्वर से प्रेम माँगा; उन्होंने मुझे सेवा करने के लिए निर्धन और दलित दिए, ताकि मैं स्नेही हृदय पा सकूँ।

मैंने ईश्वर से उपहार माँगे; उन्होंने मुझे अवसर दिए, ताकि मैं घटना को अवसर में बदल सकूँ।

मैंने ऐसा कुछ नहीं पाया, जो मैं चाहता था; मैंने वह सब पाया, जिसकी मुझे आवश्यकता थी।

सीखने का नज़रिया बनाए रखें

विकसित और उन्नत होने की प्रक्रिया में कई बार असफल होना सहज ही है। परंतु इसका उलाहना देने के बजाए हमें अपना पाठ सीख कर आगे बढ़ना चाहिए। जैसा कि जापानी कहते हैं, 'सात बार गिरो, आठ बार उठो।' हमें केवल यह देखना है कि हमने पिछली बार जो भूल की थी, वही भूल दोबारा नहीं हो। हमें निम्नलिखित प्रसंग में आने वाले पियक्कड़ की तरह नहीं करना :

मैं एक बार किसी पियक्कड़ से मिला, जो सड़क से जा रहा था। उसके दोनों कानों पर फफोले थे। मैंने उससे पूछा, 'ओह!...तुम्हारे कानों पर फफोले देख कर दुख हुआ। क्या हो गया था?'

पियक्कड़ बोला, 'मेरी पत्नी ने प्रेस का बटन ऑन छोड़ दिया था। जब फ़ोन की घंटी बजी, तो मैंने ग़लती से प्रेस उठा कर कान से लगा ली।'

'अच्छा, पर दूसरे कान पर क्या हुआ?' मैंने पूछा।

'अरे, उस बेवकूफ़ ने दोबारा फ़ोन कर दिया था!'

जब तक हम अपनी ग़लती से सबक़ लेते हैं, तब तक उससे हमें कोई नुक़सान नहीं है। इस पर विश्वास करना कठिन होगा, परंतु सफल लोगों को भी असफल लोगों की तरह ही असफलता का सामना करना पड़ता है। अंतर केवल इतना है कि वे अपने अनुभवों से सुधार करते हुए विकसित हुए हैं।

आईबीएम के भूतपूर्व चेयरमैन और सीईओ, थॉमस जे. वाटसन सीनियर से उनकी सफलता के बारे में पूछा गया। उन्होंने कहा, 'अगर आप अपनी सफलता की दर बढ़ाना चाहते हैं, तो अपनी असफलता की दर दोगुनी कर दें।' उनके कहने का तात्पर्य था कि आप जितना अधिक कोशिश करेंगे, आप उतना अधिक असफल होंगे। आप जितना असफल होंगे, उतना अधिक सीखेंगे। जितना सीखेंगे, उतना ही सफल होंगे।

इस तरह सफलता, असफलता के ही दूसरे छोर पर होती है। सभी सफल लोग, अपनी सफलता की यात्रा में कई बार असफल हुए, परंतु स्वयं को कभी विफल नहीं माना। अल्बर्ट आइंस्टाइन को आधुनिक इतिहास में महानतम वैज्ञानिक के रूप में जाना जाता है। परंतु 1895 में उनके म्यूनिख़ के स्कूल टीचर ने रिपोर्ट में लिखा था, 'यह कभी कुछ नहीं कर सकेगा।' बड़े संगीत जीनियसों में से एक वूल्फ़गैंग मोज़ार्ट को सम्राट फ़र्डिनेंड ने कहा था कि उनके ऑपेरा बहुत कोलाहल से भरे थे और उनमें बहुत सारे नोट्स थे। दि कैन्सस सिटी स्टार अख़बार ने वाल्ट डिज़्नी को काम से निकाल दिया था, क्योंकि संपादक को लगता था कि उनके पास कल्पना का अभाव था और कोई अच्छे विचार नहीं थे।

महान संत-कवि मीरा बाई एक विधवा थीं और उन्हें उनके संबंधियों ने इतना कष्ट दिया कि उन्हें चित्तौड़गढ़ का महल त्यागना पड़ा और वे वृंदावन में रहने लगीं। संत कबीर के माता-पिता का पता नहीं था, जबकि वे काशी में महानतम वैदिक विद्वानों की संगति में रहे। पाखंडी पंडितों ने तुलसीदास जी की हत्या कर, उनकी लिखी रामचरित मानस को चुराना चाहा। परंतु इन सभी अद्भुत व्यक्तित्वों ने अपने सम्मुख आने वाले कष्टों को आंतरिक प्रगति व उत्थान के अवसरों में बदल दिया।

जैसा कि हम देख सकते हैं, संकट ही हमारा सबसे बड़ा शत्रु नहीं है। इससे तो हमें सीख मिलती है। यदि हम उचित मानसिकता से इसका सामना करें, तो यह हमारे लिए लाभदायक हो सकता है। दरअसल, संकट की भी अपनी एक भाषा होती है। किसी भी समस्या के स्पष्ट लाभ हैं :

- यह हमेशा हमारा ध्यान चाहती है; हम इसे उपेक्षित नहीं कर सकते।
- यह हमें हमारी स्थिति का आकलन करने का अवसर देती है। यह आत्म-अन्वेषण करने का अवसर है।

- यह हमें असफलताओं की चुनौती देते हुए बल देती है कि हम अपने प्रत्येक संसाधन पर ग़ौर करें और अपने भीतर से बेहतरीन को बाहर ला सकें।
- यह हमें भीतर से मज़बूत बनाती है। एक अमेरिकी पादरी व लेखक रॉबर्ट एच. शुलर के शब्दों में, 'कठिन समय बहुत देर तक नहीं रहता, परंतु कठिन लोग बने रहते हैं।'

स्टीव जॉब की कहानी कठिन समय से सबक़ लेने का आकर्षक नज़रिया है :

स्टीव जॉब्स का जन्म एक अविवाहित प्रवासी माँ की कोख़ से हुआ। उनके जन्म से पूर्व ही माँ ने उन्हें दत्तक स्वरूप देने का प्रबंध कर लिया था। उनकी शर्त यही थी कि गोद लेने वाले माता-पिता स्नातक तक पढ़े हों। इस तरह उनके माता-पिता का चुनाव किया गया।

दुर्भाग्यवश, जब स्टीव इस दुनिया में आए, तो वे एक लड़का थे, जबकि एक लड़की के जन्म लेने की उम्मीद रखी जा रही थी। जिस जोड़े ने उन्हें पहले गोद लेने की हामीभरी थी, उन्होंने इंकार कर दिया और स्टीव को दोबारा गोद देने की प्रक्रिया में डाला गया। तीन महीने बाद, एक और जोड़ा चुना गया। वे स्नातक नहीं थे। स्टीव की माँ ने उन्हें एक ही शर्त पर अपना बेटा गोद देने के लिए हामी भरी। वे चाहती थीं कि उनके बेटे को स्नातक की पढ़ाई अवश्य करवाई जाए।

स्टीव को गोद लेने वाले माता-पिता निर्धन थे, पर उन्होंने अपने वचन का पालन किया। स्कूली पढ़ाई पूरी होने के बाद, उन्हें ओरिगन, पोर्टलैंड के रीड कॉलेज में भेजा गया। वह बहुत ही

महँगा कॉलेज था और वे माता-पिता का पैसा बरबाद नहीं करना चाहते थे। स्टीव ने कुछ ही माह बाद कॉलेज छोड़ दिया। फिर वे अपने दोस्तों के घर रहने लगे। वे सोडे की बोतलें बेच कर किसी तरह चार पैसे कमाते।

स्टीव को अहसास था कि जो भी हो रहा था, वह बेहतरी के लिए था। उन्हें कॉलेज में हाज़िरी नहीं लगानी थी; इसलिए वे किसी भी मनपसंद कक्षा में चले जाते। रीड कॉलेज में, अमेरिका की सबसे बेहतरीन कैलिग्राफ़ी कोर्स होते थे, और वहीं उन्होंने सैरिफ़ और नॉन-सैरिफ़ फ़ोंट्स में अंतर करना सीखा। उस समय, इस जानकारी का उनके जीवन से कोई प्रत्यक्ष संबंध नहीं था, परंतु बाद में, जब उन्होंने निजी कंप्यूटर विकसित किया, तो उन्होंने इसी ज्ञान का प्रयोग करते हुए कंप्यूटर सॉफ़्टवेयर में कई तरह के फ़ोंट्स के विकल्प दिए। उनके अनुसार, विंडोज़ ने उनके काम की नक़ल की, अगर उन्होंने फ़ोंट्स की शिक्षा नहीं ली होती, तो एपल कंप्यूटर्स के पास भी फ़ोंट्स का केवल एक ही विकल्प होता और विंडोज़ को उसके अनुसार ही चलना पड़ता। स्टीव ने अपने कॉलेज छोड़ने की घटना को छिपे हुए वरदान के रूप में वर्णित किया है।

बीस साल की आयु तक, स्टीव अपने माता-पिता के गैराज में कंप्यूटर बनाने लगे थे। जब वे तेईस साल के हुए, तो उनकी कंपनी की वार्षिक बिक्री चार बिलियन डॉलर हो चुकी थी। परंतु तभी उनके साथ एक अनपेक्षित घटना हुई। उन्हें एपल कार्पोरेशन से निकाल दिया गया। उन्हें उस कंपनी से कैसे निकाला जा सकता था, जिसे उन्होंने ही खड़ा किया था? कारण यह था कि उनके पास कुछ निवेशक बोर्ड पर निदेशक रूप में भी थे। आपसी मतभेद के चलते उन्होंने स्टीव को काम से निकाल दिया।

स्टीव के अनुसार, उन्हें इस घटना से सार्वजनिक अपमान और अस्वीकृति का सामना करना पड़ा। उन्हें लगा कि उन्होंने सिलीकॉन वैली के अन्वेषकों को नीचा दिखाया था और उन्हें सबसे निजी रूप से क्षमा माँगनी चाहिए।

कुछ ही माह बाद, उन्हें अहसास हुआ कि उन्हें अभी भी वही काम करना पसंद था - नई तकनीक बनाना। नतीजतन, उन्होंने नेक्स्ट कार्पोरेशन की स्थापना की और लूकास कार्पोरेशन से पिक्सर कार्पोरेशन का भार भी ले लिया। इस बार वे कार्पोरेट की लालफ़ीताशाही से नहीं थे और अपने मन से कोई भी नई खोज कर सकते थे। उस समय नेक्स्ट ने जो तकनीक विकसित की, वह आज भी मौजूदा मैक की रीढ़ की हड्डी के रूप में प्रयुक्त होती है। पिक्सर की ओर से बनी पहली नौ एनिमेशन फ़िल्मों ने 7.2 बिलियन डॉलर कमाए।

स्टीव जॉब्स ने कहा कि यह घटना भी उनके जीवन में किसी छिपे हुए वरदान से कम नहीं थी। अगर उन्हें एपल से नहीं निकाला जाता, तो वे उन नई तकनीकों पर काम नहीं कर सकते थे, जिन्होंने उन्हें इतना सफल बनाया। बाद में एपल ने नेक्स्ट को अपने अधीन किया और स्टीव फिर से पुरानी कंपनी में वापस आ गए। वे किसी ऐसे व्यक्ति का अद्भुत उदाहरण थे, जिसे अपने संकटों को अवसरों में बदलना और मुश्किल घड़ी में फलना-फूलना आता था।

हममें से अधिकतर लोगों को यही सिखाया जाता है कि ग़लती करना बुरी बात है। अगर कोई ग़लती जान कर की जाए, तो यह बात ठीक है, परंतु कुछ सीखने की प्रक्रिया में, अनजाने में भूल होना स्वाभाविक है। ज़रा सोचें, जब आपने पहली बार गर्म स्टोव को छूने की ग़लती की थी। आपने सीख लिया था कि अगर किसी गर्म चीज़ को हाथ लगाया जाए, तो आप जल सकते हैं। इस तरह वह भूल इतनी बुरी भी साबित नहीं हुई, क्योंकि इसने आपको सीखने की एक प्रक्रिया दी।

यह ध्यान रखें कि अगर ग़लती सीखने के लिए अवसर बन सकती है, तो वह हानिकारक नहीं है। एक प्रसिद्ध अमेरिकी लेखक व प्रवचनकर्ता एडविन लुइस कोल के अनुसार, 'आप पानी में गिरने से नहीं डूबते। उसमें ठहरने से आप डूबते हैं।'

इतिहास में ऐसे असंख्य उदाहरण मिल सकते हैं, जब वैज्ञानिकों की भूल ही उनका बड़ा आविष्कार साबित हुई। वर्ष 1839, चार्ल्स गुडईयर रबड़ के साथ प्रयोग कर रहे थे। लोगों ने रबड़ से हार मान ली थी, क्योंकि यह गर्मियों में पिघलती थी और सर्दियों में जम कर बहुत कड़क हो जाती थी। परंतु गुडईयर को पूरा यक़ीन था कि वे समस्या का हल निकाल सकते हैं। एक दिन उन्होंने ग़लती से रबड़ व सल्फ़र के मिश्रण को किचन के स्टोव पर गिरा दिया। उस आँच से रबड़ का जो सार बना, वह नरम और लोचयुक्त था। यह ठंडा होने पर जमा भी नहीं। इस दुर्घटना ने रबड़ के वल्कनीकरण की प्रक्रिया को जन्म दिया, जिसे आज के कई उद्योग अपनाते हैं।

कुछ लोग अपने सुविधाजनक दायरे से बाहर ही नहीं आना चाहते। उन्हें लगता है कि कहीं उनसे कोई ग़लती नहीं हो जाए। मिसाल के लिए एक छात्र सोच सकता है, 'मुझे ग़लतियों से डर लगता है। मैं कॉलेज में कम से कम कोर्स में दाख़िला लूँगा।' समस्या यह है कि जो लोग ग़लती करने से डरते हैं, वे कुछ नया कर ही नहीं पाते। इस तरह वे हमेशा अज्ञात और चुनौतियों से घबरा कर भागते रहते हैं। दरअसल,यह एक बहुत बड़ी भूल है। इस प्रसंग से प्रेरणा ले सकते हैं :

एक बार एक संवाददाता ने कई सफल व्यक्तियों का साक्षात्कार लेने के बाद यह जाना कि उनमें से लगभग सभी को अपनी सफलता, उस एक क़दम के बाद ही मिली, जिसे उन्होंने अपनी सबसे बड़ी असफलता मान लिया था। जब बाहरी संकेत मिल रहे थे कि सफलता मिलने की कोई उम्मीद नहीं है, वे अपने लक्ष्य तक पहुँचने के बहुत निकट थे। मानो ईश्वर उन्हें उनके लक्ष्य तक ले जाने से पहले आख़िरी परीक्षा ले रहे थे।

तथ्य यही है कि असफलता, सफलता से कहीं अधिक सामान्य है। जीवन में हानि होती ही रहती है। कुछ बड़ी होती हैं, तो कुछ छोटी। कुछ लोगों के लिए यह हानि जीवन का अंत है। यह उनकी मानसिक सेहत को प्रभावित करती है, परंतु एक सफल और असफल व्यक्ति में यही अंतर है कि वे असफल लोग मायूसी के साथ हानि का प्रबंधन करते हैं।

आधुनिक समय में आत्महत्या में बढ़ोतरी, शराब का अधिक सेवन और नर्वस ब्रेक डाउन आदि इसी बात का सबूत हैं। लोगों को असफलता से पेश आना नहीं आता। अगर हम सफल होना चाहें, तो हमें स्वयं को हानि के लिए प्रशिक्षित करना चाहिए।

अंततः हमारी जीवन यात्रा में सफलता और असफलता दोनों ही शामिल हैं। अगर हम सफल होते हैं, तो हमें विजय मिलेगी। स्वीकृति व आनंद मिलेगा। अगर असफल होते हैं, तो इसी असफलता के साथ एकांत, पीड़ा और अस्वीकृति का

सामना भी करना होगा। अब सफलता की इस यात्रा में, हम असफलता का सामना भी पूरी परिपक्वता से करेंगे। इसे उपेक्षित करने का यही उपाय है कि आप जीवन में स्थिर हों। तभी हम अधिक पीड़ा और अस्वीकृति से भी उबर सकते हैं, परंतु तब हम आनंद और सफलता पाने से भी चूक सकते हैं।

सुधार की इच्छा हो, तो बाधाओं का सामना करना होगा

हमें पिछले अध्याय में सीखा गया, यह सबक़ सदा स्मरण रखना चाहिए : 'जीवन में कुछ भी निःशुल्क नहीं मिलता।' अगर कोई कठोर निर्णय लेना है, तो हमारे पास दो विकल्प होंगे : अभी मौज़ लें और बाद में क़ीमत अदा करें या अभी क़ीमत अदा करें और बाद में मौज़ लें। परंतु क़ीमत तो अदा करनी ही होगी और इंतज़ार जितना ज़्यादा होगा, हमें उतना ही अधिक भुगतान करना होगा।

अगर हम किसी चीज़ में सुधार करना चाहें, तो हमें सामने आने वाले ख़तरों के लिए तैयार रहना होगा, बाधाओं से पार पाना होगा, कठिनाइयों से उबरते हुए, पीड़ा सहन करनी होगी। अपने-आप में सुधार लाने के लिए हमें यह क़ीमत अदा करनी ही होगी।

कठिन समय में आप संयम का अभ्यास कर सकते हैं; उस समय आपको अपने मन और इंद्रियों को उस सुख और विलासिता से विमुख करना होगा, जिसकी वे सदा माँग करते हैं। अक्सर बूढ़े लोग मुझसे अपनी पीड़ा और शारीरिक बेचैनी की शिकायत करते हैं। बेशक़, मैं पूरे दिल से उनके दुखों के प्रति सहानुभूति रखता हूँ। मैं अपनी ओर से उन्हें शांति और सेहत पाने के लिए भरसक सलाह देने की कोशिश करता हूँ, जो मेरी दो पुस्तकों पर आधारित होती है - *योगा फ़ॉर बॉडी, माइंड ऐंड सोल;* तथा *साइंस ऑफ़ हैल्दी डाइट।* परंतु मैं उन्हें यह भी याद दिलाता हूँ कि बुढ़ापा जीवन का ऐसा तथ्य है, जिसे अनदेखा नहीं कर सकते, जिससे बच नहीं सकते और इसका सामना करना ही होगा। उनकी तरह एक दिन मैं भी बूढ़ा हो जाऊँगा। हम स्वयं को ऐसी परिस्थिति के लिए कैसे तैयार कर सकते हैं?

संयम के अभ्यास के लिए अपने अनिवार्य संकटकाल को अवसर के रूप में देखें। इसे सकारात्मक रूप से देखते हुए, आध्यात्मिक उन्नति के लिए की गई तपस्या जानें। पुराने समय में बूढ़े लोग वनों, पर्वतों और गुफाओं में तपस्या के लिए चले जाते थे, ताकि प्रबुद्ध हो सकें। हमारे जीवन में ऐसा नहीं है। हमें यह सोचना चाहिए कि ईश्वर ने हमें इस अवस्था में इसलिए रखा है, ताकि हम तप कर सकें। इस रवैए के साथ वृद्धावस्था की पीड़ा भी सहज स्वीकार्य हो जाएगी।

बाज से हमें इस बारे में कुछ सबक़ लेने चाहिए। जब तूफ़ान आता है, तो वह नीचे आने के बजाए आकाश में उस बिंदु तक उड़ान भरता है, जहाँ वह तूफ़ान

उसका कुछ नहीं बिगाड़ पाता। जब तूफ़ान थम जाता है, तो वह पंख फैला कर उसी वायु की शक्ति के बल पर आकाश में और ऊँचा उड़ता है। यह तूफ़ान से घबराने के बजाए, उसका लाभ उठाता है। जब तूफ़ान नीचे गरजता है, तो वह उसके ऊपर उड़ान भरता है।

ठीक इसी तरह जब जीवन का तूफ़ान हमसे टकराए और हम थकान, दुख और निराशा अनुभव करने लगें, तो हमें मायूस होने के बजाए पूरी मर्यादा से स्वयं को उस तूफ़ान से ऊपर ले जाना चाहिए।

कई बार कौओं जैसे छोटे पक्षी अक्सर बाज पर पीछे से हमला करते हैं या उसे सताते हैं, परंतु वह उनसे लड़ने से इंकार कर देता है। यह खुद को इतना ऊपर ले जाता है कि कौए उस जगह आ ही नहीं पाते। वह उन कौओं की परवाह करने के बजाए अपनी उस उड़ान पर ध्यान देता है, जहाँ जाने के बाद कौए पीछे छूट जाते हैं।

जब भी लोग हमारे पीछे हों, तो हम भी ऐसा करने की प्रेरणा ले सकते हैं। हमें इतना आगे निकलना होगा कि वे कभी पीछे नहीं आ सकें।

संक्षेप में कठिनाई से निपटते हुए सबसे अहम बिंदु यही है कि आप अपना उचित रवैया बनाए रखें। ब्रिटिश कवि रुडयार्ड किपलिंग ने नकारात्मक हालात में अपने उचित रवैए पर बहुत सुंदर कविता लिखी है : 'इफ़' उसकी कुछ रोचक पंक्तियाँ प्रस्तुत हैं।

इफ़ यू कैन ड्रीम - ऐंड नॉट मेक ड्रीम्स योर मास्टर;
इफ़ यू कैन थिंक - ऐंड नॉट मेक थॉट्स योर एम;
इफ़ यू कैन मीट विद ट्रंफ़ ऐंड डिजास्टर
ऐंड ट्रीट दोज़ टू इंपोस्टर्स जस्ट द सेम;

इफ़ यू कैन कीप योर हैड व्हेन ऑल अबाउट यू
आर लूज़िंग देयर्स ऐंड ब्लेमिंग इट ऑन यू,
इफ़ यू कैन ट्रस्ट योर सेल्फ़ व्हेन ऑल मैन डाउट यू,
बट मेक अलाउंस फ़ॉर देअर डाउटिंग टू;

इफ़ यू कैन फ़ोर्स योर हार्ट ऐंड नर्व ऐंड सिन्यू
टू सर्व योर टर्न लांग आफ़्टर दे आर गौन,
ऐंड सो होल्ड व्हेन देअर इज़ नथिंग इन यू
एक्सेप्ट द विल व्हिच सेज़ टू दैम : 'होल्ड ऑन!'

इफ़ यू कैन फ़िल द अनफ़ॉरगिविंग मिनट
विद सिक्सटी सेकेंड्स वर्थ ऑफ़ डिस्टेन्स रन,
योर्स इज़ दि अर्थ ऐंड एवरीथिंग दैट्स इन इट,
ऐंड - व्हिच इज़ मोर - यू विल बी अ मैन, माय सन!

भावानुवादः (यदि तुम सपने देख कर भी उन्हें अपना स्वामी नहीं मानते। यदि सोचने पर भी विचारों को अपना लक्ष्य नहीं मानते। यदि तुम हार और जीत से एक समान पेश आ सकते हो। यदि तुम अपने पर दोषारोपण होते देख कर भी सिर ऊँचा रख सकते हो। अगर सबके संदेह के बीच भी अपने पर विश्वास बनाए रख सकते हो और उनसे संदेह का भी लाभ ले सकते हो। यदि तुम लंबे समय तक हृदय और मस्तिष्क की सेवा ले सकते हो। यदि तुम्हारे पास उन्हें रोके रखने की दृढ़ संकल्प शक्ति हो। यदि तुम्हें किसी क्षण की निर्ममता को साठ सेकेंड की दौड़ में पाटना आता है। तो यह धरती और इस पर जो भी है, वह तुम ही हो और इससे भी बड़ी बात यह होगी - मेरे पुत्र, तुम एक मनुष्य हो!)

यह कविता बहुत सुंदरता से कष्टों के लिए उचित रवैया रखना सिखाती है। अब हमें यह देखना होगा कि कठिनाई की घड़ी में प्रभु की कृपा कैसे मिल सकती है?

कष्ट में भी प्रभु की महिमा को देखें

नारद भक्ति दर्शन में बताया गया है कि हम अपने रवैए में कैसे बदलाव ला सकते हैं कि हालात के बावजूद मन में प्रभु का स्मरण बना रहे। इसमें लिखा है :

लोक-हानौ चिंता न कार्या निवेदितात्म-लोक-वेदत्वात् (सूत्र 61)

'जब सांसारिक हानि हो, तो व्यग्र नहीं हों; उनमें भी प्रभु की अनुकंपा ही देखें।'

उदाहरण के लिए मान लेते हैं कि तीन साल पहले कोई त्रासदी हुई - परिवार का कोई सदस्य नहीं रहा या घर में चोरी हुई या फिर काम-धंधा ख़राब हो गया। अब पहले एक घटना हो चुकी है। पर अगर हम लगातार उसके बारे में सोचते रहें, तो हमारा मन भी वहीं टिका रहेगा। नतीजतन, हमें वर्तमान में जो भक्तिपरक मनन करना चाहिए, वह हमसे छूट जाएगा।

युगपत ज्ञानानुपात मानसो लिंगम

'यह मन एक ऐसा पात्र है, जिसे आप एक बार में एक ही स्थान पर जोड़ सकते हो।' अगर हम बीते समय पर ही टिके रहे, तो हम वर्तमान क्षण के प्रति अपनी दिव्य चेतना को निश्चित रूप से खो देंगे।

इसका हल क्या हो? महर्षि नारद हमें निर्देश देते हैं कि हम पिछली त्रासदी में भी दैवीय वरदान को देखें। उसे अपने लिए सांसारिक बंधनों से मुक्त करने व अनासक्त बनाने के अवसर के रूप में जानें। ऐसी सकारात्मक सोच के निम्नलिखित उदाहरण हो सकते हैं :

- 'मैं अपने संबंधियों से बहुत जुड़ाव रखता था। मेरे प्रिय को मुझसे दूर ले जा कर प्रभु ने सीख दी है कि ये सभी संबंध अस्थायी हैं और मेरा प्रेम प्रभु के प्रति होना चाहिए।'
- 'मैं सांसारिक प्रसन्नता के पीछे दीवानों की तरह भाग रहा था। पर सेहत ख़राब होने पर याद आया कि कोई भी प्रसन्नता संपूर्ण नहीं होती और मुझे आध्यात्मिक ख़ज़ाने का भरपूर दोहन करना चाहिए।'
- 'काम-धंधा ख़राब चलने लगा, तो मैंने सीखा कि जीवन को इतनी गंभीरता से नहीं लेना चाहिए। मुझे और ऊँचे व स्थायी लक्ष्यों पर ध्यान देना होगा - मेरे जीवन के आध्यात्मिक लक्ष्य।'

इस प्रकार अपनी हानियों को देखने का रवैया बदलते हुए, हम अपने मन को उलाहनों और शिकायतों के अंबार से दूर कर सकते हैं।

कभी मन में बैर नहीं पालें

अगर किसी ने दिल दुखाया हो, तो उसके लिए मन में बैर होना सहज है, परंतु समस्या यह है कि वह कड़वाहट पाते ही मन उस वस्तु या व्यक्ति के लिए नकारात्मक भाव पैदा करने लगता है। जैसे कि कहा भी गया है, 'द्वेष या नाराज़गी उस विष की तरह है, जिसे हम ग्रहण करते हैं और उम्मीद करते हैं कि उससे सामने वाला व्यक्ति मरेगा।' जब हम मन में कोई नाराज़गी पालते हैं। तो इससे मन और चेतना विषाक्त होते हैं। तभी सारे संसार के धर्मों में क्षमा को बड़ा गुण माना गया है। ईसा मसीह सूली पर टँगे थे, पर फिर भी वे कहते हैं :

> हे ईश्वर! इन्हें क्षमा कर दो, क्योंकि ये नहीं जानते कि ये क्या कर रहे हैं। (ल्यूक 23:34)

इस द्वेष या नाराज़गी से उबरने का क्या उपाय हो सकता है? हमें पहले यह समझना होगा कि यह भौतिक संसार भौतिक रूप से आबद्ध आत्माओं से घिरा है। वे सभी माया के वश में हैं। इसलिए भौतिक असंपूर्णताओं से भरे हैं। इस प्रकार लोग कई बार अपने हित के लिए हमें आहत करते हैं या हमसे कपट करते हैं। जब ऐसा हो तो हमें चकित नहीं होना चाहिए। परंतु देखना यह है कि उस ठेस को किस सोच के

साथ एक छिपे हुए वरदान की तरह समझा जा सकता है, जिसके लिए कुछ पंक्तियाँ सहायक हो सकती हैं :

- 'इस सांसारिक मोह में, मैं अपने जीवन का लक्ष्य भूल गया था। मुझे जो भावात्मक ठेस लगी, संसार की वास्तविक प्रकृति के बारे में मेरी आँखें खुल गईं।'
- 'मैं उसके प्रति बहुत मोह रखती थी। अब उसने मेरे साथ छल किया, तो मुझे समझ आ गया कि इस संसार में सभी स्वार्थी हैं। केवल ईश्वर ही मुझे निःस्वार्थ भाव से प्रेम कर सकता है और वही मेरा सच्चा संबंधी है।'
- 'यह व्यक्ति लगातार मुझे उकसाने की कोशिश कर रहा है। परंतु मैं अपनी मानसिक शांति बनाए रखूँगा। मैं यह मान कर चलूँगा कि यह सब ईश्वर की इच्छा से हो रहा है, ताकि मेरे धैर्य, क्षमाशीलता और सहिष्णुता की परीक्षा हो सके।'

इस तरह जब आप अपने मन में ऐसे विचार लाते हैं, तो मन को प्रतिकूल परिस्थितियों से आध्यात्मिक लाभ पाने में मदद मिलती है। उदाहरण के लिए :

एक महात्मा तीर्थयात्रा पर आए थे। उन्होंने धर्मशाला में एक रात बिताई। दुर्भाग्य से उस जगह बहुत मच्छर थे, जो उन्हें सारी रात काटते रहे।

जब महात्मा को लगा कि वे किसी भी तरह सो नहीं पा रहे थे, तो उन्होंने सोचा, 'इस जगह के तो मच्छर भी पुण्यात्मा हैं। वे मुझे सिखा रहे हैं कि रात सोने के लिए नहीं, साधना करने के लिए होती है।'

अब मच्छरों के काटने का तो कोई हल नहीं था, क्योंकि महात्मा को वह रात धर्मशाला में काटनी थी, परंतु सकारात्मक सोच रखने से वे अपनी चेतना को उन्नत रख सके। यदि वे नकारात्मक सोचते, 'यह सब कितना भयंकर है! सफ़ाईकर्मी क्या करते हैं? धर्मशाला प्रबंधक मच्छरों को मारने का कोई प्रबंध क्यों नहीं करता?' इस तरह सोचने से मच्छर उन्हें काटना तो बंद नहीं करते पर उनके मन में कटुता आ जाती।

यही कारण है कि एक ही चीज़ ऐसी है, जिसे आप पालते हैं, तो वह और बदतर हो जाती है - नाराज़गी या द्वेष। हम चाहें तो अपने रवैए का उचित प्रबंधन से इस भाव से ऊपर उठ सकते हैं, तब हमारे लिए अपनी आध्यात्मिक यात्रा में आगे बढ़ना सुलभ हो जाएगा। मैं आपको कुछ ऐसे लाभ बताता हूँ, जो द्वेष नहीं रखने से आपको भी मिल सकते हैं :

एक आवारा कुत्ता था। भारत के उत्तर प्रदेश राज्य के छोटे से गाँव में रहने वाले उस कुत्ते का जीवन बहुत कठोर था। वह झोपड़ियों के बाहर भोजन के लिए तरसता घूमता। कई बार तो एकाध रोटी मिल जाती, पर अधिकतर उसे भूखे ही सोना पड़ता था।

एक दिन इलाहाबाद नगर से एक शहरी कुत्ता मित्र आया और उससे बोला, 'तुम इस जगह इतना बुरा जीवन क्यों जी रहे हो? मेरे साथ शहर चलो। तुम्हें पेट भर कर रसगुल्ले, गुलाबजामुन और जलेबी खाने को मिलेंगे, जो अक्सर मिठाइयों की दुकानों के बाहर गिरे रहते हैं।'

गाँव वाले देहाती कुत्ते को यह उपाय पसंद आ गया। वे दोनों एक साथ शहर के लिए रवाना हो गए। उन्होंने पाँच दिन में साठ किलोमीटर का रास्ता तय करने की सोची थी।

अगले दिन, वे सुबह 8बजे निकले और शाम 6 बजे तक बारह किलोमीटर तय करके एक गाँव के पास आ गए। उन्होंने सोचा, 'हम थके हुए हैं और यह जगह आराम करने के लिए ठीक रहेगी। रात यहीं बिता लेते हैं और कुछ खाने का जुगाड़ करते हैं।'

हालाँकि जब वे गाँव में घुसने वाले थे, तो उस जगह के कुत्तों ने भौंक-भौंक कर उन्हें खदेड़ दिया। वे बहुत सारे थे। दोनों कुत्ते मिल कर समस्या पर विचार करने लगे। 'इस गाँव के कुत्ते बहुत बुरे हैं। वे हमें इस जगह नहीं रहने देंगे। हमें चौबीस किलोमीटर के बाद दूसरी रात कहीं रुकना

है... चलो वही शुरू करते हैं। तभी आराम करेंगे।'

वे अपनी यात्रा पर चल दिए और सुबह चार बजे दूसरे गाँव पहुँचे। उस जगह भी कुत्तों ने भगा दिया। हर इलाक़े के अपने कुत्ते होते हैं, जो बाहरी कुत्तों को अपने इलाक़े में नहीं आने देते। वे उन्हें देखते ही शेर की तरह गरजने लगते थे।

इन दोनों ने तय किया कि ये कुत्ते भी बहुत बुरे हैं, 'हमें अगले पड़ाव पर ठहरना चाहिए।' नतीजतन पाँच दिन की यात्रा दो ही दिन में पूरी हो गई, क्योंकि उन दोनों को कहीं भी रुकने ही नहीं दिया गया। वैसे भी उन्होंने रास्ते में किसी कुत्ते से झगड़ा नहीं किया या उन्हें सबक़ सिखाने की कोशिश नहीं की। अगर वे ऐसा करते तो वे घायल हो जाते और अपनी यात्रा पूरी नहीं कर पाते।

इसी तरह हमेशा ऐसे लोग मिलेंगे, जो हमारा रास्ता रोकेंगे। वे हमारा विरोध करते हुए हमें रोकना चाहेंगे। अगर हम उनसे बेवजह उलझते रहे या विरोध करते रहे, तो हमारे हाथ पराजय के सिवा कुछ नहीं आएगा। हमारे मन गुस्से और

द्वेष से गंदे होंगे। हम खीझ और कुढ़न के शिकार होंगे। ऐसा करने के बजाए हमें उचित रवैया अपनाना चाहिए, हम उस उपेक्षित नहीं हो सकने वाले विरोध को अपने आंतरिक विकास के अवसर में बदल सकते हैं।

आलोचकों से निपटना सीखें

विरोधियों के प्रति रवैए की चर्चा करते हुए, हमें आलोचकों की बात भी कर लेनी चाहिए, वे भी जीवन का अंग हैं। शोधकर्ताओं के दिए हुए आँकड़ों के अनुसार :

- आप जिन लोगों से मिलेंगे, उनमें से 25 प्रतिशत आपको पसंद नहीं करेंगे।
- 25 प्रतिशत आपको पसंद नहीं करेंगे, परंतु उन्हें ऐसा करने के लिए मना सकते हैं।
- आप जिनसे मिलेंगे, उनमें से 25 प्रतिशत आपको पसंद करेंगे, परंतु वे भी ऐसा नहीं करने के लिए मनाए जा सकते हैं।
- 25 प्रतिशत आपको पसंद करेंगे और आपके साथ रहेंगे, भले ही कोई कुछ भी कहता रहे।

इन आँकड़ों को देखने के बाद हमें स्वीकृति की चिंता से मुक्त हो जाना चाहिए। बस इतना ही जान लें कि आप जो भी करें, कुछ लोग आपको कभी पसंद नहीं करेंगे। फिर उन्हें जीतने के लिए अपनी ऊर्जा क्यों लगाना? आप भले ही अपनी ओर से हर संभव कोशिश कर लें - उनकी तारीफ़ करें, सहानुभूति दिखा दें या फिर उपहार दे दें, परंतु फिर भी वे आपको कभी पसंद नहीं करेंगे।

हर किसी को अपनी मर्ज़ी से बोलने का अधिकार होता है, जब तक कि वह कोई नियम नहीं तोड़ रहा हो। हमारे पास भी अधिकार है कि हम इस बारे में बुरा महसूस नहीं करें। उनके पास अपनी बात कहने का हक़ है और हमारे पास उसकी अवमानना करने का हक़ है। लोग हमारे बारे में क्या कहते-सुनते हैं, उससे यह तय नहीं होता कि हम क्या हैं? उनके विचारों या मतों से हमारा मूल्य नहीं आँका जा सकता। बेहतर होगा कि हम उनकी बातों को उसी तरह नकार दें, जैसे कमल के पत्ते से जल की बूँद फिसल जाती है।

हमें यह मान कर चलना होगा कि कुछ लोग हमेशा हमारे ऊपर कचरा डालेंगे। ऐसा इसलिए होता है, क्योंकि वे गुस्से, कुंठा, व्यग्रता और निराशा से भरे हुए हैं। जब उनके भीतर कचरा ज़्यादा हो जाता है, तो उसे कहीं बाहर उलीचना चाहते हैं। अगर वे आपके साथ ऐसा करें, तो इसे निजी रूप से नहीं लें। बस उन्हें शुभकामनाएँ दे कर आगे बढ़ें, जैसा कि निम्नलिखित प्रसंग से पता चलता है :

एक बार एक दर्जन मेंढक एक प्रतियोगिता में भाग ले रहे थे, उन्हें पास वाली मीनार में ऊपर तक जाना था। बहुत सारे लोग उन्हें देखने को जमा हुए और उनके बारे में बातें करने लगे।

दौड़ आरंभ हुई और पहले तो सबको यही लगा कि मेंढ़क मीनार पर नहीं जा सकते थे। वे लोग लगातार ऐसे वाक्य बोलतेरहे :

'असंभव!'

'ये इनके बस का काम नहीं है!'

'ये सारे के सारे नाक़ामयाब होंगे!'

मेंढक एक-एक कर गिरने लगे। पर कुछ ने चढ़ना जारी रखा। भीड़ अब भी चिल्ला रही थी :

'ये कभी नहीं पहुँच सकेंगे!'

'मीनार काफ़ी ऊँची है। खड़ी चढ़ाई है!'

फिर कई और मेंढक थे और हिम्मत हार गए।

अंत में, सारे मेंढक हार गए पर एक मेंढक ने हिम्मत नहीं हारी। वह लगातार ऊपर, और ऊपर जाता रहा। आख़िर में, उसने एक लंबी छलांग भरी और मीनार के ऊपर पहुँच गया।

दूसरे मेंढक भी उसकी सफलता का रहस्य जानना चाहते थे। उन्होंनेपूछा, 'तुम लगातार ऊपर तक कैसे चढ़ते रहे, जबकि नीचे से तो लोग तुम्हारा मनोबल तोड़ रहे थे?'

तब उन्हें पता चला कि वह मेंढक तो बहरा था। उसे सुनाई ही नहीं देता था। उसे अहसास ही नहीं हुआ कि उसके बारे में नकारात्मक बातें की जा रही थीं। उसे लगा कि सभी उसकी तारीफ़ कर रहे थे।

इस कहानी में बताया गया है, जब लोग आपसे कहें कि आप अपने लक्ष्य प्राप्त नहीं कर सकते, तो उनकी बातें अनसुनी कर दें। अगर आपके दिल में कोई सपना हो, तो सकारात्मक और आशावादी बनें। भले ही आपके आसपास सभी नकारात्मक और निराशावादी ही क्यों नहीं हों? स्वयं से कहें, 'मैं अपनी ओर से पूरी कोशिश करूँगा, फिर ईश्वर की कृपा से जीत मेरी होगी।'

संपूर्णता के पथ पर

संक्षेप में इस संसार में आपको ठोकरें खा कर ही सीखना होगा। आप यह उम्मीद नहीं रख सकते कि आपके आगे कठिन समय नहीं होगा या कठिनाई नहीं आएगी। अगर

हम जीवन में सफल होना चाहें या प्रसन्न व संतुष्ट होना चाहें, तो हमें समस्याओं के लिए एक उचित मानसिक रवैया बनाना होगा। हर हालात में आध्यात्मिक मूल्य देखने से आप अपने लिए एक उचित रवैया पा सकते हैं।

अगर अपनी भौतिक सुख-सुविधा को अधिकतम करना ही हमारा लक्ष्य है, तो निश्चित रूप से नकारात्मक परिस्थिति सामने आते ही हम परेशान होंगे। परंतु यदि हम आध्यात्मिक उत्थान की इच्छा रखते हैं, **तो हमें संकट को भी विकास के अवसर के रूप में देखना होगा। यह याद रखें कि कठिन समय की पीड़ा अस्थायी है, जबकि इससे मिलने वाला विकास और इसका हल स्थायी होगा।**

समझदार माता-पिता अपने बच्चों को सारे संकटों से परे नहीं रखते। वे उन्हें उनके जीवन की चुनौतियों का सामना करने देते हैं, ताकि वे मज़बूत बन सकें। अगर माता-पिता कभी किसी चीज़ को देने के लिए इंकार नहीं करेंगे, तो बच्चा लाड़ में आ कर बिगड़ सकता है। वे बच्चे दुनिया से भी यही उम्मीद रखेंगे कि वह उनकी सारी स्वार्थपूर्ण इच्छाएँ पूरी करेगी। इस तरह अच्छे माता-पिता बच्चे की हर ज़िद पूरी नहीं करते। वे उसे बाधाओं का सामना करना और भावात्मक रूप से सबल होना सिखाते हैं।

इसी तरह हमारे आध्यात्मिक पिता ने भी इस संसार में हमारे भले के लिए ही समस्याओं को पैदा किया है। वे चाहें तो पल भर में सारे संकट दूर कर सकते हैं। परंतु इस तरह हमारे पास आध्यात्मिक उत्थान का अवसर नहीं रहेगा। मुझे लकड़ी के एक टुकड़े के उत्थान व विकास की कथा याद आ रही है :

लकड़ी का एक बड़ा टुकड़ा मूर्तिकार के पास गया और उससे पूछा कि क्या वह उसे सुंदर बना सकता है?

मूर्तिकार बोला, 'क्यों नहीं? यही तो मेरा काम है। मैं तैयार हूँ। क्या तुम तैयार हो?'

'मैं भी तैयार हूँ,' लकड़ी बोली।

मूर्तिकार उसे अपने औजारों से छीलने लगा, आरी से काट कर हथौड़े चलाने लगा। लकड़ी चिल्लाई, 'आह... ये तुम क्या कर रहे हो, बहुत दर्द हो रहा। ऐसा करना बंद करो।'

'अगर सुंदर बनना है, तो यह पीड़ा सहन करनी ही होगी,' मूर्तिकार बोला।

'ठीक है...ठीक है। थोड़ा-थोड़ा रोज़ छीला करो।'

मूर्तिकार अपना काम करने लगा। लकड़ी चिल्लाने लगी, 'बस, बस। आज के लिए बहुत हुआ। अब आराम करने दो। बाक़ी काम कल करना।'

लकड़ी लगातार विरोध करती रही और मूर्तिकार ने अपना काम जारी रखा। एक दिन लकड़ी सुंदर मूर्ति में बदल गई और उसे वेदी पर प्रतिष्ठित किया गया। अंत में, वह सारा संघर्ष सार्थक हुआ।

इस कहानी से सबक़ मिलता है कि लकड़ी के टुकड़े की तरह हम भी भीतर से बदसूरत हैं। हमारे अंदर गुस्सा, लोभ, द्वेष आदि के दोष हैं। अगर हमें अपने अधूरेपन को पूरा करते हुए, कमियों से उबरना है और अपने आंतरिक सौंदर्य को विकसित करना है, तो उस महान मूर्तिकार प्रभु को यह स्वतंत्रता देनी होगी कि वे हमारे ऊपर मनचाहे तरीक़े से काम करें। इस तरह हमारे पास असीम अवसर हैं। हमें स्वयं को प्रभु के विशाल ब्रह्माण्ड के अनुसार ही ढाल लेना चाहिए और इस जगह उपस्थित हो कर अपने लक्ष्य को पूरा करना चाहिए। एक-एक क़दम चलते हुए, संपूर्णता की ओर बढ़ना चाहिए, क्योंकि यही सफलता, संतोष और प्रसन्नता पाने का एकमात्र मार्ग है।

सारांश

हमने अपनी चर्चा आरंभ करते समय सीखा कि मानसिकता; वह तरीक़ा है, जैसे हम आदतन सोचते हैं। यह एक आंतरिक संसाधन है, जो सबको उपलब्ध है। अगर हम अपने भीतर लाभदायक रवैए पैदा कर सकते हैं, तो वे हमारे लिए सफलता, प्रसन्नता और आंतरिक विकास के अभूतपूर्व मार्ग खोल सकते हैं।

आइए, उन्हें एक-एक कर दोहराएँ :

1. पहली मानसिकता है, ***सकारात्मकता।*** यह प्रसन्नता, कार्य में उत्कृष्टता और अच्छे स्वास्थ्य की आधारशिला है। सकारात्मकता का अर्थ है कि प्रसन्नतापूर्ण विचार और आशावादी रवैया पैदा किया जाए। यह तब पैदा होता है, जब हम ब्रह्माण्ड से मिले वरदानों के लिए मन ही मन में आभार प्रकट करते हैं।

   किंतु फिर भी अनेक कारणों से हमारे मन में नकारात्मकता प्रवेश कर जाती है। फिर हम क्या करते हैं? यह हमें अगली मानसिकता की ओर ले जाता है।

2. दूसरी मानसिकता है - ***अपने भावों का उत्तरदायित्व लेना।*** इस जगह हम दूसरों को दोष देना छोड़ कर, अपने मन में पैदा होने वाली भावनाओं का ज़िम्मा लेते हैं। बाहरी परिवेश चाहे जो भी हो, हमें अपने भावों को चुनने की आज़ादी होती है। हम स्वयं ही अपने मनोभावों और भावनाओं को चुनने के ज़िम्मेदार हैं। हमें अपने भावों के लिए - ईश्वर, नियति या समय - इनमें से किसी को दोष नहीं देना चाहिए।

   जब हम अपने ग़लत विचारों और भावों का दायित्व लेते हैं, तो इससे हमारे भीतर अपने अंदर सुधार लाने की चिंगारी पैदा होती है। उस चिंगारी को जला कर रखने के लिए, हमें पूरे वेग से आगे बढ़ना होगा। हमें अगली मानसिकता की ज़रूरत है।

3. तीसरी मानसिकता है - ***प्रेरणा।*** यह हमें वह ईंधन देती है, जो उत्कृष्टता की ओर जाने की शक्ति प्रदान करता है। यह हमें हर काम को बेहतर तरीक़े से करने के लिए उत्साहित करती है। इससे हमारे भीतर की शक्ति में भी निखार आता है, ताकि हम सभी कठिनाइयों और बाधाओं का सामना कर सकें।

परंतु केवल प्रेरणा ही पर्याप्त नहीं है। लुटेरे और आतंकवादी भी अपने काम में प्रेरित होते हैं, परंतु उनके पास अच्छी मंशा या नेक इरादा नहीं होता; इसीलिए हमें अगली मानसिकता की आवश्यकता है।

4. चौथी मानसिकता है - ***अभिप्राय की शुद्धि।*** इसका अर्थ है कि हमारे मन में प्रभु को मन, वचन व कर्म से प्रसन्न करने की इच्छा होनी चाहिए। ऐसा विशुद्ध अभिप्राय हमें तत्काल तनाव, व्यग्रता और व्याकुलता से मुक्त करता है। हम कर्म योग के अभ्यास से अपने अभिप्राय को शुद्ध कर सकते हैं।

   कर्म योग करने के लिए हमें अपने मन को प्रभु के स्नेह के प्रति समर्पित करना होगा। इसके अभ्यास के लिए हमें ज्ञान की आवश्यकता है, जिसे अगली मानसिकता के साथ विकसित कर सकते हैं।

5. पाँचवीं मानसिकता है ***ज्ञान को विकसित करने की।*** किसी भी सिद्धांत को जानने के बाद उस पर कार्रवाई करने का समय आता है। इस प्रकार किसी भी तकनीक को लागू करने के लिए ज्ञान की आवश्यकता होती है। हमें जीवन में दो प्रकार का ज्ञान अवश्य पाना चाहिए - ***भौतिक और आध्यात्मिक।*** भौतिक ज्ञान पाने के लिए अनेक साधन सुलभ हैं, परंतु हमें आध्यात्मिक ज्ञान की प्राप्ति के लिए हमें किसी सिद्ध संत की सहायता लेनी चाहिए और ग्रंथों का पठन-पाठन करना चाहिए।

   हालाँकि इतना ज्ञान पाने के बाद भी हम उसे अपने जीवन में लागू करने में असफल क्यों हो जाते हैं? ऐसा आत्म-संयम के अभाव के कारण होता है। इसके लिए हमें अनुशासन की आवश्यकता होगी।

6. छठी मानसिकता है, ***अनुशासन।*** यह ज्ञान और उसे लागू करने के बीच का सेतु है। यह हमें काम करने के योग्य बनाता है, भले ही वे कितने कठिन हों। यह हमें अनुचित कार्य करने से रोकता है, भले ही वे हमें कितने भी सुखद क्यों नहीं लगें।

   हालाँकि समस्याओं को हल करने के लिए उचित रणनीति के अभाव में कोई निर्णय नहीं लिया जा सकता। इसके बाद हमारी अंतिम मानसिकता की बारी आती है।

7. सातवीं मानसिकता है - ***कठिनाइयों का डट कर सामना करना।*** हमें आंतरिक प्रगति और विकास के लिए समस्याओं को अवसरों के रूप में लेना चाहिए। इस तरह हमें जीवन में कठिनाइयों के बावजूद सकारात्मक रहने में मदद मिलती है। एक सकारात्मक पहल के साथ हम अपने शत्रुओं को भी मित्र बना कर, उन्हें अपने आध्यात्मिक विकास के लिए प्रयुक्त कर सकते हैं।

इन सातों मानसिकताओं को ग्रहण करने के बाद, हम अपने मन के स्वामी बन सकते हैं। अगर हम इन मानसिक शक्तियों को ही अपना प्रमुख संसाधन बना लें, तो प्रभु की असीम अनुकंपा के द्वार खुल सकते हैं और उसकी दैवीय योजना के अनुसार हमारा मनुष्य जीवन सफल हो सकता है।

इस पुस्तक में दी गई सातों मानसिकताएँ क्रमशः दी गई हैं, ताकि हर मानसिकता की आवश्यकता को आसानी से समझा जा सके। हालाँकि उनके विकास को क्रमशः नहीं लें, हमें सफलता, प्रसन्नता और संतोष पाने के लिए इन सब पर एक साथ काम करना होगा।

उपसंहार

अनंत संभावनाओं का नियम

इस पुस्तक के अध्यायों से हमने जाना कि विचारों, भावों व रवैयों के मध्यम ढाँचों को श्रेष्ठ ढाँचों में बदलना कितना महत्त्वपूर्ण है। इन विचारों व इनके ढाँचों को बार-बार दोहराने से हमें उन मानसिकताओं का विकास करने में सहायता मिलेगी, जो हमारे जीवन की यात्रा में असीम प्रसन्नता व संतोष पाने के लिए आवश्यक हैं।

अब मैं इस पुस्तक का अंत, 'अनंत संभावना के नियम' के साथ करना चाहूँगा। हममें से प्रत्येक रसायनों का झोला नहीं, बल्कि एक आध्यात्मिक जीव है। हमारी आत्मा संसार की अन्य वस्तुओं की तरह पंचतत्वों (अग्नि, धरती, जल, वायु व आकाश) के मेल से नहीं बनी। भगवद् गीता के अनुसार, अस्तित्व की सभी आत्माएँ उस परम पिता के ही शाश्वत अंश हैं। इस प्रकार हम सभी स्वयं प्रभु की तरह ही दिव्य हैं। क्या यह वास्तव में अद्भुत और आश्चर्यजनक नहीं है?

ईश्वर के नन्हे अंशों के रूप में हमारे भीतर विकास की असीम संभावना भरी है, क्योंकि हमारा स्रोत हर प्रकार से अनंत है। एक बूँद जल से सागर की विशेषता झलकती है, जबकि यह उसका बहुत ही छोटा अंश है। आग की चिंगारी में उस अग्नि की विशेषता छिपी है, जिससे वह निकली है। इसी प्रकार हमारी आत्मा सत्-चित-आनंद है अर्थात वह भी ईश्वर की भाँति अनंत रूप से ज्ञानी और परमानंद से भरपूर है।

सागर के पास खड़े होकर देखें, आप इसकी विशालता के आगे कितने क्षुद्र हैं। यह धरती तो अपने पाँच सागरों तथा सात महाद्वीपों सहित और भी विशाल है। परंतु हमारे सौर मंडल की तुलना में यह धरती एक बिंदु मात्र है। सूर्य की तरह आकाशगंगा में चार बिलियन सितारे हैं (मेरी पिछली पुस्तकों में दिए गए आँकड़ों के बाद विज्ञान के अनुमान और भी बढ़े हैं) हालाँकि आकाशगंगा ही एकमात्र आकाशगंगा नहीं है। इसी तरह पूरे ब्रह्माण्ड में दो सौ बिलियन के क़रीब आकाशगंगाएँ हैं।

परंतु ये विस्मयकारी खगोलशास्त्रीय गणनाएँ यहीं समाप्त नहीं होतीं। वेदों के अनुसार, हम जिस ब्रह्माण्ड में रहते हैं, वह अस्तित्व में बसे असंख्य ब्रह्माण्डों में

सबसे छोटा है। प्रत्येक ब्रह्माण्ड के पास एक ब्रह्मा, विष्णु और शिव है। यह इस सृष्टि और इसके सर्जक की विशालता है। इस प्रकार वेदों ने ईश्वर को अनंत कहा है अथवा वह, जिसका कोई आदि अथवा अंत नहीं है।

अनंत ईश्वर अपनी सृष्टि के प्रत्येक पक्ष के प्रति उदार रहा है। क्या आप उसके यह कहने की कल्पना कर सकते हैं, 'मेरे पास संसाधन नहीं रहे; इसलिए मैं धरतीवासियों के लिए सूर्य का प्रकाश उत्पादित नहीं कर सकता।' क्या यह संभव है कि वह कभी ऐसा कहेगा, 'मेरे पास ऑक्सीजन नहीं है। मैं यह तत्व बना-बना कर थक गया हूँ?' आप ऐसे परिदृश्यों की कल्पना तक नहीं कर सकते। इस प्रकार प्रभु की कृपा असीम व अनंत है।

हम प्रभु की असीम और शाश्वत प्रचुरता से ही प्रकट हुए हैं। यदि हम अपने जीवन में किसी प्रकार का अभाव पाते हैं, तो यह दैवीय अनुकंपा के अभाव के कारण नहीं है, परंतु हम ही उसे पाने के योग्य नहीं हैं। वेद हमें बताते हैं कि अनंत पिता कृपण नहीं हैं। उन्होंने हमारे लिए दिव्य प्रेम, ज्ञान और परमानंद के असीम ख़ज़ाने समेट रखे हैं, जब हम उन्हें पाने के योग्य होंगे, तो वे हमारे हो जाएँगे।

अनंत जीवनकालों में आत्मा के विकास की यात्रा का उद्देश्य केवल अतल गहराई में रहना ही नहीं, उसे ईश्वर की ओर से हमारे लिए तय किए उच्चतम मापदंडों तक आना होगा। इस प्रकार असीम संभावना का नियम कहता है कि हममें से प्रत्येक के भीतर विकास की अंतहीन संभावना है।

इस नियम की जानकारी के अभाव से ही हमारे भीतर अभाव की मानसिकता पैदा होती है, हमें लगता है कि हम परस्पर प्रतियोगिता से ही आगे बढ़ सकते हैं। ऐसी प्रवृत्ति के साथ हमें लगता है कि केवल एक ही शिखर है और सबको वहीं जाना है। परंतु ईश्वर के राज्य में अनेक शिखर हैं और यदि वह चाहे, तो ऐसे असंख्य शिखर और भी रच सकता है। इस प्रकार, एक मनुष्य को केवल अपने-आप से ही प्रतियोगिता करने की आवश्यकता है। हमारी सबसे पहली प्राथमिकता यही होनी चाहिए कि हम अपनी ओर से श्रेष्ठतम व्यक्ति बनें और अपनी जीवन यात्रा को सफल बना सकें।

यह पुस्तक एक विनम्र पहल है ताकि आपको अपने आंतरिक संसाधनों के संपर्क में आने में सहायक हो सके। मेरा इसे लिखने का उद्देश्य केवल यही रहा कि आपको यह पता लग सके कि किस तरह अनुचित प्रवृत्तियों के कारण आपने स्वयं ही अपनी कीर्ति के मार्ग में बाधाएँ खड़ी कर रखी थीं। किस तरह इन लाभदायक मानसिकताओं के बदलाव के साथ आप ईश्वर की उस अनंत प्रचुरता के भागी हो सकते हैं जो उन्होंने आपके लिए सँजो रखी हैं। अगर इस पुस्तक का ज्ञान और विवेक, आपके जीवन की यात्रा को थोड़ा सा भी भरपूर व संपन्न बनाने में अपना योगदान दे सका तो मैं अपने प्रयास को सार्थक समझूँगा।

पारिभाषिक शब्दावली

अभ्यास	अभ्यास
अपौरुषेय	किसी भी मनुष्य द्वारा निर्मित नहीं
ब्रह्म	ईश्वर के लिए एक अभिव्यक्ति
भक्ति	भक्ति
चिंतन	मन व बुद्धि से किसी विचार, उपाय या ज्ञान पर निरंतर विचार करना
देवता	स्वर्गिक देवता जैसे इंद्र, अग्नि, वायु आदि
धर्मशाला	यात्रियों के निवास के लिए निःशुल्क स्थान
गुण	भौतिक प्रकृति के तीन गुण
गुणातीत	भौतिक प्रकृति के तीनों गुणों से अनुभवातीत
इष्ट देव	ईश्वर का वह रूप, जिसे कोई पूजता है
कर्म	किसी व्यक्ति द्वारा किए गए मानसिक और शारीरिक कार्य
कर्म योग	जैसा कि भगवद् गीता में कहा गया है, रोज़मर्रा के काम करते हुए, अपने मन को सदा दैवीय तत्त्व में लीन रखने का अभ्यास
क्रियमाण कर्म	वे कर्म जिन्हें हम वर्तमान जीवन में स्वतंत्र चेत्ता से करते हैं
माया	ईश्वर की भौतिक ऊर्जा
मूर्ति	ऐसे देवता, जिन्हें ईश्वर के प्रतीक रूप में पूजा जाता है
पारस	मिथकीय पारस मणि
परिक्रमा	पूजन के दौरान किसी पवित्र वस्तु की प्रदक्षिणा करना
प्रारब्ध कर्म	वह नियति, जो जन्म के समय पिछले कर्मों के आधार पर जन्म के समय दी जाती है

प्रायोजक कर्ता	वह जो कर्म करने की शक्ति प्रदान करता है, ईश्वर
प्रायोज्य कर्ता	वह जो प्रायोजक कर्ता की ओर से मिली शक्ति का प्रयोग करता है, व्यक्तिगत आत्मा
प्रेय	श्रेय का विपरीत; ऐसी प्रसन्नता जो आरंभ में अमृत के समान लगती है परंतु बाद में विष में परिवर्तित हो जाती है
पुरुषार्थ	अपनी स्वतंत्र इच्छा से किए गए कर्म
राजसिक	रजोगुण, यह प्रकृति के तीन गुणों में से एक है
साधक	आध्यात्मिक साधक
साधना	भक्तिपरक अभ्यास
संचित कर्म	एक व्यक्ति के अंतहीन जीवनकालों के संचित कर्म
सात्विक	सतोगुण, प्रकृति के तीन गुणों में से एक
शास्त्र	ग्रंथ
श्रेय	वह प्रसन्नता जो आरंभ में विष जैसी कड़वी लगती है, परंतु बाद में मीठे अमृत के समान हो जाती है
श्रुति	मौखिक परंपरा से प्राप्त ज्ञान; वेदों को इस नाम से भी जाना जाता है
तामसिक	तमोगुण, प्रकृति के तीन गुणों में से एक
तपस्या	स्वेच्छिक तप; संयम व तप आदि
विपस्सना	एक बौद्ध पद्धति, जिसमें शरीर और श्वास की संवेदनाओं पर एकाग्रता शामिल है
विवेक	विभेद बुद्धि, जिसमें बुद्धि मनस् पर राज करती है

आइए, संपर्क करें

यदि आपको यह पुस्तक पढ़ने में आनंद आया और आप स्वामी मुकुंदानंदजी से संपर्क करना चाहते हैं, तो आप इन माध्यमों से उनसे संपर्क कर सकते हैं।

Websites :	www.jkyog.org, www.jkyog.in, www.swamimukundananda.org
YouTube Channels :	'Swami Mukundananda' and 'Swami Mukundananda Hindi'
Facebook :	'Swami Mukundananda' and 'Swami Mukundananda Hindi'
Instagram :	'Swami Mukundananda' and 'Swami Mukundananda Hindi'
LinkedIn :	Swami Mukundananda
Podcasts :	Apple, Google, SoundCloud, Spotify, Stitcher
JKYog Radio :	TuneIn Radio app for iOS (Apple App Store) and Android (Google Play Store)
JKYog App :	Available for iOS (Apple App Store) and Android (Google Play Store)

WhatsApp Daily Inspiration : हमारे पास दो ब्रॉडकास्ट लिस्ट हैं। आप इनमें से किसी एक या दोनों का हिस्सा बन सकते हैं।

USA: +1-346-239-9675
India: +91 84489 41008
Email: deskofswamiji@swamimukundananda.org

यदि आप भी संगठन में सफलता, प्रसन्नता व संतुष्टि की सात मानसिकताएँ या स्वामी मुकुंदानंद को लाना चाहते हैं - जैसे गूगल, वराइज़न, इंटेल, ओरेकल, संयुक्त राष्ट्र, स्टेनफ़र्ड विश्वविद्यालय, येल विश्वविद्यालय, आईआईटी और आईआईएम ने किया - आप कृपया निम्नलिखित पते पर संपर्क करें : deskofswamiji@swamimukundananda.org

लेखक की अन्य पुस्तकें

Bhagavad Gita, The Song of God

Essence of Hinduism

Science of Healthy Diet

The Science of Mind Management

Spiritual Dialectics

Yoga for Mind, Body, and Soul

Books for Children

Bal-Mukund Wisdom Book

Festivals of India

Healthy Body, Healthy Mind: Yoga for Children

Inspiring Stories for Children (set of 4 books)

Mahabharat

My Best Friend Krishna

Ramayan

Saints of India

www.ingramcontent.com/pod-product-compliance
Lightning Source LLC
LaVergne TN
LVHW090605110826
845146LV00001B/266

* 9 7 8 9 3 9 0 0 8 5 6 7 5 *